在路上

中国乡村复兴论坛年度纪实（二）

罗德胤 主编

清华同衡系列专著

中国建材工业出版社

图书在版编目(CIP)数据

在路上:中国乡村复兴论坛年度纪实. 二/罗德胤主编. --北京:中国建材工业出版社，2018.4

ISBN 978-7-5160-2169-9

Ⅰ.①在… Ⅱ.①罗… Ⅲ.①城乡建设—研究—中国—3现代 Ⅳ.①F299.21

中国版本图书馆CIP数据核字(2018)第026726号

在路上——中国乡村复兴论坛年度纪实（二）

罗德胤　主编

出版发行：中国建材工业出版社

地　　址：北京市海淀区三里河路1号

邮　　编：100044

经　　销：全国各地新华书店

印　　刷：北京雁林吉兆印刷有限公司

开　　本：880mm×1230mm　1/32

印　　张：11.75

字　　数：320千字

版　　次：2018年4月第1版

印　　次：2018年4月第1次

定　　价：58.00元

本社网址：www. jccbs. com　　微信公众号：zgjcgycbs

本书如出现印装质量问题，由我社市场营销部负责调换。

联系电话：（010）88386906

编 委 会

序

知行合一

——会议事件与乡村复兴的认知迭代

（代序）

罗德胤
清华大学建筑学院副教授
中国乡村复兴论坛主席

中国有着绵长的海岸线。沿着海岸线，诞生了不少令人骄傲的成绩，包括海边的渔港、渔村以及海港城市，其中就包括我们今天（编者注：2017 年 9 月 22 日）开会所在地山东日照。这些海边聚落，也是中华文明的重要组成部分。不过，也许是因为中华民族的主体人口一直从事农耕，也许是五千年的农业文明在我们的历史中占据了太大的比例，从而导致我们的脑海里至今存留着根深蒂固的农业思维观念，也让我们在面对海洋文明时，似乎有一种说不出来的神秘感，甚至是恐惧感。从这个

注：本文根据作者 2017 年 9 月在中国乡村复兴论坛 · 日照峰会上的发言稿整理而成。

角度而言，中国复兴论坛办到山东日照的海边，有着特殊意义。可以说，这是农耕文明与海洋文明的一次交汇。

中国乡村复兴论坛已经办到了第四次。第一次是在大别山腹地，第二次是在黔北山区，第三次是在黔东南山区，今天是第四次，在鲁东的滨海渔村。在举办第四次会议的今天，我作为论坛主席，有必要回顾和反思这件事的产生和变化过程，以及未来发展的方向。我将这个回顾、反思和展望的过程，赋予了一个带有创业性质的题目：知行合一——会议事件与乡村复兴的认知迭代。

解题：会议事件与“知行合一”

一般来讲，知与行被认为是分开的。有人认为知易行难，比如换位思考，说起来简单，实现起来是非常困难的。也有人认为知难行易，比如科学原理，很多事情根据经验就可以做了，但要知道背后的道理就非常困难。明代著名思想家王阳明提出“知行合一”的理念，认为“知”和“行”是一个不断交互学习的过程，要在实践中提高和调整认知。这也是我们做乡村工作这几年来的一个深刻体会。中国乡村复兴论坛就是“知行合一”的一次求解。

开会是为了干什么呢？为了汇集各种各样的知识和信息。这些知识产生自哪里呢？通过会议平台，将各位演讲嘉宾带来的一些有创新性、实效性的设计和经营案例呈现给其他参会者，然后通过正式的传统媒体和富有活力的新媒体进行信息再生产，再传播到更广阔的范围，促使更多人在实践当中结合这些新知识、新经验，根据自身特点做出调整和再创造，以此对行业发展起到一个推动作用。这是中国乡村复兴论坛开会的一个目的。

开会，是一种怎样的体验？

开会是一种什么样的体验呢？开会一般具有三个作用：信息的上传下达、专业性的行业交流和新思想的传播。思想传播尤其需要发挥在跨行业、新趋势等一些新生事物上。乡村建设在中国虽然有比较长的历史，但事实上，现在的乡村建设充满了新的思考、新的技术和新的挑战，远远说不上成熟，特别需要运用会议场合来进行讨论和传播。

开会是我们很多人的生活常态。我们对大多数的会议的体验是这样的：刚进会议室就开始感觉到乏味和疲惫，不过仍然会有 10% 左右的内容能够带来收获。为了得到那 10%，就要花足够多的时间参会。在乡村领域，如何让会议开得高效？ 2015 年的首届中国古村大会，我们在乌镇做了一次尝试。这次会议是什么开法呢？第一是选定会址。古村大会，最好是在某个村里开，但是放眼全国，当时还真的没找个具备这样条件的古村，所以退而求其次，找个古镇，所以就选在了乌镇。当然这一条跟乌镇总裁陈向宏先生的大力支持是分不开的。第二是实效性。古村大会不同于学术会议，邀请的演讲者并不是学院派的专家学者，而是工作在一线的实践家，包括村镇干部、县领导、规划师、设计师、营业者等。第三是把关内容。我们要做到形式最小化和知识最大化。形式最小化，是把开幕式、领导致词等环节都尽量缩短。知识最大化，是要覆盖乡村的设计、规划、保护、旅游、文化创意、手工艺、农业、村集体建设等各个环节。我们提出了一个简单的评判标准，即演讲者最近两年内要有成功实践经验或新颖启发性观点，以此确保参会者的每一分每一秒都有收获。我们认为，这是对参会人员最大的尊重。第四是控制时间。每位演讲约 30 分钟，时间长了听会人员易疲乏，效果不好；时间短了演讲人员易紧张，效果也不好。第五是专业化会务。从会前宣传到会中服务，会务工作都力求专业化，包括会后的追踪也尽量做到职业化。第六是媒体矩阵。首届古村大会，我们邀请了三四十家媒体，通过媒体矩阵帮助宣传，再加上发起人的推广，作用非常显著。

古村大会是我们第一次在乡村领域开得比较成功的会议，取得了不错的成绩。会前半个月，名额全部报满。因为会场容量有限，不得不紧急关闭报名通道。参会目标 500 人，实际参会 750 人，大大促进了古村保护与活化的行业交流（图 1）。通过这次会议，树立起一个会议品牌。在正式开会前，我们就已经确定了第二届古村大会的选址。

图 1　首届中国古村大会现场（摄影：李青儒）

能不能把大会开进需要保护的非旅游热点区？

首届古村大会结束之后，我们探讨了一个问题：在乌镇办好这个会，是因为乌镇地方好还是这个会议好？可能两个原因都有。那么，能不能把大会开到一个需要保护、需要推动的地方去？我们当时在新县已经做了两年的项目，获得了新县领导的认可支持，所以我们就把这个设想拿去跟新县的领导们商量。

新县领导提供了三个选择：一个是大别山干部学院，一个是新县宾馆的礼堂，还有一个是在我们做项目的西河村。到底选择在哪里开会？最后，我们很勇敢地选择了西河村。第一个原因是我们西河村做了两年的实践，对她既有感情又有了解。第二是西河村已经进行了改造，把两个粮库改成了村民中心和博物馆。村民中心就是给村民开会和吃饭的，这就有了很好的会场条件。第三是在村里开会，跟在五星级酒店开会有很不一样的体验，我们认为很可能是极致的体验。第四是在做乡村规划设计的时候，对于一些改造项目总是会犹豫，改造就要花钱，但花钱并不确定能获得满意的效果，但如果是为了完成一项重大的事件，就不会有太多的考虑和纠结。会议事件具备很积极的作用，能倒逼规划设计的落地实践。第五是西河村开大会有着重要的意义，我们相信在村里开一次大会能够让西河村再拔高一个台阶。出于这些考虑，中国乡村复兴论坛第一次“在村里开大会”选择了西河村（图 2）。

图 2　在新县西河村粮油博物馆内举办的中国乡村复兴论坛（摄影：李青儒）

第一次在村里开大会：面对困难，一一拆解

在西河村开会要处理一系列的问题，要一一去化解。比如，吃怎么办？东道主总希望把最好的餐食提供给客人，但乡村显然不可能像五星级酒店一样提供精美丰盛的食物，那就按照村里办宴席的方法来办。在西河村采用流水席的方法，虽然吃得不一定可口，但更多的是享受了一次体验。住怎么办？这方面实际是不太理想的。我们加紧工期，在村里建出了一家民宿，提供了 16 间客房，但大部分人还是住在县城。交通怎么办？我们组织了四五十辆大巴车，把参会者从县城拉到村里。如何保障安全和保证秩序，还要节省宝贵的开会时间，很多细节需要提前考虑和安排好。还有，声、光、屏幕、桌、椅怎么办？这些技术问题，说起来都不复杂，但是做起来就很麻烦，要做好更需要耐心。面对种种困难，我们一一拆解，最后发现它们都不是太难的事情。

2016 年 4 月我们在新县西河村举办第一次乡村复兴论坛，邀请了六国专家，一共有 45 位演讲人。这是一次规模非常可观的会议。因为会场受限只能容下 400 多人，而实际参会人数达 630 人，所以开幕式只能临时将一部分参会代表挡在主会场门外，请他们去旁边的分会场看视频直播。我们还在停车场旁边事先搭好架子，照了一张 630 人的大合影。

“在村里开大会”是村里的一个大事件。开会那两天，全村比过春节搞活动还隆重。村民们干劲儿十足，组织了一个庞大的厨师团队，为 630 位参会代表提供餐食保障。会议事件也加强了参会代表和村民之间的互动。会议期间，会场内非常火爆，而会场外的村子则显示出一片安宁的景象（图 3），这是一种非常大的反差。有的人开会累了出去散步走一走，那种体验非常好。我们还组织了一个强大的微信直播团队，能够达到什么程度呢？在下一位演讲嘉宾讲完之前，上一位演讲嘉宾的 200 字演讲内容简介已然整理并发出，这是一个专业化的操作。

简单小结首届乡村复兴论坛的成绩：第一，报名前 10 天关闭了报名窗口。第二，会场规模 450 人，实际参会 630 人。第三，“火”了一个村。据统计，会后的“五一”三天假期西河村到访的客流量达五万人。这个数字的真实性很难考证，不过最直接的证据就是，由于西河村知名度猛然提升，当地人没有做好充分的准备，各种管理都没能及时跟进，从县城到西河村近 20 公里的路上满满的都是车，交通一度瘫痪。第四，请来了更多新项目的演讲嘉宾，大大促进了乡村行业交流。第五，大大提升了西河村的整体水平，以及整村的软硬件水平。第六，打造了一个会议品牌。第一次会开出了影响之后，获得了不少地方政府的认可。半年之后的 2016 年 11 月，中国乡村复兴论坛在贵州遵义市桐梓县的中关村举办了第二次会议。

图 3　会场外的西河村一片安宁（摄影：李青儒）

一年不止一次的乡村复兴论坛

有了在西河村的第一次尝试，我们发现在村里开会和在五星级酒店开会有一个最大的不同，就是在村里开会一年可以不止开一次，这对会议团队来说是非常有利的消息。中国乡村复兴论坛之所以能够提供细致的专业化的服务，是因为有一个固定团队在固定地做事情。如果一年只开一次会，这些人员是无法固定的；一年不止开一次，这些人员就能固定下来。以此解决人员稳定的问题，这是之前没有预料到的。

第二次在村里开大会的选址是贵州中关村，那是一个由烤烟大棚改造而成的会场，会议体验非常好。中关村的会议结构减少到 4 个版块，演讲内容大部分更新，规模控制在 350 人，会场和会务环节进行了细化调整。总的来说是控制了规模和成本，让会议更加高效。

通过会议事件和规划设计落地互动这件事情，我们在贵州省黔东南州的黄岗村做了一次会议驱动下的复合系统乡建实践。这次会议是由贵州省政府主办的中国传统村落黔东南峰会，2016 年 10 月在黎平县的肇兴寨举办第二届。我们将会前一年之内能够完成的项目列出清单；接着向县领导报告，从政策、资金方面确认是否已准备妥当；然后召集村民开会，一一落实清单里的项目。我们恢复了一座很重要的公共建筑——萨坛；严格按照当时传统的格局和文化遗产保护的原则修复了 300 年和 100 年的两栋老宅；恢复了碾坊，修建了公厕，把村组长家改造成一个结构传统、功能现代的小别墅；我们还改建了三个禾仓，这些年由于粮食已不再紧张，很多禾仓就荒废了，我们拿其中三个改造成有用的建筑，给人一种特别不一样的体验感（图 4）。在黄岗村我们强化了会议事件的倒逼作用，通过规划找到一些特点把它放大，在设计风格上实现传统与现代的结合，这是比以前做得更加主动的一次尝试。

图 4　贵州省黔东南州黄岗村禾仓之家（摄影：李青儒）

2017 年 6 月，中国乡村复兴论坛在贵州台江交宫村与红阳村举办了第三次会议。这两个村庄保留了非常完整的苗寨，格局特点上混合了清水江苗族（水苗）和雷公山苗族（高山苗族）的布局特征。设计施工与环境整治的过程有些曲折，都是当地干部和规划人员一起，加上村民共同参与，一点一点地做工作。村里上上下下做了五次大扫除；做了景观照明设计；将一个老村委会改造成了小型多功能综合体，摆满了土特产；把承载着知青美好回忆的老拖拉机摆到村委会门口做展览；还将一个碾坊修复和改造成了小咖啡馆（图 5）。开会期间，从机场和高铁的接站开始，迎接仪式就充满了苗族特色。会场上也出现了一些很火爆的演讲。开放式会场外围，老少村民齐来参会，有村里最年长的 80 岁老人，也有几个月大的孩子，这是参会代表与村民之间的一次最佳互动，也是之前没有预想到的。还有偶像漫画广告牌、苗族服饰秀、长桌宴、银饰和蜂蜜等，所有这一切，创造了非常好的参会体验和非常多的思想启发。会议结束后，台江交宫村与红阳村也出了名，暑假期间不断有夏令营来到村里。这里的海拔比较高，温度比较适宜，通过会议的宣传推广，自然而然就成为很好的避暑旅游目的地。

图 5　贵州台江交宫村碾坊咖啡（摄影：李青儒）

总结：会议事件要实现的是什么？

通过这四次在村里开大会，我们要实现的目的是通过会议事件来激活乡村。从最早的西河村开始尝试，后来到了中关村，中间穿插黄岗村，又去到交宫村和红阳村，然后到了日照，中国乡村复兴论坛在逐渐完善会议系统，希望借助会议事件给乡村的规划建设带来更实际的推动；通过不断的小创新和环节的优化，让会议开得丰富、具有跨界的作用、具有更强的链条、更加有趣且专业化；最后要实现的，就是成为行业的催化剂以及东道主村落的催化剂。

目 录

第三章　乡村 · 设计

第四章　乡村 · 文创

第五章　乡村 · 民宿

第一章

乡村·综合

合作·共生——乡村发展之道

刘文奎
中国扶贫基金会秘书长

“合作·共生”，四个字两个词，背后是一种认识和理念。认识这四个字的价值，我们花费了十几年的时间。

中国扶贫基金会成立于1989年，健康、教育、生计和救灾是扶贫工作的四大方向和领域。我们实施两轮驱动的扶贫战略：既授人以“鱼”，也授人以“渔”。在十几年的扶贫探索中，我们一直围绕乡村整体发展开展工作，乡村发展工作怎么做？有哪些经验、思考和教训？

一、扶贫漏斗现象与贫困村庄发展困惑

我们为什么要做乡村发展项目？这个问题实际上来源于一个困惑。2000年左右，基金会走过十年的时候，我们遇到了一个很大的困惑：原来在贫困乡村做项目、建学校、建卫生院，但是几年之后，村庄依然如旧。虽然学校漂亮了，卫生院也有了，但是村民的房屋依旧破烂，村民的收入结构也没有任何变化，村民的精神面貌还是原来的样子。我们扶贫了那么多年，年复一年地做了很多项目，但是看不到明显的扶贫效果，这样下去不就是一个无底洞吗？一个贫困的村庄什么时候能够真正的发展起来？

这种情况就像一个漏斗，每一次放一粒或者很少的东西到漏斗里，不管是放豆子、玉米，还是沙子，都会从漏洞掉下去。不管你投入多少，它最终都会漏下去，这个洞是堵不住的。之前对零散项目的投入就像这个漏斗一样，深不见底，解决不了问题。但同时，漏斗还有另一个规律：一次投入一捧豆子或者玉米，投入的量大一点，就把那个漏洞堵住了。漏洞堵住之后，再往里面添加东西就会溢出来，就产生增加值。于是我们做了一个大胆的设想：是不是通过改变资源投入模式，不是在很多地方均衡化地分散投入一点点资源，而是选择一个有限范围的村庄，集中投入资源，把这个漏斗堵上，这个村庄就能发展起来？

二、四川大凉山的故事

经过四年的筹划准备，2004 年我们筹到第一笔款，在大凉山选择了五个村，开始验证这个设想。因为资金相对充裕，我们为每个村设计了多个扶贫项目，有改善土地的，有改造房屋的，有种植中药材的，也有与传统文化保护相关的，差不多有七八个分项目。项目一开始，村民很积极，干得热火朝天，大家看到了希望。但是三年之后再评估这个项目，我们发现并没有达到预期的效果，这几个村庄没有因为投入两百万而发展起来。原因在哪儿？

原因在于：村民没有真正参与进来。虽然当时我们也进行了调研，了解村民的需求，但最终这些项目的决策者还是基金会的官员和邀请的专家。当时设计的一些项目，村民不理解，当然他们也不需要，比如民俗博物馆，投了钱，村民却不知道有什么用，项目做完了之后，项目官员撤走了，专家也不再去了，项目效果就此而止。

虽然第一次的尝试是不成功的，但是我们收获了教训。教训就是，如果再做乡村一定要把村民发动起来，一定要让他们加入进来，否则这个村庄发展是不可持续的。

三、德阳民乐村的故事

2008 年汶川地震后，我们决定继续与企业合作，以德阳市的民乐村为试点，探索怎么能够让一个村庄发展起来。针对怎么发动村民的问题，我们做了大量调查和反复论证。讨论结果是一定要把村民团结起来，以合作社的方式，让所有村民都成为合作社的股东。每个自然村选出村民代表，村民代表再选理事，最后组成理事会，选出理事长。通过这样的联接机制，把我们的公共投入和村民的利益联接起来，把村里的“精英”“能人”都选出来，带着村民一块儿干。村民为什么愿意跟着精英干？为什么愿意把项目资金交给精英？因为精英的赚钱能力更强，更容易得到村民的信任，村民更容易受益。合作社的模式在民乐村的灾后重建工作中发挥了很大作用，民乐村是重灾区，因为有了合作社，村民组织起来，所以重建工作效率很高，是当时基础设施重建速度最快的村庄之一。与施工企业合作，村民原来是弱势群体，合作社成立后，也不受欺负了，工钱、料钱等方面也不再吃亏了，话语权更强了。

然而，乡村发展的真正目的绝不仅仅是帮村民盖房子，而是帮村民建立可持续发展的产业，让他们能够增加收入。那么，选择什么项目呢？一开始我们找到了村里的能人，也就是当时民乐村的养猪大户，跟他谈合作社投资，带动村民多养猪，赚了钱养猪大户可以多分，也可以分给村民。但对于养猪大户来说，已有的养猪规模和收益在可控范围之内，不管亏赚都是自己的。与合作社合作，规模大了，养猪多了，钱不一定赚多少，亏本了却有可能在村里招村民骂，抬不起头。因此，养猪大户不愿意合作。后来，我们用招商引资的办法，请四川电视台播报公益广告，带来了十几个投标项目。由村民组成评选委员会，当地干部和企业家当评委，中标的是食用菌项目。但这个项目最终也失败了，失败的原因是“外来的和尚”虽然能“念经”，却没得到村民的信任，没能融入村民当中。有些村民总有占便宜的心理，一看在村里能上班，一个月能挣几百上千块钱，就都想到菌厂上班，甚至以收回租地的方式威胁项目方，导致菌厂超量雇用工人，加上技术控制失误的连锁反应，1/3 的菌棒感染，直接导致亏损。

虽然民乐村的产业项目尝试也是失败的，但是，合作社的力量初见端倪。

四、玉树甘达村的故事

以往的经验教训让我们认识到，以合作社为基础的乡村发展是可行的。2010 年，玉树地震，我们决定在玉树继续探索。在甘达村调研的时候，村民提出买车跑运输。经过进一步调研，我们也发觉物资运输有较大市场。在项目启动之前，我们提了两个条件：第一，以合作社为平台，如果盈利，所有村民都能获益；第二，选出会驾驶汽车的村民。这个项目大约投了 180 多万，半年就收回投资了，年底还给村民们分红了。

更令人振奋的是，两年重建结束之后，大宗物资的运输量减少，村民们变卖了几台大货车，换成了大客车，继续经营运输项目。再后来，村民们又用自己的货车到西宁运输物资，开了批发市场，又赚钱了。另外，时任理事长巴桑扎西的领导能力很强，威信很高，我们一度担心领导更换会影响项目的正常运转。但是 2015 年理事长选举，新当选的理事长三十多岁，项目运转依然健康。至此，我们十几年的乡村发展探索，终于在玉树的甘达村尝到了甜头，尝到了成功的滋味。

五、求解乡村发展之道

2004—2013 年，我们以合作社为基础，把整村的农民全部带动起来，共同推动贫困村庄的发展，这样的一个扶贫模式，可以说是成功的。当然这里面也付出了很多艰辛，比如甘达村合作社，三年多的时间，正是我们的同事坚守在海拔3700米的高原上，天天跟村民沟通，让他们接受合作社的观念，这才有了今天对合作社观念的更为广泛的认知。

10年探索，我们找到了解决乡村发展问题的密码和金钥匙。这个密码和金钥匙由三部分构成：第一，是以市场为导向。仅靠政府支持、爱心扶持是不可持续的，一定要让村庄的人或物，与市场形成交换，这样才能获得持续的价值。第二，产品和服务是关键。怎么能够与市场形成价值交换，最关键的就是合格的产品或是服务。比如农产品（卖瓜、卖枣、卖粮食），品质要达到消费者的需求；再比如民宿，要有很好的服务，才能吸引游客不断来体验；没有产品和服务，迈出市场价值交换的第一步是很艰难的。第三，合作是基础。原有的单家独户小农生产模式完成不了合格产品和服务的生产任务。有效地把村民整合起来，形成合作社或股份公司或协会等其他形式的村民组织，形式可以灵活，但本质是村民一定要团结、合作，这是乡村发展的基础。

六、乡村旅游＋农产品电商的模式

经历了十几年的探索，我们推出了两个乡村发展的品牌项目：一个是针对乡村旅游扶贫的美丽乡村项目；另一个是针对农产品电商的善品公社项目。下面从设计理念和发展理念两个方面重点介绍美丽乡村项目。

概括起来，美丽乡村项目的设计理念就是：各美其美。我国地大物博，每个村庄都不一样。有的在海边，有的在山上，有的在寒冷的北方，有的在温暖的南方，有的在中西部欠发达地区。一定要把每个村庄的特色和优势挖掘出来，让它变成有核心竞争力，被市场认可的旅游产品。下面是我们已经开业的四个美丽乡村项目：

1.雪山村——住川西美宿，赏最近的雪山美景

雪山村（图1、图2）地处四川雅安市宝兴县，村庄自然条件良好，没有工业污染。我们帮助村民开展灾后重建，如何解决村民的生存问

图 1　雪山村客房（一）（图片由“中国扶贫基金会”提供）

图 2　雪山村客房（二）（图片由“中国扶贫基金会”提供）

题、收入问题？我们想到了民宿，让房屋变成既是消费资料又是生产资料，既解决了村民居住问题，同时也吸引游客入住体验，给村民带来收入。这个村庄自然资源的优势不明显，但距离县城比较近，交通比较便利，因此我们尽量挖掘房屋的优势，把第一个村庄的客房设计得非常有吸引力。

项目于2013年9月启动，2015年3月封顶，2016年3月建成。房屋采用钢筋混凝土框架结构，达到八级抗震要求。房屋外墙粘贴木片、竹片饰面，屋顶铺川西风格的盖瓦。我们邀请优秀的设计团队完成装饰装修，提升项目的“硬件”质量。在“软件”方面，我们从村民中筛选了15名比较精明能干的妇女，带到浙江莫干山培训15天，学习专业的民宿服务。项目开业后运营状况良好。

2. 邓池沟——世界上第一只大熊猫发现地

第二个村庄是邓池沟（图3～图5），我们在设计之初就避免了目前国内大部分农村的通病——一条公路穿村而过，房屋分布在公路沿线，像鱼排骨一样。为了发展旅游，村庄一定要有整体感。这个村庄坐落在山谷里，我们将道路规划到村外，避免穿村而过。将溪水从村外引入村中，让村庄成为一个有自然河流的村庄，留住宝贵的自然资源。村庄旁边有一个百年老教堂，法国人建的，我们将这一元素融入村民活动中心，活化了这一古建筑的文化元素。

3. 反排村——千年苗寨，体验非遗文化之旅

贵州的反排村（图6、图7）是扶贫投入比较早的，节庆文化是这个村庄最大的特点。这个村庄未来的运营方向，就是挖掘节庆资源、展示民族文化。我们设计的反排文化周，集中了反排村特有的祭桥节、斗牛节、木鼓舞节等，每一天都有不同的节日，给游客不同的参与体验。

图3　邓池沟大熊猫（图片由“中国扶贫基金会”提供）

图4　邓池沟教堂（图片由“中国扶贫基金会”提供）

图5　邓池沟溪水（图片由“中国扶贫基金会”提供）

图6　反排村文化周（图片由“中国扶贫基金会”提供）

图 7　反排村斗牛（图片由“中国扶贫基金会”提供）

4. 南峪村——隐居乡里，诗意回归

南峪村（图 8 ~ 图 10）距离北京比较近，车程两个小时。这个村庄设计理念是：打造一处城里人来了愿意待的地方。首先就是改造老房屋，外部基本要保持原貌，内部按照现代人的生活需求进行设计。由于这个村庄的地理交通优势，市场运营状况良好。“麻麻花的山坡”是南峪民宿的品牌，一个院子价格大约两千多到三千多一晚，2017 年 8 月实际入住率达到 80%，成了北京近郊“网红”民宿。

以上四个美丽乡村项目都是结合自身的优势特点进行设计，把最美的一面挖掘出来。

在各美其美的设计理念之外，还有很重要的一点，就是发展理念——合作共生。我们认为村庄是一个有鲜活的、完整的生命体，它是一个整体的系统，这个系统包含三个主体：一个是自然，一个是人，还有一个是人造物。人造物一旦落成，就成为了自然的一部分，房屋、道路、学校，包括地下的污水处理、厕所，还包括垃圾、电气等，这些都是人造

图 8　南峪村保留建筑原貌（一）（图片由“中国扶贫基金会”提供）

图 9　南峪村保留建筑原貌（二）（图片由“中国扶贫基金会”提供）

图 10　南峪村保留建筑原貌（三）（图片由“中国扶贫基金会”提供）

物，都会影响自然，也会影响到人。要解决好这几个主体之间的利益关系，如果不解决好，未来都可能成为村庄发展的障碍。

在这三者之中，人还是放在第一位，也是组合关系中最核心的。关于人的问题，最关键的就是处理好村民和村民之间的关系，我们通过合作社把所有村民整合团结起来。现在有些民宿项目遇到困难，与村民发生矛盾，往往说明这个项目与村民的关系没有处理好，没有与村民建立利益关系，或者利益分配不合理，村民不支持项目发展，甚至可能搞破坏。

村庄的发展以合作共生为前提，合作不仅包括村民之间合作，也包括村民和外部机构的合作，不管是援建方、政府，还是项目设计方、投资运营方、供应方、品牌运营方等所有参与者，进村后一定要与各个方面都建立密切联系，统筹兼顾到所有这些主体的利益诉求。把村庄定位为“合作共生”的发展整体，而不是做一个孤立的项目，这一点非常重要。

七、合作共生的乡村扶贫

中国扶贫基金会在乡村扶贫的道路上摸爬滚打十几年，目前已经运营的村庄有四个，运营模式得到了较广泛的认同与肯定。今年新开业的村庄大约十个，仍然无法满足乡村发展的需求。迫于工作压力，我们的员工已经从几名增加到二十几名，但我们不可能擅长每个领域、包揽每件事情。因此我们将美丽乡村项目定位为一个开放的平台，基金会做公益、投资金、对接政府和村民、建立合作社，解决后顾之忧，从规划设计到后期运营，则采取外包的方式，引入这个各专业领域具备实力的合作者，也欢迎更多的合作伙伴加入，与我们共同建设美丽乡村。

城乡之间说中国——从城市走向乡村

孙　君
北京绿十字创始人

一、什么是乡村建设

百年中国有乡建，没有乡建学；有工业，没有工业文明，没有工业文明，注定终止农耕文明。这大概就是这一百年来乡建和乡建学、乡建和农耕文明的相互关系。农耕文明在什么时候终止的？应该在辛亥革命。1911 年开始进入了初期工业文明，在此之后的一百年基本上都是工业革命的时代。这是不是中国独有的呢？不是的，2000 年我和美国还有其他西方国家的专家都讨论过，我问中国的农耕文明为什么到这个时候停止了脚步，他们说这是一个必然。发达国家基本上经过了 150 ~ 200 年才慢慢复苏。我问他们中国大概要多长时间，他们说中国是一个融合力特别强的国家，应该是复兴得最快的。我问为什么？因为它紧挨着土地，又以天地相应承，所以说中国大概需要 100 年。如果是 100 年的话，就应该是在 2011 年开始复苏。

中国什么时候又开始有了农耕文明？是在 2005 年，中国提出了新农村建设。从工业文明转化到农耕文明，重要的特点就是反哺。这个轮回就是从农耕文明进入工业文明再重新进入农耕文明，2005 年算是一个标志。在抵达这个标志的过程中，我们经历过最初的东方文明、工业文明，也正在经历最阵痛的时代。比如 37 年前中国有 8 亿农民，

8 亿中国人民几乎都吃得上有机蔬菜，吃得上放心的粮食。但是进入了工业文明以后，当我们有了有机绿色认证，有了食品标准之后，却发现 13 亿人民开始告别了有机蔬菜。什么原因？就是农耕文明和工业文明有一个特别大的鸿沟，这个鸿沟正处在一个融合阶段，就是我们正处的这个时代。

重新崛起的中国要依赖什么？一定是中国传统文化，而不是其他。很多人都说中国是比较有根基文化的，这个根是什么？是我们和古人之间的对话，我们可以看到两千年、三千年、五千年前甚至更早的文字、图像和生活用品，这是我们共用的，这可能是其他民族所不具有的文化。文化在哪里？就在我们的根，就在紧挨着土地的这个群体。我们的文化起源于生活在土地上的农民，我们有共同的祖先、有共同的姓氏、有共同的家族、有共同的祠堂，但这个文化在很多年前却被说成是迷信或者是愚昧。当工业文明走了一百年以后，突然觉得我们的生活迷失了方向，而这个方向谁又给了我们？我们的传统文化，再次给现代文明注入了方向。这个方向是什么？其实并不复杂，就是今天很多人谈到的家谱、祠堂、牌坊、书房等。这些文化在生活中到底有多重要呢？到今天为止，真正理解这个文化跟我们现代文明有多大关联的人还是不多，在中国的乡村还保留了相当一部分，但是在现代文明的城市，基本上是断裂的。

中国之所以有如此久的历史与文化，本质上说就是宗祠与家谱的力量，让人类文明有了方向与初始，丢掉了这些传统就失去了一个民族的目标。

两年前到欧洲讲学让我明白了一个道理。所有的西方人都在说：中国的东方文明太了不起了，中国农民太了不起了，解决了我们西方文明和发达国家特别重要的三个困惑：我是谁，我从哪里来，我到哪里去。我们的传统文明当中，几乎都解答了我是谁，在祠堂里可以看到，在家谱中可以找到。所以说中国应该有两部史：一个是国家修的史，一个是老百姓修的史。这两部史告诉我们，我是谁，我从哪里来，到哪里去。今天的城市文明恰恰处在这个迷失的关口中。五年前我就不停地问我家里人，我从哪里来，我祖上在哪里，我的家族在哪里？我父母说不知道，找不到。从这个时候开始我突然明白中国是一个礼仪之邦、文化之国，而文化的一个重要根源就是追根求源。中国的家谱能确保一个家族一个姓氏在 300 年之内不会出现近亲结婚，600 年之内保证家族的纯粹和延伸，这是今天所有的科学做不到的。比如说我姓孙，我有六个姓氏是不能通婚的，你们在座的每个人都有 3 ~ 6 种姓氏是不能结婚的，但是你们可能都不知道。谁知道呢？家谱会告诉你。

在座的王强老师就是研究家谱和宗祠的专家。当我看到以前的宗图的时候（图 1），我突然明白一个词，叫“血脉相连”。什么是血脉相连？宗图上每个名字上都会有条红线，我原来以为是装饰线，其实不是的。这个线可以一直通到家族的一世祖，我看了以后心里暗暗发傻。我们的文明，我们的民族，清晰地记载着我们个人和国家这些大事。

为什么要强调这个话题？有张图清晰地比喻了城市与乡村的关系，有一棵树，树上有花、果实和鸟，树根埋在土壤中。树上部分是城市，有花、有鸟、有果，树下是乡村。今天的我们拼命要去摘取上面的花、果和鸟，而忽视了地下部分的营养和养分，我们给它的不是养料而是垃圾和农药，没有下面的根，上面还有花、还有果吗？今天的城乡关系就是不在意我们的农村，不在意我们的土地。传统中国，农民对土壤视为生命，知道土地才是真正的文明。中国文明一直追求的就是爱土地。在当今的城乡文明当中如果我们忽略了农民，忽略了土壤，我

图 1　宗谱馆调研（摄影：王强）

们不可能有花有果，现代文明也根本不可能走得远。中国现代化步入到现在这个程度的时候，我们突然发现现代化走不动了，十几年中国的内需怎么都拉不动，为什么？因为没有关注地下的土壤，所以在做乡村项目或者新农村建设的过程中，我们一定要知道国和土、上面的花和下面的土壤之间的关系。没有弄清楚这个关系，农村走不动，城市也走不动，这大概就是我们的城乡关系。大约到 2036 年，中国将进入一个以农耕文明下的工业时代，这个时代才是中国进入真正的自信与复兴。

我们经常会说传统农业如何能变成现代农业？这是个令人费解的话题。什么叫乡建，今天我们的城市人到农村做事叫乡建，农民在乡村做事不叫乡建，叫务农。乡建有什么含义？反哺。中国正处在一个反哺的状态，反哺的状态是指一个人有能力去辅助一个没有能力的人，这个叫反哺。反哺是不求回报的，是给予。今天中国处在一个反哺的特殊历史阶段，反哺不是生意也不是交换。当我们从城市文明进入农耕文明，反哺阶段过去以后，就是后哺，中国还没有到这个阶段。今天的特色小镇不是反哺，是在交换，是在做生意，这对乡村来说是不公平的。所以对乡建和反哺的概念要明白，我们目前正处在反哺的阶段，今天我们大部分人生存是没有问题的，利用自己的时间和情怀去帮助乡村，这个就叫反哺。

在反哺过程中遇到的最大障碍就是城乡之间的障碍，我们要做的工作就是设法缩小城乡之间的收入差距。当农耕文明遇到工业文明，中国发生了巨大的变化，原来农民占主体，现在是工人占主体。原来中国是以水陆交通为主体，现在是以陆路交通为主体。原来以道德治国，现在以法律治国。原来是诚信社会，现在是契约社会。原来是孝道之国，现在进入了养老式的国家。原来是自食的乡村，现在变成了市场的乡村。原来是男人的世界，现在是男女平等的世界。原来是城市和乡村融合的时代，现在是隔阂的时代。原来我们是自治乡村，现在是村民选举。

所以说，当我们从农耕文明进入1911年的时候，再往后走遇到了巨大的挑战，就是来自西方的工业文明。这个挑战不是某一个人、一个团体、一个企业能解决的，它需要整个社会的反哺。1999年我在北京做地球村的时候，没有反哺，没有乡建的概念。今天为什么老说农村有问题，这个问题怎么来的？对中国人伤害最大的有两件事。中国原来是一个以家、堂为核心的社会，这是一个国家的基础文明，也是一个国家之基础。中堂是一家之中最严肃、最神圣、最安静的地方，它是最初的小学，中国的小学是从家庭开始的，在中国传统的观念中，家是最早的教育。我们现在家的功能是居住，当今天的中国几乎把所有的中堂变成了电视背景墙的时候，这个变化使中国丧失了家教、宗族和道德。第二个，就是中国原来每一个家庭都有书房，而现在几乎把书房变成了麻将室，麻将已经充斥了我们这个时代的文化。政府找我做项目，我说第一件事是把麻将馆去掉，恢复中堂。今天，当文明和传统不能进入柴米油盐酱醋茶的时候，所有的文明和传统都是假的。所以我们谈新农村建设也好，谈美丽乡村也好，我们都是处在一个表面的文化。我一直特别钦佩中国的乡村干部，因为在今天谁在坚守我们的文化，坚守我们的传统，坚守我们的道德？应该是村干部这一级，他们没有退路，他们的家族血缘、熟人关系和道德体系一直在乡村，所以说中国这么多年最辛苦、奉献最多的人群就是村干部。

我们似乎用 100 年忘掉了中国，用 60 年丢掉了文化，又用 30 年破坏了乡村。今天到中国的大城市看，只要是豪华社区，都是欧式建筑，越有钱的人把中国文化丢得越厉害，越没有钱的地方越感恩这个国家。我们到农村看，贫穷的地方都挂着我们的总书记像，挂着天地君亲师，家庭还有家谱。有钱破坏了我们的文化，富裕破坏了我们的生态，这就是城市文明带来的结果。在中国有两类人是最关注乡村和农民的，一个是皇帝，一个是村干部。传统的皇帝所下的旨意一定是要求村干部看得懂，为什么？因为皇帝也做农活，他要了解农民所想。雍正皇帝就在圆明园干农活，圆明园原来不是今天看到的花园，是皇帝做农活的地方，他们一定要体会到此时农民在做什么。非常遗憾的是今天中央也是非常想把农村做好，连续下了 17 个一号文件，但是一号文件村干部看不懂，农民看不懂。所以说当农民和村干部看不懂一号文件的时候，一号文件对新农村建设是无益的，每年一个一号文件，政策变得太快，一号文件一定要农民看得懂，村干部看得懂。我觉得毛泽东主席说的话，农民听得懂。邓小平总书记说的话，农民也听得懂。习近平总书记说的话，也接地气。中国现在城乡是脱节的，知识和实用是脱节的，文化和传统是脱节的，市场和对整个社会是脱节的。

城乡这个系统当中，我觉得老子哲学说得特别好，“贵以贱为本，高以下为基”。我们想做乡村，是做城市市场的概念，在建富人区的时候一定要有贫民思维，做现代化的时候要想到传统文化，做城市发展的时候心中一定要有乡村概念。有这种立体的东方思维方式去谈城乡，这才是中国。

对于传统村落和古村落的提法，我们要明白一个概念，不能有古建筑就叫传统村落，有古建筑就叫古村落，这个不是完全对的。有个村叫樱桃沟村（图 2），非常漂亮。但是我们发现这个村庄农民的房子几乎是新盖的，还是两三层的砖房，可是他们在这生活了世世代代，有几百年、几千年了，难道就不是古村了（图 3）？

新农村建设与精准扶贫，只改一点点房子没有太大的意义。今天农民的房子总体是不错的。那我们需要改什么呢？第一，改政府官员的思

图 2　樱桃沟村全家福（摄影：王佛全）

图 3　新县西河古村（摄影：孙晓阳）

想。扶贫先扶政府贫，他们贫在不懂农业，不了解农民。只有政府搞明白了，工作才会明白。第二，对现有环境的修复、土壤的修复，中国小农的价值是养土地，精耕细作。这些对于大农业与规划农业是做不到的，也不可能做到。土壤和水如果掌握在企业与公司手上，只能是越来越差。第三，我们强调所有的新农村建设，美丽乡村和脱贫致富，只要年轻人不回来，所有的都是假的。中国的农业大学，每年有成千上万的毕业生，却很少有回到农村的。中国的农村现在还有初中和高中吗？没有。中国的小学大量地在合并，今天中国农村的知识结构比 1949 年还差 32 倍。一个完全没有知识和文化的地方，如何和我们今天的美丽乡村、新农村建设、现代化对接，没有任何可能。第四，中国几乎所有的村委会都比农村家庭穷，一个一穷二白的村委会，像“要饭”的村干部，又如何带领农村奔小康？所以说我们在这样一个特别重要的阵痛时期，做很多事情时不能是假想，不能只停留在理论层面。今天城市送快递的都是本科，农村没有知识，没有文化，没有人才。没有人才的地方，我们所有的梦想都是假想。

传统中国是不是没有最好的东西呢？不是。我们在学智慧城市、海绵城市、大数据、田园城市等，都在向西方学习，这是因为我们不了解中国。中国有最好的城市，就是把农村和城市、艺术结合最完美的苏州、杭州、无锡等。它们把东方文明高度聚集在一起，既考虑到农民，也考虑到城市。我们现在正在做两个城市的落地性规划，地方市委市政府问我做这个规划的标准是什么？我说有三个标准：第一，让这个城市的人吃上放心的蔬菜和粮食，这个要求听起来不高，但是现在很难了。第二，让这个城市的老人和孩子能够放心地走在马路上。第三，在这个城市当中，农民和城市能统筹考虑，只有待遇同等的时候，农村和农村才具有真正的幸福指数。其实这三个要求都不高，我们今天的技术是可以做到的，只是没有认真对待这个事情。很多人说："孙老师你到我这儿做项目，我们会全力以赴支持。"我说："你别吹牛，你拿出工业和开发区 10% 的精力做乡建项目，中国农村全建好了。"

二、乡村建设与系统性

现在很多人开始感觉到乡村建设光建房子不行，光把村子搞漂亮也不行，它是一个系统性的工程。所以这几年我们在努力推动一件事，就是建立中国的系统乡建学。当中国工业文明反哺传统文化的时候，我们需要一个庞大的反哺教育体系，这个体系中国目前没有。当中国没有这个教育体系反哺和培养人才的时候，就很难让农耕文明再次腾飞。我相信用不了 30 年左右的时间，中国会进入腾飞的时代，那个时候有完整的乡村教育学，有完整的反哺农村体系和人才，那个时候我们谈中国梦就有可能。

这些年我们也做了很多探索，有失败也有成功。这些失败与成功慢慢地让我们更理性地思考中国农村往哪里去，中国的城市出路在哪里。所以我们谈中国的时候，我们的思维当中一定是将城乡融合在一起的，但是我们今天谈到的中国，大多数时候只是谈城市，把农村理解为落后愚昧的群体。当习近平总书记提出乡愁的时候，所有的愚昧都变成了文化。西方工业文明进入中国以后，其文化和价值观改变了中国。今天看到的很多城市如天津、上海等都是在工业文明之后出现的。我们正处在一个特别迷茫的时代。什么是迷茫的时代？就是找不到中国。现代化不知道该往哪里走。我们的风格是什么？我们的传统在哪里？都找不到。现在很多人对文化理解有误，于是产生了很多令人啼笑皆非的事情。在湖北天门有一个棉花博物馆，建筑师直接将博物馆做成了一朵“棉花”。天津是产小笼包的地方，小笼包就变成它的文化。一讲到红色旅游就讲到红旗、鲜血、墓地。我在河南新县做过一个项目，因为新县是有名的将军县，所以开展了红色旅游。提到红色旅游，有的人提议要建大量的陵园。怎么纪念呢？把很多英雄的尸骨聚集在一起建很多陵园。我当时就觉得这种思维方式有问题，假如在一个县城有无数的陵园和墓地，也许你自己都不敢踏进这个城市。当年英雄革命的时候想的是希望，是美好，是未来，而不是牺牲，不是坟墓。我们今天为什么有这个概念？我想英雄应该与鲜花和美丽相处，与微笑和幸福相处，这才是英雄向往的，而不是陵园与坟包。

2005 年中国进入了全面的反哺时期，开始有了真正意义上的乡建。我们也做了很多乡建项目，但是我们的前提是什么？所有的项目都必须以村两委为中心，所有项目一定是农民高度参与，而不是政府与设计师的独角戏。中国的乡村是扶贫，扶哪些人呢？这些年我们做得异常艰难，原因是什么？我们是公益组织，在 2003 年之前想要申请乡村建设的项目比登天还难。因为中国的扶贫是村庄 2% ~ 5% 的人群，这个人群的故事你讲给谁听谁都会掉眼泪，大家都会觉得这个人群需要帮助。但是中国的公益做了这么多年，最大的错误就是帮助了这个人群，帮助这个 2% ~ 5% 的这个人群。为什么？中国的贫困人群非常复杂，有 33% 左右是天生的智障，有 33% 是天灾人祸，还有 33% 是道德败坏游手好闲的人，我们的扶贫大多数是帮这些人。为什么会帮助他们？因为他们的项目书写得很好，他们能说会道。我们帮助这个人群的时候，整个村庄的道德体系就破坏了，这个人群推动不了庞大的乡村系统，带动不了乡村发展。我们这么多年应该帮助哪个人群？应该是 70% ~ 80% 的普通人群（图 4、图 5）。帮助这个人群很难，这个人群没有感人的故事，也不掉眼泪，但他们是中国乡村建设的中流砥柱，他们发展起来了，才会帮助贫困的少数人群。而想用少数人群帮众多的贫困人群，完全不可能。所以 2011 年以前我们要申请公益资金没有可能，但是我相信，中国普通人群才能推动中国的乡村建设。我们用了整整 18 年走了这么一条艰苦的路。

2003—2006 年，我们做了第一个项目堰河村。那个时候没有新农村建设，没有国家项目，没有资金，靠的都是村干部。所以说中国就是这样，紧紧围绕村干部，紧紧依托于他们，信任他们。今天的媒体和报纸当中，学者和专家因为不了解这个群体，把这个群体说成村霸等，完全是因为不了解乡村。当然也有少数这种情况，但是中国绝大部分村干部不是这样的。我们项目做得成功是因为我们把想法告诉了村干部，就这么简单。我们做的另外一个工作就是说服政府倾听村干部，尊重村干部。我做了很多项目，毫不夸张地说，中国现在做的美丽乡村和扶贫项目，我们可能快占到半壁江山。我们绿十字也就 5 个人，但是大家都做得比较轻松，为什么呢？因为找到了正确的方法。方法是什么？中国 100 年

图 4　喜气洋洋的父母吴斌、李秀勤、儿子吴凤超等在自家门前合影（摄影：姬东）

图 5　秦家坎 512—廖家大院都在忙（摄影：孙君）

前没有规划设计师，那谁做呢？我们今天的规划设计师应该是让农村建得更漂亮、更美丽、农民致富更快。但没有做到，我们不是在做美丽乡村，更多的是在破坏。中国从 2005 年以后的美丽乡村，有哪个像农村的？几乎没有。今天我们看到美的都是古人留下来的，明白这个道理就知道美丽乡村并不复杂。把权力还给村干部，让农民建设农村，这就是未来的发展之路。

2009—2011 年我们湖北省枝江市做了关庙山村。政府找我做这个项目，要求两年之内完成。这个项目告诉我一个经验，当我们政府目标清晰的时候，速度是可以加快的。我们用了 7 个月时间，完成了这个美丽乡村。2011—2013 年我们做了郝堂村（图 6），当时市委书记、县委书记找到我，说能不能做成中国第一，我说肯定做不到中国第一，我一定保证做到河南第九。这个项目我们和局委办、县委书记、市委书记达成了一个共识，把权力还给村干部。所有的各局委办的资金和我们的资金全部请示村干部，就这么简单。我们做的什么呢？叫帮忙不添乱。比

图 6　2013 年信阳郝堂村景（摄影：孙君）

如说把房子设计好看一点，我们设计师可以帮助。把室内功能变得更现代化一点，我们的设计师可以帮助。跟政府如何沟通，我们能够帮助他们。我们要做农民做不了的事，农民能做的事城里人永远不要做。

今天为什么吃不上有机蔬菜？因为农民都到城市打工去了，城市人都来种菜养猪，最终什么也吃不上。2011 年，我们做了樱桃沟。我们做的时候，开始把中国的文化元素全面结合。不是我们要这么做的，是农民跟我说，能不能做得跟古人一样的，这是他们心里的需求，我们开始把传统文化跟现有的文化进行融合。

我们做过中国扶贫基金会支持的两个项目，是和王旭、柳建的团队共同完成的。戴维村和雪山村，这是两个灾后重建的村落。戴维村做完了以后，国家旅游局直接授予 4A 级景区。这两个村庄我们第一次把规划、环境、室内、农民培训、村集体组织建设融合在一起做，这是一个庞大的体系。这个地方很贫穷，农民建房基本贷款 30 多万元，对他们是天文数字。他们问我，农民没这么多钱，这么多钱怎么来，我说你放心，只要方向对了，钱都能够筹到。目前这两个村是灾后重建中最完美的两个村。为什么做这件事？因为 2008 年我们付出了沉重的代价，什么代价？绿十字举全部之力想做好两个灾后重建项目，一个做得不好，一个失败了，留下了很大的遗憾。那时候我们就希望，如果再遇上灾后重建的项目一定要做完整的，才有了这两个项目，应该说是完美的收官。2015 年我们开始做湖南怀化高椅村。村里建了一个长途汽车站，三层，已经建好了，但是还没开始投入使用。建筑很难看，火柴盒式，和村里的传统民居风格非常不协调。我们拆了一层半，改成当地传统的样式，变成了一个重要的文化基地。这个项目建的时候，我们定的目标就是村子再活 500 年，想让这个古村落再活 500 年，第一不能招商，不能引资，不卖地，不准租房子。一旦你走这些路，中国农民还是打工，就如原来讲的龙头企业、大企业进村，农民还是农民，企业还是企业。所以说要换一种思维，激活古村落其实就是还农民一个属于他们的生活。

我们现在接手了一个最棘手、最大的项目——河北阜平县项目（图7）。习近平总书记上任44天就来这里提出了精准扶贫、脱贫致富。我们做了156个村，1100个自然村，希望为中国的脱贫致富做一个真正全区域的项目。这个项目有17支团队，300多名设计师，估计应该需要5年。2018年完成70%～80%。县委与中国城乡统筹委考虑到这个项目对象是精准扶贫当中最底层的人群，所以这个项目以户为单位，不想做成数字，不想做成符号，不想为了样板做样板。项目进行得异常艰难，但是最困难的时候应该已经过去了。

最后一个案例就是三瓜公社，我认为这是城市反哺农村、企业资本反哺乡村的一个重要案例，是一二三产业融合的一个项目，做到了邻村和本村的年轻人几乎全都回乡了。这个村当中，农民不能进入市场，不需面对市场卖东西。资金、包装、宣传、市场风险等对于农民来说完全

图7　阜平调研（摄影：胡杨）

不具备应对能力，这应该是资本和企业来完成的。在三瓜公社把最重要的种地工作交给农民，把市场销售还给商人，把教学、规划、设计、市场、传播、理念交给“半汤乡学院”。所以这个项目在清明和“五一”节日期间，平均一天游客大概 25 万人。这个村做了什么？现在的瓷砖房我们没有做改变，我们把原来惯用的设计的东西都去掉了，只动了几个小房子的改造。为什么这么做？因为我们这一代人的文化更靠近我们的父辈，我们的父辈就是共和国的历史，所以我们把三瓜公社定位为没有风格就是它的风格，三瓜公社保留了我们熟悉的这个时代的文化和建筑，反而让很多人看了很有感触。清代、明代、元代的建筑非常好，但是从情感上离我们太遥远了，三瓜公社在规划上反其道而行之。这个项目当时的定位就是把农村建设得更像农村，是一个传统和现代文明对接的农村，是农民和工人携手的农村，是传统文化和现代文明并进的农村。这就是我们的中国，所以我们这些年做的是什么？就是还原一个我们心中的乡村，说远点就是还原一个属于中国的中国。

这些年我们出版了很多书，实践到理论到再到实践进行了一个循环，从感性到理性，最后进入教育，进入乡建学，这可能是我们未来的重要工程，我们希望形成一个真正的乡村学。像中国，才是中国。

探索乡村建设的四两拨千斤之法

李昌平
中国乡建院院长

2011 年，我与孙君老师一起创办了中国乡建院。5 年来，全国很多省市都有我们的项目点，中关村项目点就是其中之一（图 1、图 2）。它是在桐梓县政府的领导下，由中国乡建院协助建的。做了这么多年的乡建，我觉得越做越糊涂了。我 1985 年当乡镇党委书记搞乡村建设时，是找农民收钱，所以曾给书记写信说农民很苦。现在的乡村建设与此相反，农民不用再出钱。从中央财政到地方财政，每年会出好几万个亿，钱多得不行。可是钱多了以后，用钱砸一个乡村出来，有没有效率呢？回报在哪里？

一、中国当下的乡建千斤拨不动四两

我总体的感觉是，中国当下的乡建千斤拨不动四两。为什么千斤拨不动四两呢？主要是因为花下去的钱大部分变成了死钱，很难钱生钱。比方说城市里一个小区的房价是每平方米 2000 元，当政府投资把小区周边的公共设施修好，把路修好后，房价很可能就会从每平方米 2000 元涨到 4000 元，因此政府的投资就产生了效益。可政府在农村的投资，一年几万个亿下去，却没有产生效益、增加农民的财产。为什么在城市里投很少的钱，能够让财富不断增加，在农村就不可以呢？我觉得是因为，在中国分散小农不是市场人，农民组织不是市场人，千家万户的小农进入市场享受不到市场的好处。农民组织的空心化、僵尸化，导致了

图 1　贵州省遵义市桐梓县中关村改造后的当地民居（摄影：丁沁）

图 2　贵州省遵义市桐梓县中关村公共空间墨仓（摄影：吴江）

它在农村发展过程中间不能够为农民提供服务，农民生产出了东西后，很容易亏钱。这种情况在日本、美国、欧洲、澳大利亚、中国台湾都不可能出现，只有在中国大陆才有。

之所以会这样，我觉得最根本的问题是“无财产，无信用”。因为没有信用，银行跑了，保险公司跑了，信用社也跑了。在城市里如果我有一套房子，当我想买第二套房子时，我可以用这套房子去抵押贷款来购买。由于城市里房价不断上涨，两套房子带来的收入可能比我一辈子的工资收入还多。可如果我在农村有两套房子，我既不能用它去抵押贷款，也不能用它去干别的。此时我再建一套房子，只会将活钱又变成死钱。这种现象在很多地方的新农村建设中都可以看到，最终导致村庄没有收益，没有经营起来。如果农民也有财产权，也有信用，用一个身份证就能够去贷款，能够像中国台湾的农民，像日本的农村，将自己的房屋变现，那政府就不需要投入这么多。比如说古村落，如果它是财产，可以交易，会有很多人愿意给它投资，就不需要国家投钱去保护。

二、怎么解决乡建四两拨千斤的问题

要解决这个问题，我觉得要重建主体性，把农民重新组织起来，让资源、资产、资金集约经营起来，让产权实现和交易起来。如何做？中国乡建院在探索中找到了“创建农村农民的土地金融制度”这一方法，让土地等成为农民的财产，让农民成为比城市人更有信用的“人”，让农民组织成为比一般企业更有信用和服务能力的主体。这一方法最先在信阳郝堂村进行了实验，我们称为村社内置金融。郝堂村的村民可以拿自己的房屋、林权，在内置金融里面贷款。村民如果要建房子，也可以在内置金融里面贷款，并享有政府补贴每平方米 130 元。所以郝堂村的房子建得很快，规模很大。2011 年开始建，2013 年就变成了全国的示范村（图 3、图 4）。我们还把农民的土地通过内置金融收储起来，收储

图3　河南省信阳市郝堂村返乡青年（摄影：丁沁）

图4　河南省信阳市郝堂村一号院（图片由“中国乡建院”提供）

的价格是每亩 2 万元，到了 2016 年价格涨到了每亩 14 万元。经过投资经营以后，郝堂村的集体经济至少积累了 6000 万元。很多地方的新农村建设，把农民现金搞得没有了，把村庄搞成一堆的债务，把政府也搞穷了。郝堂村的内置金融不是这样，不仅把集体经济搞富了，把村两委搞强了，还会让老人参与到内置金融里，每年给老人分红（图 5），还把传统的优秀文化——共同体文化找了回来。因为有了内置金融以后，他们的共同体出现了。中国传统文化是生长在共同体之上的，没有共同体就不可能有优秀的传统文化，一家一户分散的是不可能有传统文化的。离开了共同体的建设，我觉得不可能有乡村的未来。无论是中国台湾的农村还是日本的农村，如果没有农业协同组合这个共同体，我相信不会取得成功。郝堂村的村民如果不将房子改做民宿或者餐馆，出租给别人，一套三间的瓦房，一年的租金 5 万元。什么概念呢？ 5 万元意思就是，农民的房子折算成钱存入银行相当于每年有 5 万元的利息，也就是房子值 150 万元。如果郝堂村的村民在内置金融里面贷款，可以一栋房子贷款几十万，所以郝堂村的村民依靠自己的财产可以滚动发展。

图 5　李老师在郝堂村分红照片（图片由“中国乡建院”提供）

从 2013 年完成郝堂村的项目建设到 2016 年郝堂村建的房子，比 2011 年到 2013 年建得更多，而且是农民自主去建的，不需要政府去管。因为现金投入以后，可以再贷款。我觉得郝堂村的经验值得学习，后来在张远村，根据郝堂村的经验，村社内置“金地融托”合作社。在内置金融里，我们把老人分成小组，每 8 个人一组，每个老人出 3000 元。年轻人要贷款，存 1 万，可以贷 3 万。如果老人觉得这个年轻人很好，年轻人可以利用他的土地抵押贷款。有了内置金融以后，村民可以把土地当存款，存到里面来。2013 年土地流转租金是 88 元一亩，后来小组连片，租金提升到 220 元，这相当于 8000 元存款的利率，所以折算出土地的价格是 8000 元。如果一个村民有 10 亩地存进来，估价就是 8 万元，就可以给村民发 8 万元的贷款。村民如果存 20 年，可以得到 3% 的回报；如果存 30 年，可以得到 4% 的回报。把村里面 1700 多亩土地都集中起来，成为一个金融的产品，我们进行土地平整，土地价格提升到每亩 240 元。后来一个武汉的企业流转了做规模化种植，流转费又进一步提升达到每亩 450 元。从 88 元变成了 450 元，土地的价值就出来了。

后来村民又继续整合土地，出现了一些大户。还有一些企业来了，他们又开始收储一部分房屋，把房屋改造给企业做办公室。财产变成了存款，房屋也可以变成存款，再来规划，再来设计，再来改造。全村节约很多劳力。有了金融服务，有的村民以自己的土地抵押贷款，成立了三个建筑队，到外面打比较“高级”的工。留在村里的村民，虽然政府没有投资一分钱去搞新农村建设，但是他们把垃圾分类做得很好，也改造了房子。另一个例子是武汉江夏区小朱湾，村民改造房子钱不够，就内置金融合作社里贷款，政府会给一点贴息。在金融加杠杆的促进下，这个村的新农村建设搞得有模有样（图 6、图 7）。

要实现农民的财产权，建立农民的信用体系，有两种做法。一种做

图6　湖北省武汉市江夏区小朱湾（摄影：丁沁）

图7　湖北省武汉市江夏区小朱湾民居（摄影：丁沁）

法是国家提倡的土地确权，到银行里去抵押贷款。这一条道路是永远都走不通的，因为中国的农地是高度分散的，一家一户小农的农地抵押给银行，实际上永远都不可能成立。日本是因为有农业协同组合在接受抵押贷款，与土地是不是私有化没有关系。另一种做法，我认为能够走通，就是农民加村社内置金融。信用体系建立起来了，村社内置金融体系就可以为农民提供很多服务。“你需要买材料，我给你买材料，你需要买种子，我给你买种子”，因为你有了信用。村社内置金融体系还回应了中央的一系列改革要求。比方说土地确权，有了内置金融就有意义了，因为它增加了农民的财产性收益。什么是财产性收益？中央一号文件年年都讲，不是给农民的房子贴几块砖就增加财产性收益。我们解决了农民贷款难的问题，可以搞保险，可以搞产权交易，建立信用体系，加强基层组织的服务能力和治理能力，可以探索新集体经济的实现形式，可以完善双层经营体制，可以打造新型经营主体，可以使资金效率大大提高，使政府工作有更多的抓手（图 8 ～图 10）。

图 8　山东淄博淄川区东庄村合作市开业现场（摄影：当地政府）

图 9　山西省忻州市岢岚县宋家沟村村史馆（摄影：孟斯）

图 10　山西省忻州市岢岚县宋家沟村巧手坊（摄影：孟斯）

假如我是一个企业家，你要我去投资办一个厂，我是一点积极性都没有的。为什么？因为如今所有的生产、所有的产业几乎都是过剩的，不再需要投资。把钱投入到村社内置金融体系里去整合资源，为农民提供服务，这个有产业整合的收益，有资源、资产，有收储以后的集约化经营收益和扩股增资的收益等。把一个农村搞漂亮，我觉得已经不难了。但是四两拨千斤，我认为才是真正干得漂亮。

美国文化遗产何以乡土化

Dell Upton
美国加利福尼亚大学洛杉矶分校教授
翻译：徐颖
美国特拉华大学

今天我想谈的是美国复兴传统村落的历史，以及与美国遗产保护运动的关系。我提到的例子实际上都是非常小的村庄或城镇，这和中国概念中的“乡村”有很大的区别。美国景观保护中的“乡村”，大多存在于想象中的“田园牧歌式的从前”。由于种种原因，例如农业模式的变化，或是未能吸引铁路或其他主要交通路线的兴建，使得少数村庄得以幸存，但它们也于 18 或 19 世纪丧失其功能性。另存的一些小村子则是由不同新宗教教派兴建，这些村子在新宗教灭亡后便被遗弃，只有少量建筑单体被改建成博物馆。这些现存的历史村落数量远远超过人为建造的乡村——一种作为“室外的博物馆”的村子。这种人工村（图 1），是由一个地方内分散的乡土建筑物聚合而成。典型的例子如马萨诸塞州的旧贝德福德村（Old Sturbridge Village，Massachusetts），纽约州的农民博物馆（Farmers Museum，New York）或威斯康星州的旧世界威斯康星（Old World Wisconsin，Wisconsin）。

图 1　美国宾夕法尼亚州的旧贝德福德村（Old Bedford Village），是一个典型的“人工村”，也是 20 世纪中期非常受欢迎的“室外博物馆村”。这是一个由迁移至此的历史建筑和新建的建筑拼凑而成的、历史上并不存在的“人工村”（图片版权归本文作者）

一、传统与美国民族主义

首先也是最重要的一点，和中国一样，在美国，不论是“自然的”还是人为建造的历史村镇，都与“乡土”（亦称文化景观或普通景观）和“遗产”两个概念的发展紧密相联，而美国的遗产保护和对乡土建筑的研究都源于美国民族主义。

这点最早表现于殖民化时期，于美国独立战争时期表现更甚。例如，1681 年在马萨诸塞州兴格姆市建造的“旧船会所”（Old Ship Meetinghouse），于 1791 年险遭拆毁。但会所所在的教堂通过投票后决定保留该建筑物，以表达对先辈的敬意，并“彰显我们父辈的功绩”（源于《圣经》）。同样被重视的文化遗产包括 18 世纪美国独立战争时期的遗址，特别是那些与美国开国元勋（又称“国父群”）和革命事件有关的遗址，如费城的独立宫——1776 年《独立宣言》签订地和 1787 年制宪会议的会所。在 19 世纪初，曾有建议拆除当时的市政大厅独立宫，再建新市政大厅。后因独立宫作为独立战争时期重要遗迹而被保留。

在美国民族主义的明确意识形态下，我们可以从以下四个方面，看民族主义是如何在过去两个世纪里，结合历史保护运动解读和保护美国乡土景观。

1. 乡土建筑作为文化遗产

和旧船会所或独立宫一样，许多于 18 世纪和 19 世纪时期被保留下来的建筑物，并不是因其具备特殊的建筑价值，而是因其与美国的建国历史或开国人物有着紧密联系。1850 年，纽约州购买了独立战争时期乔治·华盛顿最后一个指挥部——位于纽堡市的哈斯布罗克建筑(Hasbrouck House)。

哈斯布罗克（图 2）由法国殖民者莱茵的后裔建造，其独特的室内空间和建造结构与其所在地区的建筑不同。例如，室内建有“无壁壁炉”——一种没有侧壁的壁炉。大部分同类建筑中这种独特的结构已被 19 世纪常见的壁炉所取代。但因该建筑 1850 年即被保存下来，使其成为仅存的两处同类建筑遗产之一。当初人们因为爱国主义情怀，而不是其建筑细节而保存该建筑物，但却意外地保留了这别具一格的建筑特色，并被往后几代建筑史家所认可。

2. 以“视觉和联想主义”鉴赏乡土建筑

19 世纪美国建筑师和古玩家们受 18 世纪欧洲文化和美学理论的影响，认为建筑真实而有趣地体现了时间、地点、文化的差异。也就是说，建筑并不仅是特定人物或事件的遗迹，而是整个文化或国家的价值体现。

建筑师和古玩家开始意识到，像哈斯布鲁克之类的建筑，能直观地深化他们对先辈们的解读，即使没有历史事件的联系，也能体现先辈们的价值观、斗争和个性。1876年，美国建国一百周年之际，著名建筑师斯坦福·怀特（Stanford White）和查尔斯·福伦·麦金（Charles FollenMcKim）跨越美国东北部调研，并速写记录下包括哈斯布鲁克在内的许多殖民时期的建筑，并希望从中寻求建筑设计灵感。

图2 位于纽约州纽堡市，建于18世纪中期的哈斯布罗克建筑（Hasbrouck House）。该建筑由殖民者后裔建造，并保留着法式建筑独特的室内构件。该建筑因作为独立战争时期乔治·华盛顿最后一个指挥部而被保留下来，并于1850年被改建成博物馆（图片版权归本文作者）

他们运用18世纪欧洲“如画”理论来鉴赏沿途所见的建筑和景观。“如画”理论的创建很大程度来源于欧洲人对中国园林的理解。此理论很重视（被研究物，这里特指建筑）特殊性和差异性，并以其作为地域差异的标志。具有地域代表性的乡土建筑以其视觉多样性阐述了“如画”理论。

3. 以乡土建筑“谴责”工业主义

一些 19 世纪的乡土建筑研究者，特别是 19 世纪晚期的艺术家和设计师，开始厌弃工业资本主义带来的低廉设计和压抑空间，他们以工业革命之前的建筑和景观对工业化设计进行“谴责”。这正是英美两国艺术设计改良运动——“艺术与手工艺运动”的共同主旨。

例如，最早的乡土建筑书籍的作者诺曼伊萨姆（Norman M. Isham）和艾尔伯特布朗（Albert F. Brown），非常看重工业时代之前的建造者及其工艺。他们合著的 1895 年出版的《早期罗德岛住宅》（Early Rhode Island Houses ）和 1900 年出版的《早期康涅狄格住宅》（Early Connecticut Houses），均为罗德岛和康涅狄格两州的工匠而作，并期望当时的建筑师能向以前的匠人学习（图 3）。1877 年出版的第一本关于英国乡土风貌图书的作者拉尔夫 · 内维尔（Ralph Nevill）在书中写到 :“我大胆地把这些作为前提……今日所见的劣质出品均源于虚荣、懒惰和对前人经验的嘲讽。而那些优良的制作,很显然是紧紧追随着从前的样式”。

4. 视乡土建筑为“真正的”美国人的居所

随着 1929 年大萧条的爆发，出现了另一种看待乡土建筑景观的方式，一种既相似，又不同于前面所讨论的方式。它起源于大萧条时期的社会现象和经济局势，包括城市居民和农村居民之间的紧张关系、工人和资本家以及共产党人和右翼党派之间的冲突。

在这种局势下产生了“人民”——“真正的美国人”这一概念。新局势下的新观点，“人民”的居所和生活方式也有了全新的价值，即传统景观被视为“人民”的产物。共产党的人民阵线和许多左翼阵营、知识分子将传统的音乐、艺术和建筑视为美国真正价值观的典范。

同时，“乡土”或“传统”的概念开始不断扩大，它不再单一地被归纳为乡村的或前工业化的，它可以是任何普通的、非官方或非丰碑式

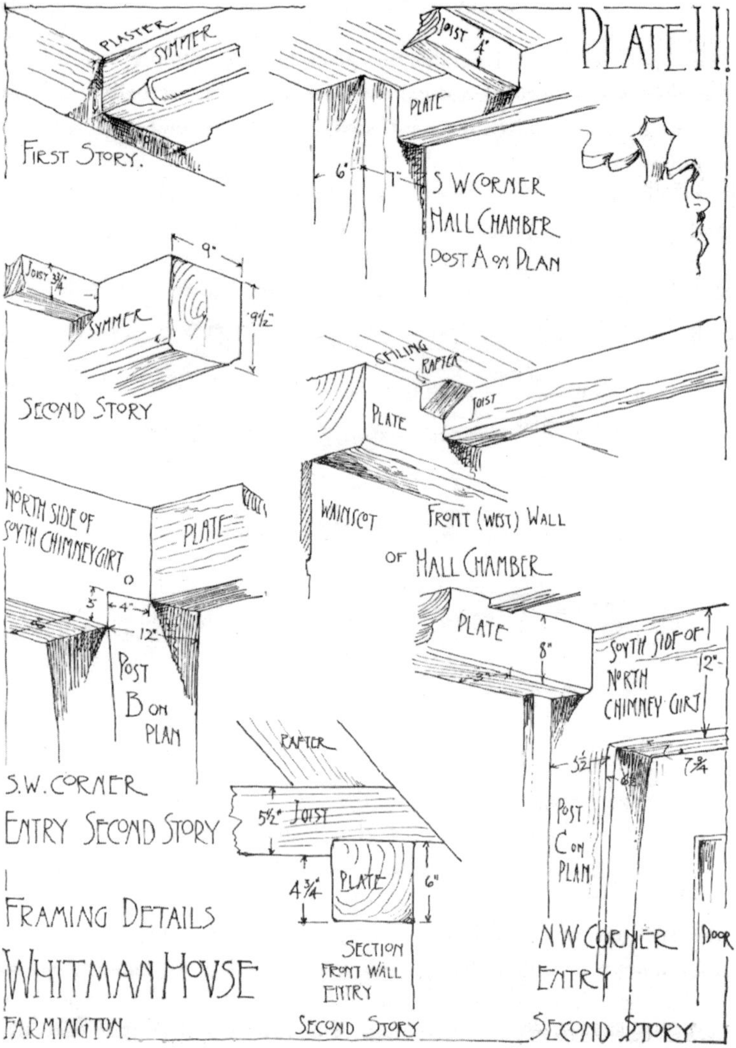

图3 位于康涅狄格州法明顿，建于17世纪末的瓦伦丁惠特曼楼木结构细节（图片来源:《早期康涅狄格住宅》Early Connecticut Houses，1900年出版，作者为诺曼伊萨姆（Norman M. Isham）和艾尔伯特布朗（Albert F. Brown）

的事物。这一观念随着乡土建筑研究的不断发展，一直延续到 20 世纪 60—70 年代。

自 20 世纪初，美国通过综合上述四种方式研究和保护乡土建筑和景观。同时，专业人士将传统或乡土建筑和景观视作审美和爱国崇拜的载体，展现给更多的人群。例如，1915 年，纽约市大都会艺术博物馆设立美国馆，用以展示美国艺术品。美国馆最引人注目的是其设有年代馆，用以还原美国不同年代的艺术和建筑风格。各年代馆的室内装饰和家具及日用艺术品摆设均理想化地布置成某一时期的统一风格。各馆内的建筑和装饰细节，例如镶板、墙面装饰、饰面等，均来自美国东海岸不同时期的历史建筑。当时为了收集这些构件还使得不少历史建筑惨遭毁坏。

问题是，年代馆的目的是以艺廊的形式展示某种艺术风格，还是呈现某一时期人们的生活方式呢？策展人更倾向于前者，但大多数游客则认为，这更像是通过从前的生活方式展示美国的民族史。

大都会美国馆有明确的政治文化教育意图。在美国馆的第一份目录里即强调，年代馆目的是教导那些和“我们的”价值观不同的世界各地新移民，美式价值观为何更优越。这里提到一个方式，即削弱历史过程感和社会经济背景，倾向性地表达孤立的历史片段。博物馆正是以这样的方式编辑物质证据以更深刻地传递其预设的美学和教育信息。

二、乡村和城镇的乡土（传统）景观

上述四种研究和保护传统或乡土建筑的方式，同样适用于整体景观，尽管仍受民族主义和各种政治倾向的影响。

美国最早对传统城镇及其建筑的研究，是为了复兴一些风景优美却已衰落的城镇。例如，位于美国东南沿海、独立战争时期的五大城市之一的南卡罗来纳州查尔斯顿。查尔斯顿曾是美国奴隶贸易的中心和种植园的重要基地，种植园的园主则住在查尔斯顿市内。

查尔斯顿随着南北战争的结束和奴隶制的废止而衰落。到了20世纪初，该市经济衰退，大量历史建筑状况不断恶化。当地开始发展旅游业以振兴经济，希望重现南北战争前的繁华。但正如大都会博物馆的美国年代馆一样，复兴后的查尔斯顿展现的是一种被修正过的景观。战前的贸易、商业痕迹被一一抹去，曾经的港口仓库被改建成高级住宅，并被配以明亮欢快的色彩。

更重要的是，黑人在这个城市的历史和重要性被抹去。南北战争前，查尔斯顿曾是全美黑人奴隶最多、最集中的地方。查尔斯顿的老城区由上流住宅、奴隶聚居地、自由黑人住所组成。黑人建造了这座城市，也是城里最重要的劳动力。即使在内战后，非裔美国人和苦力仍聚居在靠近白人雇主住所的后巷里。但为了给游客创建更具吸引力的旅游景观，这些黑人聚居地大多已被拆除。

我们可以说，复苏后的查尔斯顿的是被粉刷过的——在保护前统治阶级及其后人的文化遗产的同时，抹去其劳役黑人的历史。而这样的被修正过的历史和景观，恰恰迎合了大部分游客的需求。

再举一个美国村落复兴中最著名的案例——弗吉尼亚州的威廉斯堡（Williamsburg, Virginia）。威廉斯堡在其长达90余年的修复改造过程中，综合展示了上述美国式的乡土建筑研究和保护。威廉斯堡于1698年兴建，曾是殖民地首府。1780年，殖民地首府搬至里士满，威廉斯堡因此衰落。威廉斯堡几乎没有经历过任何的城市化发展。20世纪初，当地一位基督教牧师游说石油巨头约翰·洛克菲勒投资重整威廉斯堡。1927年，威廉斯堡修建工程启动后，除最早的88处“原始”建筑物被保留外，其他建筑均被拆除。建筑师们根据考古资料、历史文献和合理猜测，对这些已被改建的面目全非的“原始建筑物”进行修复（图4）。

可以通过以下三部重要文献来探讨威廉斯堡的重建之路。

图 4　弗吉尼亚州的威廉斯堡（摄影：F. S. Lincoln。图片来源：《修复威廉斯堡》The Restoration of Colonial Williamsburg，1935 年，第 401 页）

第一部是 1935 年出版的、为庆祝威廉斯堡重建第一阶段完工的建筑期刊《建筑纪》（Architectural Record）特刊。威廉斯堡的第一次修复重建，主要基于视觉效果，即重建后的外观是否符合建筑师的审美要求。博物馆其他档案，包括历史照片显示，为达到最好的视觉效果，重建效果图上的树木轮廓都是建筑师用木块制出树木模型，并将它们放置在不同地方而拍摄出来的。换言之，建筑师为的是美观地重现他们设想中的18世纪中期的威廉斯堡。当时的研究大部分集中在对建筑细节的讨论，用以确定修复细节。另外的调研还包括对重建建筑物的主人或住户的传记记录。

主持威廉斯堡重建的大多为19世纪20—30年代的现代派建筑师。例如，一位是主要承建公司即19世纪30年代著名建筑公司的派瑞·肖·赫本（Perry, Shaw, and Hepburn），另一位是麻省理工学院贝克豪斯（Baker House at MIT）的阿尔瓦尔·阿尔托（Alvar Aalto ）。还有一位主设计师也是最早参加包豪斯的美国人之一。在《建筑纪》中，建筑师们强调了威廉斯堡重建点设计原则，并认为这些设计原则体现了现代主义建筑精髓。重建后的威廉斯堡被建筑师奉为优良设计的典范，而对于投资重建人洛克菲勒和其他赞助人，则是展现爱国主义的典范。

第二部是1958年出版的《威廉斯堡十八世纪的住宅》（The Eighteenth Century Houses of Williamsburg）和一本该镇公共建筑的册子。该书继续强调建筑师们提倡的建筑“品质”。建筑史学家马库术斯·惠芬（Marcus Whiffen）受聘撰写此书，书中内容基于建筑研究部工作人员在威廉斯堡三十年的研究成果。此书的重点是试图通过研究和对比威廉斯堡的小型建筑和欧洲文艺复兴时期伟大建筑所遵循的建筑原理，例如两者相同的建筑比例和装饰元素等，将两者联系起来。

这本书把威廉斯堡描绘成一个高雅文化的绿洲，而其前统治精英、庄园主居住其中。书中对威廉斯堡历史的描述方式和前面提到的查尔斯顿相似，但更具学术性。另外，查对博物馆的档案，可以看到查尔斯顿偏狭的视角是如何影响人们对其历史的理解。20世纪30—60年代期间，建筑研究部人员因此提出充分的理论，开始对威廉斯堡数英里的地方进行实地调研。

另外，20 世纪中期，威廉斯堡的研究者也追崇“艺术与手工艺运动”中的宗旨，即复兴工业革命前的建筑工艺，尽管他们并不像诺曼伊萨姆和艾尔伯特布朗那样的狂热。在对威廉斯堡的近期研究中，这种对手工艺和传统建筑技术的追随越发显著。其中一个例子是2014年出版的，由卡里·卡森（Cary Carson）和卡尔·兰斯伯里（Carl Lounsbury）编撰的《切萨皮克住宅》（The Chesapeake House）。自 20 世纪 70 年代以来，人们对建筑工艺的浓厚兴趣，促进了对该地建筑发展史的研究。因为对建筑工艺的研究多采用上述的第二和第四种方式，学者开始以整个曾隶属英属殖民地的美国东海岸的地理和文化作为背景，对威廉斯堡进行研究。正如近期出版物的标题所示，“威廉斯堡住宅”已被包括更广阔地域的“切萨皮克住宅”所取代。不仅是研究的地域范围不断扩大，社会环境背景的研究也在扩大。而研究对象，也从 20 世纪中期的当地统治精英的住宅和公共建筑，扩展到如今的“中等的”农业和商业建筑，以及底层阶级的住宅。传统的乡土环境被认为是塑造所有殖民地时期南方人的社会关系和日常生活的重要因素。因而，对乡土建筑工艺的研究并不是最终目的，最终目的是通过对其研究而理解社会历史和日常生活，即乡土环境。如卡森在书中所说，现今目标是把威廉斯堡当作展现“每个人的历史”的博物馆去保护。

通过威廉斯堡可以看到，在过去近一个世纪里，各种关于遗产和建筑的保护是如何塑造一个“博物馆”村庄。我无意把威廉斯堡的百年变化描绘成一个顺利的“博物馆教化”过程。在其三个保护和研究阶段里，研究和保护乡土建筑的四种观念均以特殊的方式相互渗透，作用于威廉斯堡。这些保护活动包括对工业化前南方的建筑和社会进行的大量有价值的研究。要再次强调的是，这一切都是在以民族主义为主的明确意识形态下进行的：威廉斯堡的介绍影片取名为《爱国者的故事》，强调发生在威廉斯堡内的“美国革命”，即使是“人人的历史”，也是为了深化对“国家形成”的理解。

令人遗憾的是，在过去的两年，威廉斯堡博物馆新的管理部门认为爱国主义不再需要以历史研究为基础。博物馆关闭了所有的研究部门并解雇了其全部研究人员。而“切萨皮克建筑”将变成将近一个世纪学术研究的墓碑。现在博物馆已经引进了诸如步枪射击场和溜冰场等公园娱乐项目。

虽然我所举的例子都是关于博物馆和作为“室外的博物馆”的村庄，但它们都涉及如何保存和复兴传统村镇的广泛问题。

乡土向我们呈现了什么？其价值又是什么？在美国，200 多年间人们就这个问题给出过许多矛盾甚至彻底混淆的答案。这些答案却又都体现在 1966 年出台的《历史保护法》及其修订条例中。《历史保护法》是美国所有国家级保护工作的法律依据。该法在保护重要历史建筑的同时注重保护传统的乡土景观。因而根据该法的条例，重要的建筑物和乡土景观之间产生了一种悬而未决的紧张关系。应该优先保护文物建筑、历史遗迹（如名人故居、与重大历史事件相关的建筑）、某种建筑类型代表（如最古老的、最大型或最完整的例子），还是那些有重要意义的乡土遗产？保护主义者认为，后者意义重大，因为乡土景观从精神上、物质上，甚至是公民权利上，对现代人都有重要的意义。强调乡土景观使得历史街区盛行，并将其历史和单一人物或事件所代表的“历史”混淆（图 5）。

“博物馆”村庄和传统村庄在当代美国景观中处于一个重要而复杂的，却又模棱两可的位置。我们对待传统乡土景观的态度和方式，使得这种不明确性将继续影响美国的遗产保护运动。

图5　纽约市柏威利街40—44号。19世纪早期的商业建筑，
现仍做商业用途（图片版权归本文作者）

创意，为什么在乡村如此重要

罗德胤
清华大学建筑学院副教授
中国乡村复兴论坛主席

2016 年 4 月，中国乡村复兴论坛在河南省新县西河村开了一次会，那是第一次尝试在村里开大会。600 多人参会，来自 6 个国家的 45 位演讲嘉宾，覆盖了乡村实践的各个环节。会场内热闹非凡，会场外安静如常。对所有参会者而言，这是一次极有意思的体验。

第二次中国乡村复兴论坛，由清华大学建筑学院、桐梓县政府和中国乡建院共同主办。将会址定在贵州省桐梓县的中关村，是出于四个方面的考虑：其一是情义，有清华大学建筑学院校友的这层天然联系，让我们愿意尝试把西河村开会的模式带到中关村；其二是诚意，桐梓县领导对开会这件事情下了大决心，给予了大支持，满足了很多改造要求，为会议接待提供了基本保障；其三是号召力，中国乡建院是乡建队伍中的一支生力军，能给乡建事业注入更多的机会和可能性；其四是中关村创造了奇迹。做乡村建设通常需要漫长的时间，有一种说法，在台湾如果要对一个衰败的村镇做出一点有成效的事迹，通常需要 5 ～ 8 年的时间。中关村仅用了 1 年的时间，就使硬件建设展现出了新的面貌。这不得不说是一个奇迹，值得学习和探讨。

基于这些原因，中国乡村复兴论坛秉持扎根乡土、激活乡村的宗旨，融合县、乡镇、村等各级力量，走进了贵州省桐梓县中关村（图 1）。“在村里开大会”是我们选择的策略和方式，其目标是成为乡村复兴行业的催化剂和东道主乡村复兴的催化剂。

图 1　中国乡村复兴论坛桐梓站现场（摄影：李青儒）

怎么来完成这个目标？答案是创造在村里开大会的极致体验。首先是内容要丰富，要不断挖掘全国范围内，也包括国际上的一些成功经验和案例，将它们推介给乡建行业。其次是跨界，只有做规划、做设计的人参与乡建还不够，做公益的、做文创的、做农业的等各种各样与乡村相关的人都要参与进来，才更有希望。然后是形成链条，各个环节要互相支撑，而不是互相打架。再者是要有趣，一定要把会开得好玩。还有就是会务要专业化，从会前准备到会议结束，有很多细节需要专业化的持续改进。可以说，创意赋予了中国乡村复兴论坛极致的体验，对于乡村建设来说，创意也是尤其重要的。下面结合个人经验分享一些案例。

一、传统村落的保护成效与巨大挑战

近年来，中国传统村落保护是全社会都在关注的一件事情。2012—2016年，住房和城乡建设部进行了四批传统村落评选，公布了4153个传统村落名录。这是一笔巨大的社会财富。通过几年的呼吁，以及实质性政策的支持，传统村落快速消失的局面得到了遏制，政府和社会开始重视传统村落文化历史，村民生产生活条件得到了不同程度的改善，村落已经成为乡愁和优秀传统文化的载体。

与此同时，传统村落保护依然面临着巨大的挑战。首先，保护观念仍未普及，尤其是作为保护主体的村民，不关注、不支持的现象比较普遍。其次，因为观念不到位，大量的传统民居年久失修，建设性破坏时有发生。再次，传统民居与现代生活之间存在矛盾。怎么把现代生活融入传统民居，适应现代人所需要的最起码的生活条件，现阶段的技术路径尚未成熟，难免经常返工，导致成本抬高。另外，乡村的发展依然比较困难，目前来看最主要的方式就是旅游，这可能是难以逾越的阶段性特征。

以云南元阳哈尼梯田世界遗产地保护为例，我们尝试把传统土坯房进行改造（图2），外观基本不变，室内现代化，让它适应现代生活的要求。但是改造之后，并没有出现村民普遍接受的情况。在村民的思维模式里，住小洋楼才能娶得上媳妇，才能获得价值的认同。这就是观念的差别，功能的改善和舒适度的提升，并不足以改变村民的固有观念，还需要一个教育累积的转变过程。

图 2　改造后的哈尼族传统聚落——牛倮普寨（摄影：孙娜）

二、改变传统村落保护的策略

在哈尼梯田的土坯房改造项目，我们改变了策略。怎么破局呢？简单来讲就是责任心与好奇心。

责任心，让我们执着于保护原则理念。1964 年的《威尼斯宪章》，奠定了历史信息、真实性、可识别性、可逆性、最小干预的遗产保护学科基础。1994 年的《奈良真实性文件》，确定了真实性判断必须联系更广泛的信息来源的遗产保护原则。1999 年的《墨西哥宪章》，明确了传统建筑体系和工艺技术对乡土性的表现至为重要。传统技术的传承，意味着如果不重建就没有工匠，将来房子塌了就更不可能修复了，所以部分重建是允许的，但是重建多了就会违反《威尼斯宪章》，这就有一个“度”的把握。

好奇心，让我们跳出专业限制、开放心胸、欣赏更多的好的案例。哪怕是部分成功、部分不成功的案例，也会去学习和了解其做法与特点。好奇心推动我们认识乡村这个行业，不仅包括遗产保护、规划、设计，还包括一个乡村学科链，要了解工程学、材料学、历史地理学、社会人类学、建筑设计、文化创意、经济学等。只有掌握了学科链，才会了解乡村的内部结构，进而获得建设成效和幸福感等综合指数。好奇心推动我们认识乡村行业链，也就是我本人常说的“村落七灯”。怎么把这七个环节贯穿起来，激活一个村落？

第一是研究策划。首先要定位，定位取决于研究，包括对未来市场变化的可能性判断。第二是围绕判断做规划设计。第三是落地实施，几乎每个项目都有问题和矛盾，要考虑怎么与施工队一起坚持做下去。第四是环境、卫生、环保等与保持自然生态有关系的。第五是营销推广，尤其是新媒体时代怎么做营销，怎么以低成本做出好的营销效果。比如我们这次在村里开大会，就是一种有效的宣传推广，每开一次会都会让东道主乡村的知名度大大提高。第六是农产品和手工业产品的挖掘、研发。要研究怎么把传统的手工业产品与时尚接轨，以便产出更大的价值，带来更多的收益。第七是集体经济。这一环节尤为重要，乡村旅游业的发展，必然导致一部分村民先得利，其他村民后得利，这就会产生贫富分化，集体经济对贫富分化有特别好的预处理作用。

三、运用好奇心做点位突破的乡村实践

我本人和我所在的传统村落研究所，更多的是采用了点位突破的方式。

样板一，浙江省松阳县。松阳县在浙江省是经济比较落后的一个地方，但是这里有 71 个国家级传统村落，是住房和城乡建设部的传统村落保护发展示范县。松阳县的整体思路包括两个方面。其一，以“文化

引领下的乡村复兴”为旗帜，积极争取住房和城市建设部、文物局、中国文联等高层管理部门的支持，同时也获取城市中产阶级的心理认同，并以此为引导，实现全县上下干部认识观念的扭转。其二，在全县范围内开展多个小型项目建设，包括乡村博物馆、民宿、茶馆等，邀请国内外知名设计师、运营商进驻，短期内形成现象，引起行业与媒体的广泛关注，也树立起保护发展的标杆水平。这种点位思维能够降低整体成本，分散风险。它的特点是以单点高成本来提高成功率，并以此带动整体观念的改变。

平田村是松阳县一个普通的传统村落。围绕着“一样的民居，不一样的设计师”，我们调动了身边能调动的所有资源。时任香港大学建筑系主任的王维仁老师，将老建筑修复之后，做成了一家优雅的四合院餐厅。知名新锐建筑师徐甜甜，虽然是女士，但是经她之手改造出来的农耕馆（图 3），反而有一种刚强之美。同样的建筑，改造之后外观也保持了基本不变，但是内部的风格差别明显。除了在平田村，徐甜甜还为大木山骑行茶园设计了茶室和茶亭。茶室是一座清水混凝土的现代建筑，但是又充满了传统的韵味。一条为大木山茶室拍的视频，上线三天，点击量达到 160 万，成为“网红”项目。原清华大学建筑学院建筑系主任许懋彦老师主持设计的木香草堂，广受欢迎，入住率非常高。中央美院何崴老师设计的爷爷家青年旅社，荣获 2016 年 HD Awards 经济型旅社（Economy Guestrooms or Suites）大奖。

大木山茶园有一家民宿，叫“小茶姑娘”。一期做完，做二期的时候在网上众筹，上线 3 个小时即得 600 万元。夏雨清老师创办的“茑舍”，位于松阳县城的老街上，是一处充满了文化的民宿。还有三个来自苏州的年轻人——潘敬平、廖敏智和李超骏，合伙在西坑村开了一家名为“过云山居”民宿，是人气爆棚的“爆款”，接近 100% 的入住率成为民宿界的一个标杆。

图 3　松阳县平田村的农耕馆（摄影：李青儒）

样板二，新县西河村。西河村地处河南省信阳市新县境内，新县与周边城市间有很强的可达性，由新县到达西河村约 0.5 小时车程，交通便利。西河村的项目实践反映出以下几个特点：第一，县域内有不少传统村落，但是质量都一般；第二，集中投放资源到少数村落，进行整体实践；第三，地方政府与规划团队密切合作，高度互信；第四，景观先行，减少矛盾；第五，每年一次正式大会，并制订和完成一批“小目标”；第六，努力做好小型建设项目，比如博物馆、咖啡馆等。目前来看，西河村的改造是成功的，已然成为河南省的保护发展示范村。

简单梳理西河村的实践过程，包括以下六个步骤：第一步做环境卫生。这是成本最低的一个步骤，村干部起表率作用，一起在村里捡拾垃圾，把村子打扫干净，恢复原本的自然风貌。第二步做景观。建筑师遇到难看的建筑，就容易有改造的冲动，这个时候一定要克制。为了规避矛盾，我们选择先改善景观，使之比原来更漂亮、更实用。第三步做小范围点位式的建筑改造。这个经验是慢慢摸索出来的，我们原以为改造一座小型民居院落会比较简单，因为成本比较低。但是后来发现，小院落的谈判难度很大，找五家人谈了半年也没有谈拢。反而是那两个规模相当大的粮库，县长开个会就敲定了。所以，粮库改造成茶油博物馆是第一个落成并投入使用的建筑项目。第四步，继续做老房子改造，这是一项长期持续的工作，一直到现在还在进行。第五步开始做软件。我们在粮油博物馆里找了一间小房子，开起了咖啡馆。粮油博物馆靠河边的景观带，摆上一些桌椅和阳伞，感受马上就不一样。咖啡馆于 2016 年 8 月下旬开业，9 月的人流量一直在提高。这确实是一项低投入、高效益的改造。第六步做事件策划，也就是举办 2016 年中国乡村复兴论坛，一下把西河村的知名度、硬件设施提高到另一个水平（图 4）。

图 4　从西河北岸看南岸村民活动中心（摄影：陈龙）

样板三，黔东南村落。黔东南村落采取了峰会和村落保护相结合的机制。每年有一次峰会，以此为契机，对村落做保护性改造实践，再通过峰会营造出一种沉浸式的乡村文化体验，大大地宣传和推广了黔东南的传统村落。

从以上三个样板得出的结论，即创意要实现点位突破。村级层面，因为资金量有限，可选择小型项目做领头羊；市、县级层面，要提供一定的资金，集中资源做一些试点村，树立榜样；国家、省级层面，要做立法、财政、培训和推广；社会层面，做跨行业、跨学科、跨国际的跨界交流，让更多的知识、更好的经验能够推广。多层面、多方力量参与乡村实践，根本问题是要实现观念改变，普及遗产价值观。让所有的乡建参与者，包括各级领导、知识分子、中产阶级、广大农民等都认同遗产价值观，这样才能实现更大范围的保护。

四、结语：乡村实践创意的九字箴言

最后，我借用“罗辑思维”主讲人罗振宇的九字箴言“走正道、说人话、跟高人”，来诠释乡村的创意。

走正道，就是要在乡村领域坚持保护遗产价值，要认定乡村遗产对现代社会的重要作用，要相信乡村遗产对中国人整体认同的重要意义。

说人话，其实是一种夸张的说法，就是用一种更有趣、更通俗、更容易让人接受的方式，来普及遗产的价值观和意义。在目前阶段，城市的中产阶级将会是一个容易实现的突破口。中产阶级有两个显著特点。一方面，他们大都曾经生活在社会底层，现在又处于努力奋斗的生活状态。这种要求进步的心理，使得他们愿意接受新知识，也能够通过学习来提高认知。另一方面，中产阶级大都对世界有好奇心。对新事物有认同和好奇，才能产生文化消费行为。

跟高人，就是把近年来在乡村领域做出了实效事迹和提出了有启发性思想的高人们，都请到我们的论坛上来，交流经验，切磋技艺。

总而言之，传统与现代并不是180度的矛盾关系，而应该是成90度夹角的垂直关系。机制设计得好，传统和现代就互相支撑。机制设计不得当，传统和现代就互相抵触。在乡村实践中，我们要尽量用创意去设计出良好的机制，来实现传统与现代的融合。

再论乡村实践的创意

罗德胤
清华大学建学院副教授
中国乡村复兴论坛主席

在村民纷纷离开村庄到城市寻找工作和发展机会的当下，有什么方法能把他们拉回乡村？一个最简单的方法，就是过节。越重大的节日，回乡的村民就越多。中华民族最重大的节日是春节。每到春节，全国人民，不管有钱没钱，不管有多忙，全都放下手中的工作，回到各自的家乡与父老团聚。春节是中华民族最大的文化认同。

台江县最重大的节日是姊妹节。一个 14.5 万人口的小县，在姊妹节那天居然有 10 万人拥上县城的大街小巷。这是一个人山人海的景象。中国乡村复兴论坛台江峰会（图 1），对于台江来说也是一个节日。这个节日不但是给台江县的，也是给关心乡村复兴事业的各行各业的人。这是一个重要的节日，它把所有关心乡村的人都团结在一起。我们也希望，在不久的将来，中国乡村复兴论坛会成为所有关心乡村事业的人共同的文化认同。

中国乡村复兴论坛是由五家单位共同发起的一个会议平台，其宗旨是采用在村里开大会的策略，把众多需要协调的矛盾集中在一段时间内设法解决。我们努力收集和展示能够反映中国当下最具前沿性的实践案例和思想观点，让大家得到最新的启发性思考。这是一种非常特殊的方法，其目标是将会议平台培育成为行业的催化剂和东道主乡村复兴的催化剂。

图 1　中国乡村复兴论坛·台江峰会当日，村民盛装迎接参会人员（摄影：李青儒）

一、保留乡村遗产的逻辑思考

我们的目标，是保留尽可能多的乡村遗产。根据这个目标，我们的思考逻辑是：

第一，我国是一个农耕大国，保留乡村文化遗产意义重大。世界文明包括农耕文明、商业文明和游牧文明，中国乡土建筑是东方农耕文明的见证，保留乡村文化遗产不仅对东方文明很重要，对世界文明来说也很重要。

第二，乡村遗产能保留多少，不取决于遗产保护专业人员的知识水平，而取决于遗产观念在大众中的普及程度，这是作为遗产保护专业人员要时刻意识到的一个问题。

第三，乡村遗产的普及，取决于传统和现代的互动，这是我个人的观点。

第四，现代和传统的互动，需要桥梁，需要创意，需要前锋。

遗产保护和理论和遗产观念的普及，实际上是发现真理和扩散真理的关系。中国的乡村遗产数量庞大，至今为止，虽然破坏非常严重，但留存下来的绝对数量依然非常多。面对如此庞大的文化遗产，最关键的问题是如何把保护的成本均摊到最大的受众面。目前的保护主力是政府，基金会也能管一部分。从发达国家的经验来看，政府和基金会都是小部分的力量，真正的力量是社会。想办法把遗产保护的成本扩散到更大的群体当中，让更多人参与到这个事业，这样才能够保护更多的乡村遗产。

除了乡村遗产保护的成本，在乡村还涉及一个开放性的问题。一般来说还是希望村民生活在乡村里面，这样能够极为有效地解决遗产保护的成本问题。但是这就需要让乡村的生活达到现代化的宜居水平，同时有可能还需要解决村民的就业。这些都是非常麻烦的事情，不是简单做一个保护规划就能解决的。所以说，保护乡村遗产，国家不是最终答案，全社会才是。

截至 2016 年底，我国传统村落为 4153 个，后续估计会增加到 5000 ～ 6000 个。到底保多少，对社会是一个巨大的挑战。根据近几年的经验进行保护成本测算，比如一个村直接的修建成本约 5 千万元，每年的维护费用按照 6% 测算，即 300 万元，5000 个传统村落需要花费 2500 亿元的修建成本再加每年 150 亿元的维护成本。国家的投入在整体保护成本中占比是非常小的，只是起到领头的作用，真正要靠的是全社会。

二、如何理性看待乡村遗产保护的观念普及问题

怎么普及乡村遗产保护观念呢？我的观点是要解决传统与现代的互动问题。我国有一些很特殊的情况，一方面，传统在相当大的程度上脱离了我们的生活，尤其从“破四旧”开始，很多重要的公共的传统生活，被移除了日常生活。比如原来很多老百姓去庙里烧香拜佛，政府不用专

门解决庙宇保护的问题，有信徒捐款就解决了，但现在少有烧香拜佛了，政府就得投入非常高的保护成本。另一方面，尽管现如今很多人的生活方式远离了传统，但五千年沉淀下来的传统深植于我们的精神中，深藏在我们的潜意识里，这是没法摆脱的。

与此同时，我们已经进入了现代社会，追求自由、独立、平等已经成为人类的共同观念。这个阶段的中国人，实际上是一个矛盾的综合体，一方面是保留传统，另一方面是进入现代。我们既要实现更多的遗产保护，又要兼顾在遗产中实现平等、自由、独立的现代精神。所有的物质遗产，都诞生于传统社会，而传统社会对个体的考虑是比较少的，考虑更多的是集体，是等级，是权威。从这个角度来说，对遗产的适度改造可能是无法避免的，关键是改造的程度有多深。对于特别重要的遗产，要尽量地少改甚至不改。对于一般的遗产，要以最小的代价获得最大的收益，以此获得遗产需求的扩大化。这正是乡村遗产的矛盾点，也是遗产保护的短板，我们要理性地看待。

哪些产品可以成为传统与现代的桥梁？目前来看，性价比较高而且比较容易操作的似乎是民宿。借宿 CEO 夏雨清老师曾经说："民宿是乡建的入口。"这个观点至少在现阶段是值得肯定的。除此之外，在乡村创作一座精彩的博物馆也是可行的，但对设计师的要求就可能高多了。再比如极具市场前景的农业亲子教育，对于乡村遗产保护同样具有正面的作用。当然还有其他的方式，不一一展开。

举一个与村落看似不相干的案例，就是罗马。罗马实际上有两个，一个是文化遗产的罗马，整个城池都保护下来了；另一个是电影《罗马假日》的罗马，这是奥黛丽 · 赫本的罗马，是年轻男女跟随奥黛丽 · 赫本的脚步寻找西班牙大台阶和真理之泉的罗马。可以说，罗马是现代和传统的叠加。到了今时今日，《罗马假日》也成为了传统，成为了经典。在中国，也开始出现这种现象。比如故宫博物院单霁翔院长讲过一件非常有意思的事情：故宫白天人多，晚上猫多。为什么呢？一开始，养猫可能是为了抓老鼠，也可能是为了给后宫女眷们有个陪伴，但是猫的繁殖能力很强，数量越来越多。故宫成为博物馆之后，晚上没人，就成了猫的天下。故宫以猫为原型，推出了一系列萌宠的纪念品，吸引了一大批孩子的关注，孩子们自此喜欢上了故宫。遗产保护实现从娃娃抓起，这是一个非常好的策略。

三、如何寻找创意以及利用创意推动乡村的建设

怎样寻找创意以及利用创意推动乡村的建设？举一个我们刚刚完成阶段性成果的例子——黔东南州的黄岗村。黔东南州是传统村落最密集的地区，侗族和苗族文化特色极为突出。这里的经济水平相对落后，传统村落的现状保留较为完整。不过，随着这几年高速公路和高铁系统的建成、完善，也面临着经济发展和旅游业带来的保护压力。在黔东南地区举全州之力投入传统村落保护与发展的大背景下，我们在黄岗村成功完成了一次会议驱动下的复合系统乡建实践。

在黄岗村的规划设计中，除了常规的文案策划，我们还策划了十项工程。我们带着这十个工程的计划，跟州、县政府商量经费的问题。然后到村里，召开村民代表会，商量具体实施的问题。我们找了两栋老旧、破损的建筑，进行了严格的修复，并作为一个民居生活标本进行展示，恢复了非常传统的生活场景，让大家了解真实的侗族传统生活（图 2）。我们将公厕修建得很传统，既有利于村民，也有利于游客。在政府帮助下，我们对村组长家的房子做了改造。村组长开始的时候很犹豫、很担心，但改造的结果令他惊喜。我们把两个废弃的小禾仓，改造成了舒适的禾仓之家，还把一个大禾仓改造成了活动中心。改造过的禾仓，人人来了都不愿意走，它们给参观者带来了文化与视觉上的强烈冲击，让所有人留下了深刻印象。

图2　黄岗村老屋修复后的室内（摄影：李青儒）

我们在黄岗村的策略，就是运用会议事件（即2016年10月贵州省政府主办的第二届中国传统村落黔东南峰会，图3）的倒逼机制，落实和完成一批项目，避免它们因为一个又一个不确定的因素而一再拖延。我们充分发挥设计师的作用，想办法挖掘与放大当地的文化特点，并且实现传统与现代结合。在黄岗村的建设实践中，传统与现代的对撞并没有让传统减弱，而是更加凸显了传统的地位。

最后简单总结，所谓的乡村实践的创意，就是要寻找乡村实践的前锋。村落保护如同一支足球队：划定保护区、制订保护措施是后卫，是为了遏制住破坏势头；改善基础设施和完善景观面貌是中场，为发展做准备；几个好的改造案例（事件）是前锋，只靠防守终究要输球，前锋进球才能赢得比赛。中国乡村复兴论坛，就是各类前锋荟萃的球场，希望所有关心乡村事业的人，都能够在此领略到精彩纷呈的前锋汇演。

图 3　第二届中国传统村落黔东南峰会期间，抬棺人活动　（摄影：李青儒）

可持续食物系统

石　嫣
分享收获农场农场主
中国人民大学农业与农村发展学院博士
清华大学人文与社会科学学院博士后

10年来，我一直在北京的郊区从事农业生产，我所有研究和实践的基础都是从一个问题开始的——食物从哪里来？

一、食物从哪里来

我从小在城市长大，一直到26岁之前，我都没有接触过食物是怎么种出来的、怎么养出来的，脑海里的乡村一直都是恬淡的田园风貌，所有的食物都是安全健康的。直到进入中国人民大学攻读博士学位之后，随着不断地到各个乡村调研，逐渐意识到现状和想象是有巨大差距的。

在乡村种田的大多是60岁以上的老农，他们在喷洒除草剂的过程中，不戴口罩，不穿防水、防农药的衣服，没有任何的自我保护措施。有一次我到重庆某村做调研，看到那些鸡长期关在一个很狭小的笼子里，几乎没长羽毛，没有阳光照射，生存状态非常差（图1）。由此引发一个疑虑，如果我们知道吃的食物是从哪里来的，如果我们能看到吃的鸡肉，就是从这些鸡加工出来的，我们还会不会去吃？

据最近的一个研究报告显示，现在吃到的西红柿和苹果，维生素C、维生素B1、维生素B2的含量，大概是30年前相同品种的30% ~ 40%。有一个新词叫"隐性饥饿"，意思是感觉吃饱了，但是并没有吃饱，因

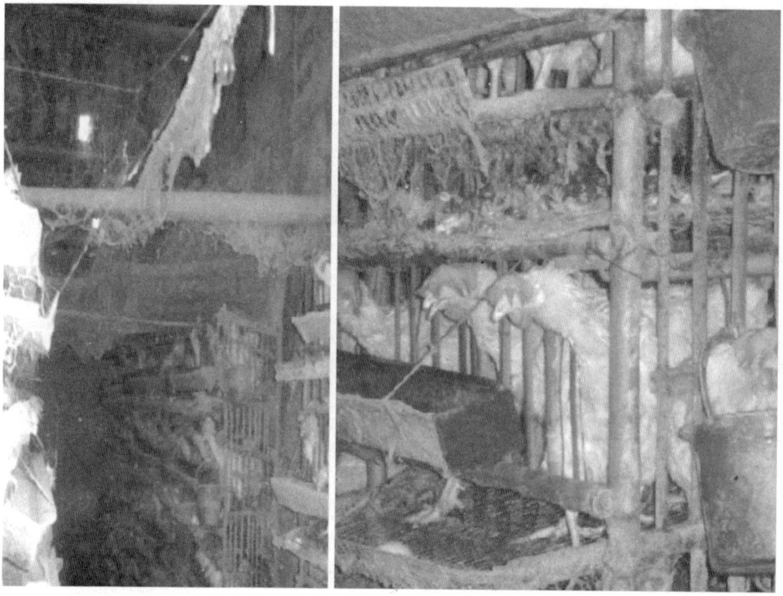

图 1　鸡长期关在很狭小的笼子里（图片由“分享收获农场”提供）

为很多吃的食物没有营养。

当我们下意识地认为吃的食物还是跟以前一样，还是从土地里慢慢生长的。当我们想当然地认为市场上的食材都是自由选购的，可以择优挑拣，或许大多数人还没有认识到，我们的食物体系已经被设计或改变，几千年来国人的饮食习惯或者说生活体系，在短短的几十年中发生了巨大的变化，其变化速度甚至要快于之前的几千年。

当我们的思想还停留在吃什么、应该吃什么的时候，我们的下一代已经被铺天盖地的各种食品广告洗脑。每时每刻只要触目所及，90% 关于食品的广告全部都是推送垃圾食品，日复一日，当我们还没晃过神来，就已经被大量的垃圾食品层层包裹，不断地被吞噬改变原有饮食文化传承下来的食物体系。

我们真正可以自由选择的到底是什么？

二、我们的目标不是去寻找一块净土

近年来，许多北方人，特别是北京的消费者，都会选择去三亚过冬。他们认为到三亚可以远离北方的严寒和雾霾，呼吸温暖新鲜的空气，殊不知吃的却是有问题的食物。北方冬季的雨雪严寒可以杀死很多病虫害，而三亚常年高温高湿的气候环境，导致菜地的病害、虫害很难控制，因此田间地头随处可见大量的农药袋（图 2），其中有很多是国家明令禁用的。这些农药每天渗透在土地里，粘连在食物上，污染着每一寸土壤、每一滴水源，彻彻底底地影响着每一个人的健康。

图 2　农药废弃品（图片由“分享收获农场”提供）

有网友画了一张中国食物毒地图，发现在哪儿都躲不开有毒的食物（图 3）。有人尝试去云南、海南等环境好的地方寻找净土，为家人解决饮食安全的问题，但实际情况并不如想象的那么容易。《第一次全国污染源普查公报》显示，化肥、农药等农业源的污染物占全国污染物的比例超过一半，农业面源污染超过了工业源和生活源污染，成为阻碍人类健康生活的重要原因。甚至在极其偏远的农村，农民使用化肥的过程无形中也会带来很多重金属的污染。所以，我们的目标不是去寻找一块净土。

图 3　中国食物标记地图（图片由“分享收获农场”提供）

三、我们的目标是如何让食物系统可持续

目前，我国处于农业产能结构性过剩阶段，食物不再短缺。虽然中国每年向国外进口的粮食，包括饲料粮食，换算成土地面积多达七亿亩，但国内生产的很多农产品还是处于过剩状态，比如不断有微博转发帮助

农民卖枣、卖苹果、卖猕猴桃等。除了农业生产的阶段性过剩之外，还有大量的食物浪费，占比高达 50%，也就是说有一半的食物都浪费了。比如蔬菜、粮食、水果，有一些是到达餐桌之后被浪费的。还有一些是未到达餐桌前，因为长相、虫咬等问题导致无法上市而浪费的。从全球范围来看，30% 的食物还未到达餐桌前就被浪费（图 4）。放眼未来，大量生产、大量消费、大量浪费的这样一个食物系统，已经不可持续。

图 4　全球范围内来看，30% 的食物还未到达餐桌前就被浪费

（图片由“分享收获农场”提供）

另一方面，经研究发现，农业化学品对人类健康存在很多威胁。比如 18 岁以下的未成年人，由于尚未完全发育成熟，接触农药后的次生代谢物会影响到神经系统，现在有很多孩子从小就有自闭症，或者二型糖尿病，且病症呈低龄化的发病态势。这些问题或多或少与整个生活环境恶化，特别是频繁接触化学品密切相关。最近我读了一本名为

《TOMATOLAND》的书，书中调查了美国的西红柿产业链。可能很多人都曾有过类似的疑问，为什么在超市买到的西红柿不像以前那么好吃，切开之后里边是硬的，没有籽、没有水分。这本书的作者也是从这样一个问题开始，调查了美国佛罗里达州西红柿工业化的生产链。佛罗里达州每年生产的西红柿在非冬季以外占美国市场鲜食西红柿的 1/3 ~ 1/4，冬季则高达 90% 以上。在这种产值大、频率快的生产状态下，调研发现了一些可能具有代表性的典型问题。比如，有一位墨西哥移民，在一个西红柿的种植基地工作，怀孕生产后孩子有生育缺陷。当她回忆在整个农田的劳作状态时，发觉自己没有任何防护。劳作的时候会出汗，会碰到西红柿的叶子，叶子上的很多农药就会沾到皮肤渗入体内，进而破坏循环系统，他们的生活环境也非常糟糕，无法做进一步的预防补救，导致悲剧产生。比如，按照传统的农作方式，当西红柿红了之后才开始采收。而高度工业化生产的每一茬西红柿，就是每一棵西红柿树只采收三次，每一次采收的西红柿都是青的，运到仓库，用乙烯全部催熟，只用三两天就可以变成全红的"完美"的西红柿，但找不到西红柿的味道。再比如，加利福尼亚州生产的西红柿绝大部分是为了做罐头，西红柿都是红了之后才会采收，而不能是青的。怎么处理呢？大量喷洒除草剂，将使所有秧苗干枯、死亡，然后把红透的西红柿全部采收。

诸如此类，当面对食物领域的生态问题时，我们举步维艰。当面对食物背后涉及的环境污染、人权保障和社会公正的种种农业问题时，我们更是知之甚少。如何让食物系统可持续发展？我们应该去探索和尝试。

四、赋予每个人参与的能力：社区支持农业的探索

在了解了这些农业问题之后，我希望做一些生态农业的尝试（图 5）。十年前，我们夫妻俩和团队在北京郊区的一个农场，创办了早期的一所社区支持农业模式的农场——小毛驴市民农园。

图 5　早期创办的社区支持农业模式的农场（图片由“分享收获农场”提供）

社区支持农业是什么概念呢？简单来说，就是构建生产者和消费者直销互信友好的伙伴关系，是生产者和消费者之间相互信任。消费者不要总想着用最低的价格买到最好的产品，生产者不要总想着生产得更多，也不要总想着轻松简单地挣更多的钱，而是双方互惠，做一个产消共同体。

2012 年博士毕业后，我离开了最初的那个农场，创办了一家名为“分享收获”的农场，初衷是帮助乡村的原住村民（图 6），销售一些符合生产标准的农产品。在这个过程中发现，北京郊区的农民有房有地，缺的是技术和市场，而我们要做的是把自己变成农民，传播生态农业技术，掌握整个生产链条的运转。当面对销售以及与消费者对接的问题时，我们经历了多番挫折和沟通思索，最初是去小区做推广（图 7），效果甚微，因为小区只是一个共同有住房的地方，没有什么共同的理念或价值观，

图 6 “分享收获农场”的初衷是帮助村民（图片由“分享收获农场”提供）

图 7 “分享收获农场”在小区做推广活动（图片由“分享收获农场”提供）

甚至不能称之为一个社区。后来我们尝试寻找真正的社区，真正的社区在中国有几种可能性呢？可能是国企、外企或政府等单位，或是一些有共同爱好的俱乐部等组织，可以被称为社区。所以我们带着一只大公鸡去IBM公司做了一次宣讲（图8），通过这种方式招募到了最初的一批会员。

图8　“分享收获农场”在IBM公司做宣讲活动（图片由“分享收获农场”提供）

我们的运作方式是：消费者成为农场的会员，预付生产者一年的生产费用。这与以往买卖农产品不同，以往是农民种菜，从种到收，再到卖完菜，才能收回投资。而现在是生产者先拿到钱，做生产计划，然后每周配送蔬菜（图9）。生产者不用担心大批量的浪费问题，消费者不用担心食物的化学污染问题。消费者知道自己付的钱到哪里去了，支持了哪些农民的生计，改变了多少土地，农场还有会员核心小组，消费者可以深度参与农场的组织管理，由此实现了整个生产链条的良性运转。

图9　蔬菜配送（图片由“分享收获农场”提供）

我们以这样的方式让农场像种子一样在肥沃的土壤里“生长”出来了，社区支持农业的食物系统可持续模式构建起来了。

五、从一块地到一个基地的生态农业之路

我们最初的一块地建设了4个大棚，蔬菜的品种很少，一开始只为一百多个家庭配送，每个家庭每周只有大概六到七个品种的蔬菜，且每周都相同。随着农场基地和生产规模的扩充，我们深化了一套有机标准，不仅在生产过程中不使用化学合成农药、化肥，恢复生态系统健康，同时为了更好把握农场的环境变化影响，我们对农场基地的水、土壤、农

药和重金属进行检测，包括191项农药残留物检测，5项重金属检测，都取得了相关的质量认可。慢慢的，农场里青年人的社区也安定下来，农场还有了第一个有机宝宝。

2013年，大概有200个会员，每周一箱蔬菜配送到家，这个配送量已经超过了一块40亩地的生产量，所以我们在顺义区找到了一个基地，有24个大棚，当时还比较破旧，基地租金大概15万/年，再加上投入设施，成本还是挺高的，但产量产能也随之提高了，可以持续地为会员家庭进行配送。

2015年之后，我们研发了一个名为“好农场”的APP，会员可以每周选菜，6斤以上配送，我们现在大概有800多个稳定的会员家庭，他们是每周都有蔬菜配送需求的一个群体，用专业语言表达就是黏性比较高。当这么多的家庭都愿意将家庭饮食交给我们打理，想想很多孩子的成长都是由我们生产的食物构成的，毫无疑问，我们坚持的生态农业之路是正确的。

六、生态循环系统的构建

我们的农场一开始没有做商业体系的规划，当有需求的时候，我们就去做相应的事情。2015年，有会员家庭需要水果，但当时农场的品种不够丰富，所以租了附近一个果园，230多亩，基地面积合计300多亩，种了一些果树，养了一些鸡，整个林间的草长得也很旺盛，实现了生物多样性，以及农业生态系统的完整性。

2016年，我们为农场添置了一件礼物——吸粪车。我们养殖了一些猪，那些猪粪以及生活污水怎么处理呢？这辆吸粪车对农场的作用非常关键，它是整个循环体系的链接。很多村庄都有沼气池，如果没有了农业，没有了种地的人，这个沼气池就是一个摆设。农场最初是去附近一个沼气站拉沼液，因为当地农民不再需要沼气，沼气站关闭了，后来我们申请在农场建了一个小型沼气池，所有处理的沼液、沼渣作为农业的肥料体系，现已基本实现一个整体的生态循环系统（图 10）。

图 10　农场的生态循环系统（图片由“分享收获农场”提供）

有一个比较“火”的概念——“朴门永续设计”，无非是把一个农场体系里涵盖的，包括乔木、灌木、藤本植物，还有土壤里的微生物，作为一个系统去培养。原来大家关注的是地上的生命，但实际上每一捧土里的生命都要超过地球人口的总和，与其说我们是在种菜，不如说我们是在喂养土地，让土地吃饱了、吃好了，蔬菜的质量自然也会好。

因此，构建农场的生态循环系统，才能更好地保障食物系统的营养和健康。

七、大地之子：农耕食物的教育科普

就像产业规划所提到的，在农场里得吃饭，许多方案和行动都是从解决了吃饭问题开始的。农场最初没有条件，七八十人就凑合着挤在一个小院子里吃饭。后来在仓库吃，有了更好的条件就进屋里吃，最后我们将农场的一间破房子改造成了小餐厅。一到周末，这个小餐厅就变成了我们的课堂，用来接待外地的农民和消费者来参观。

有了这间课堂，我们随之做了一些与农耕食物教育相关的工作。比如推广“一米菜园”家庭农场理念，每个人都可以在自己所在的城市里推广，因为一平方米就能种一百多斤蔬菜。出版一本《大地之子食农教育课程》手册，为城市白领、孩子解读农业涵盖的生活，从认知、社会、身体、心理的视角启发他们挖掘生活的意义。组织更多家庭做农耕知识科普，探索生命的价值，共同寻找并重新定义什么是真正的清贫和奢侈。

八、生态农业联盟的愿景

所有的这一切，都回归最初的理想——生态农业联盟。虽然我们只有三百多亩的土地，如果有无数块几十亩、上百亩的土地联合起来，这个力量是巨大的。

我们从推动“新农民”开始，培养年轻人在农场学习至少一年以上，掌握一些基本的农耕基础，然后鼓励他们返乡种地，当然也可以在农场继续工作。我们每年组织召开生态农业大会，通过会议培育了很多新的“种子”，截至目前我自己农场孵化了大概有一百多个“新农人”。我的老师温铁军，是整个生态农业工作的推动者，也是志愿者，我们成立了生态农业联盟，每年在全国各地组织生态农业的活动、工作坊等（图 11)。2015 年，我们的生态农业活动得到了上级领导的关注，还专门听取了我们的汇报。2016—2017 年，国家发布文件大力推动返乡潮，包括推动新农人和职业农民、生态农业等。

虽然有人质疑这是一个情怀泛滥的时代，而我选择尊重和珍惜情怀。我始终坚信，通过构建一个产消共同体，让生产者和消费者联合起来，再建人与土地的链接，重新认知几千年的文明智慧，最终我们能够回归最本质的生活。

图11 生态农业联盟(图片由“分享收获农场”提供)

第二章

乡村·扶贫

乡村复兴　重在行动

王景辉
山东省扶贫开发基金会秘书长

两年来，从河南新县的西河湾村，到贵州桐梓县的中关村，从贵州台江县的交宫、红阳村，到日照市的山海天李家台、吴家台村，年轻的中国乡村复兴论坛讨论的是一个古老的话题：缘何乡建、为谁乡建、如何乡建。

从大别山下，到祖国南疆，从民族之心、世界之光的侗寨苗乡台江，到日出先照、当数日照的黄金海岸山海天，轻装的中国乡村复兴论坛，探索的是一个沉甸甸的话题：如何传承中华传统文化，满足乡愁体验，重振乡村社区。

斗转星移，时空变幻。没有变的是中国乡村复兴论坛的坚守，就是将“在村里开大会”进行到底；没有变的是中国乡村复兴论坛的情怀，就是传递乡建最新、最前沿的正能量；没有变的是中国乡村复兴论坛的成效，就是开一次、活一处、兴一方。正因为如此，乡村复兴的道路才会越来越宽广，乡村复兴的队伍才会越来越壮大，乡村复兴的步伐才会越来越踏实。

一、产业扶贫是乡村复兴的重要途径

精准扶贫、精准脱贫是乡村复兴的必要举措，也是乡村复兴的目的所在。产业扶贫是精准扶贫、精准脱贫的根本性措施，是增加贫困农户收入、促进贫困地区发展的有效途径。单纯地给钱、给物的扶贫不能从根本上解决问题。老百姓说得好，给钱给物不如建个好支部，给钱给物不如给技术，给钱给物不如送个好项目。为什么？因为产业扶贫才是真正的根本性扶贫，才能激发出贫困户的内生动力。授人以鱼不如授人以渔，怎么把输血型变成造血型，真正实现乡村复兴，这是需要探讨的。给钱给物只是兜底的保障，但有时候因为扶贫的标准把握不好，就容易养“懒汉”，也容易养“不孝的儿女”，当然那是一些个例。但是，扶了就好、松手就倒，这种情况也不是个例。

为摸索出可行的乡村产业扶贫模式，山东省扶贫开发基金会联合中国古村之友、山东乡村广播等，将扶贫与开发、项目建设与人才孵化、社会保障与创新创业辩证结合，于 2017 年实施了“山东扶贫创客培育计划”。什么叫创客？实际上就是解决人的问题。乡村复兴如果解决不了人的问题也是难以复兴的。抓一个重点：谁来扶贫。围绕谁来真正为扶贫出力的问题，针对旅游、金融、文化、农业、电商、教育、公益、平台等八大领域，面向社会征集有志于山东扶贫开发事业的个人或者团队代表，征集一批真正的产业开发项目、产业扶贫项目，探索走出一条可持续的、惠及更多人的扶贫之路。

在征集的项目中，有一个“益田野培育计划”，益田野就是有利于田野农村的意思。其策划文案中有这么一段话：那么多有价值的乡村被年轻人慢慢地遗弃，那么多祖先留下的精神瑰宝被人们渐渐地淡忘，那么多优质的农产品只能自产自销走不出村庄，令人感到焦虑。我们期待的乡村是什么样的？遥望漫山的翠绿间升起袅袅炊烟，田间地里天真无邪的孩子们在父母身旁跑跳嬉闹，听到年轻人说“还是乡村好，有老可敬、有儿可教、有屋可居、有事可做、有钱可赚，比在城里舒服自在太多”，听到老一辈说“有孩子们在身边，我们吃什么都香”。这段话一语道破了实施扶贫培育创客计划的真谛，也是乡村复兴的根本所在。

经过努力，“山东扶贫创客培育计划”从 2017 年 5 月启动以来，得到了各方的积极响应，到目前为止征集到了 120 多个项目。根据可落地性、可参与性、可持续性、可复制性、传播有效性和公益性这六大原则，经过 2 个多月的层层筛选，最终选定 30 个优秀项目，上线腾讯公益平台进行募捐、传播，并参加腾讯公益基金会举办的第三届“99 公益日”全民公益活动。仅“99 公益日”3 天时间，就有累计百万人次的浏览和传播，其中 17000 余人次参与捐赠，募集各种款项总计 2,621,242.58 元。当然，钱多钱少不是最关键的，最关键的是实现了项目有效传播。通过网络募款，每一个项目后面都吸引了三五万乃至上十万的“粉丝”，他们将来就是这 30 个项目的忠实客户。还有一点至关重要，以往在农村经常遇到有资金没项目或者有项目没资金的问题，即便是有资金也有项目，因为缺少资源，无法形成良好的培育环境，也导致项目最终没法实施。通过这个活动，将这些项目从村镇直接推上省级平台，在实现了传播的同时，撬动了更多的资源。由于这些项目的的确确来自农村、来自基层、来自普通群众，它们的生命力特别强，只要培育好了，将来就会反哺农业、反哺农村（图 1）。

以下介绍几个典型的项目案例。

案例一，一位学医五年、从医八年的八零后小伙子赵廷军，回到家乡当了一个地地道道的农民，把村里漫山遍野的黄荆子开发出来，把村里老人们的绣花工艺开发出来，原本被人忽视的东西，在他手里摇身一变，成了有保健功能且有文化传承意义的绣花保健枕。赵廷军选择留守老人作为创业的合伙人，从采摘、加工黄荆子到绣花、缝制，这些七八十岁老人每人每月就轻松增加了二三百块钱的收入。这个项目在腾讯公益仅用 3 天时间就募集了 8 万多元资金投入扩大再生产，同时实现

图 1　山东扶贫创客培育计划“线上募款”培训现场
（图片由“山东省扶贫开发基金会”提供）

了数万次的网络传播，从而打开了电商销售渠道，使得更多的人知道了“小枕头大梦想”。

案例二，过去的大峪村是出了名的贫困村，村里有近三成的贫困户常年在温饱线徘徊。济南市派驻的第一书记冯传真，下定决心用产业让大峪村摆脱贫困。他根据本地地形与种养条件，经多方考察后，引进“挂枝树鸡”产业扶贫项目（“挂枝树鸡”谐音“挂职书记”）。经过一段时间的摸索、尝试，将“挂枝树鸡”与磷虾粉产业相结合，产出磷虾蛋。在卖了鸡肉、磷虾蛋后，抽出部分销售收入设立专项扶贫基金，免费给贫困户供应鸡仔、磷虾粉，再给贫困户分红奖励，让他们真正实现了脱贫。值得一提的是，随着产品的走俏和知名度的提高，现在大峪村又踏上了乡村旅游的复兴之路，由一个小的产品带动了一个好的产业，所以说乡村复兴关键是“干”，关键是创意。

案例三，巨野县洪庙画院通过成立农民绘画合作社，对学员进行免费的教学和培训，让留守的妇女加入进来，特别是对有残疾的人员和贫困户给予特殊的资助，创造一些就业机会，增加经济收入。现在学员已经遍及了整个县和周边县区，参与人数已经达到几千人。也就是说，通过洪庙画院的带动，已经解决了几千户贫困家庭的脱贫问题。村里有个女孩和她父母都有身体残疾，但她到了洪庙画院以后，用自己勤劳灵巧的双手，描绘出一幅幅绚丽多彩的图画，用笔尖撑起一个贫困家庭，实现了自食其力的梦想。虽然生活仍然艰辛，但是画院让她感受到踏实，因为找到了归属感（图 2）。

图 2　有身体残疾的女孩在作画（图片由“洪庙画院”提供）

案例四，夏津县苏留庄镇经济相对落后，大量年轻人长年外出务工，留下老人儿童守着日益没落的家园。然而就是这样一个看起来毫不起眼的、偏远的小乡镇，却潜藏着非常珍贵的农业文化遗产——夏津古桑树群。由于过去单靠卖鲜桑葚，保质期极短且不易运输，这份自然馈赠带给当地农民的收益微乎其微。来自湖南大学的王栋、中国社会科学院的代富国和中国农业科学院的刘倩男，这几位黑土麦田公益驻夏津县苏留庄镇的扶贫专员，从创业创新和公共服务两个维度与乡亲们共同携手建立了“农民专业合作社”，鼓励和扶持生态种植、健康加工，发掘了更多有经济价值和生态意义的农产品。目前开发的“桑葚干”等健康零食，已通过电商销往全国各地。据了解，他们已经和“小枕头大梦想”项目衔接，准备开发桑叶绣花枕、蚕沙绣花枕。

案例五，“筑梦郑庄教育扶贫”项目，致力于解决“代际贫困”的问题，扶贫先扶智，治贫先治愚。“99 公益日”期间，率先完成筹款目标 25 万元。来自中国铁塔山东分公司的第一书记郝军玉，翻新校舍让郑庄村小学的校园美起来，引进“道德讲堂”、“庄户学院”、“互联网远程教育”等让村民与外面世界通起来。

这一次试点扶持 30 个项目，并持续增加数量、提质扩面。山东省扶贫开发基金会将对这些优秀项目进行跟踪、支持和培育，进一步提升、凝练和总结，形成一系列比较成熟的产业扶贫模式。通过对这些成熟的产业扶贫模式进行复制、推广、传播，让乡村复兴之花在齐鲁大地绽放。

二、乡村旅游是产业扶贫的有效形式

乡村旅游资源消耗低、带动系数大、综合效益好，是群众增加收入、提高生活质量的有效手段，是实施扶贫攻坚、实现乡村复兴的重要载体。一个个鲜活的事例充分证明了这一点。

第一，乡村旅游是推动农村经济由一产业向一二三产业迅速转变的最强“催化剂”。旅游产业也被称为六次产业，一加二加三等于六，一乘二乘三也等于六。莱阳西陶漳村利用莱阳梨品牌，发展采摘观赏园项目，2015 年接待游客 50 多万人次，实现旅游收入 3000 余万元，是莱阳梨销售收入的三倍。第二，通过发展乡村旅游，“倒逼”乡村改善道路、环境、卫生状况，提升农民生活水平。这样的案例不胜枚举，日照乡村旅游的发展也充分证明了这一点。第三，乡村旅游业吸引“农民工”返乡创业，“城里人”去乡下投资，新乡贤、新农民不断涌现，通过兴办农家乐、渔家乐、开办观光园、开心农场等，实现乡村复兴。淄博中郝峪村过去是出了名的穷山村，如今靠发展乡村旅游吸引青年人回乡创业，全村 113 户农民，90 多户办起了农家乐，还吸引了周边村近百人来打工就业，人均纯收入由 2003 年的不到千元增加到 2016 年的 3.3 万元，增长了 20 多倍。第四，传承和弘扬了乡村文明。通过发展乡村旅游业，人流、物流、信息流进入乡村，实现了乡村保护与活化的结合、传统文化与现代文明的交融。各地将生态保护作为发展乡村旅游的灵魂，加大对森林、植被、湿地的保护和水源的涵养（图 3）。

图 3　中郝峪村一角（图片来自网络）

这些年，各级政府对于乡村旅游非常重视，设立专项扶持资金。比如，乡村旅游是不是有刨花生、挖地瓜、掰玉米、摘苹果等农事活动，是不是设立了挤牛奶、小猪赛跑、垂钓等创意项目，有没有做改厨改厕、污水处理等工程。针对这些开发内容，相关部门都有相应的支持政策。关键是有作为，要先干，在干中求变、求得规模、求得效益。干才是硬道理，在干中求发展，有作为就有地位。

以中国乡村复兴论坛的会址日照山海天为例。日照市旅游业蓬勃发展，山海天贯彻“旅游富市”战略，破解“民俗旅游”发展瓶颈，一镇一主题，一村一特色，借助民俗旅游小镇规划、乡村民宿设计大赛，先后启动了一系列乡村建设工程，使得民俗旅游村脱胎换骨。能在一个村子里开大会，在一个村子里住下来，在一个村子里吃庄户饭，在一个村子里办晚会、搞夜话，完成游、购、娱，这些都足以证明日照的乡村旅游正在发生着蜕变。相信随着日照山海天峰会的成功举办，山海天乃至日照的旅游业必将迎来更加辉煌灿烂的明天，日照“旅游富市”的战略必将取得更加丰硕的成果。

三、乡村文化是乡村旅游的灵魂所在

文化是灵魂，旅游是载体。乡村旅游不是简单地在乡村吃喝玩耍，更要打造一种生活形态，好的乡村旅游一定都是有文化、有温度且走心的。挖掘当地传统的、乡土的元素，把抽象的乡愁具体化，变成可感的东西，结合现代的设计、服务、安全理念，创造出一种独特的“滋味”，这种滋味就是文化。

第一个是吃出“土”滋味。干柴遇见烈火，劈柴架上大锅，北方农村的土灶，旺火烧出来的是记忆、是幸福、是情怀。农家地里刚刚采摘下来的食材，不用保存、不用运输，接着上锅，蒸出来的是长长的思念。黄河鲤鱼、咸梭鱼大花卷，承载的是满满的黄河文化和海洋文化（图4）。

图 4　东方八大扣碗（图片来自网络）

第二个是住出“老”滋味。乡村旅游讲究的是“外土内洋”，泥巴墙、竹篱笆唤起的是儿时的记忆，里面的卧室要安逸和温馨。大地乡居·香坊用八间客房讲述了当地的八个乡土故事，房屋外观都基本保留了当地农村房屋的原貌，内部设计大量融入了当地乡土文化元素，把民宿的“老”滋味体现得淋漓尽致：(1) 以“蒲草”为主题的“蒲草说”客房，利用“蒲团、蒲苇席、草编家具、苇编饰品”等元素，表达的不只是董永与七仙女的爱情故事，还有勤劳朴实的人民用自己的双手传承着草编、柳编的悠久历史文化；(2) 以“棉香”为主题的“棉花纪”，恬淡雅致，絮意绵绵，牵扯出情丝万缕，用棉心温暖着每一个过客；(3)“果然爱”是唯一的亲子房，以“鲜果”为主题，明亮的光线，缤纷的果色，搭配趣味的装饰，弥漫出浓浓的温馨；(4)“贝海滩”以“海洋”为主题，形状各异的贝壳不仅装点着明媚的白墙，还编织出了一帘晶莹剔透的幽梦，漂浮在一抹蔚蓝中；(5)“墨香集”的空气中弥漫着淡淡的水墨清香，以“墨”

为主题，讲述着当地木版年画的发扬与传承；(6)“锦绣乡”客房以“绣”为主题，利用绒绣桌旗、玩偶、布老虎，打造出一个如花般绽放的“香闺”；(7)“泥有趣”以“泥”为主题，一室泥土芬芳，不论是墙上的“大泥点”，还是桌角的瓶瓶罐罐，都是来自黄河母亲的“馈赠”；(8)“稻香里”以“稻米”为主题，绿与黄的撞色搭配，让人不由地联想起青悠悠的秧苗和金灿灿的稻米，枕边的一把稻穗更是预示着又一个收获的季节（图 5）。

第三个是行出“爽”滋味。离开了城市的拥挤，驰骋在充满青草味道的乡间，空气清新，视野开阔，风儿吹过发梢，怎一个“爽”字了得。人生就是一场旅行，不问目的地，在乎的是看到的风景和看风景的心情。

第四个是游出“愁”滋味。窗花的一抹红影，高音喇叭的一声广播，如此熟悉，如此亲切。不禁想到自己有多长时间没有数过星星了，有多长时间没有听到鸟儿的叫声了，有多长时间没有闻过泥土的芬芳了？夜晚，久违的星空、虫儿的吟唱、泥土的味道伴你酣然入梦。清晨，山林中的鸟儿将你叫醒、房间五谷的味道伴你迎接全新的一天。农具、农耕、农事，山水、石阶、小路……乡愁，在眼前，在耳畔，更印在脑海里。

第五个是购出“美”滋味。过程中的体验与参与让人感觉物超所值，同时购出“新鲜、健康、安全”的放心和满足。手工、工匠在这个工业品遍地的年代变得稀有，农村的手工艺品对于多数人来说只剩下浓浓的“追忆”。在这里，可以购得原生态和工匠文化，可以回忆起儿时拉着妈妈的手去赶集。

第六个是娱出“傻”滋味。在田间地头学习插秧、犁地，体验一身汗、一身泥的快乐；背新娘、抬花轿、阵阵唢呐声，都市生活的一切喧嚣烦恼瞬间抛诸脑后；村民与游客一同加入“打鬼子、捉汉奸”的热闹表演，不仅用生动的方式进行了爱国主义教育，还增强了游客的体验感；村里的徒手摸鱼、挖藕比赛，游客玩得乐而忘返、乐此不疲。

图5　大地乡居·香坊的客房外观和内饰（图片由“大地乡居·香坊”提供）

乡村复兴，首先是乡土文化的复兴；乡村复兴，乡村旅游要先行；乡村复兴，乡村要脱贫才行；乡村复兴，任重道远，需携手并进，砥砺前行。山东省扶贫开发基金会作为省委省政府扶贫开发的公募平台，使命是为贫困人士摆脱贫困铺路，为爱心人士行扶贫善举架桥。让需要帮助的人有尊严地受到帮助、感受到社会的温暖，让奉献爱心的人看到奉献的成果、收获助人为乐的喜悦。精准扶贫、精准脱贫是我们的职责所在，积极支持和参与乡村复兴活动，让更多的贫困人士通过乡村复兴摆脱贫困，实现富裕，我们义不容辞。

我们期盼合作共赢，我们寻求结伴同行，我们欢迎每一份爱心的汇入，我们诚邀每一种力量的加盟，我们愿意与大家一起，为乡村复兴事业贡献自己的力量！

山青水秀村美　天蓝地绿人和

——开展美丽乡村建设的思考与感悟

朱克举
湖北荆门钟祥市客店镇党委书记

我是一名来自农村的基层干部。23 年来，我一直在乡镇工作。曾经有位老领导跟我说，不要只顾埋头拉车，还要抬头看路。现在回想，要想实现“山青水秀村美，天蓝地绿人和，”不仅需要勤勤恳恳地做好乡村建设，还需要与更多的乡建人共同分享、学习、思考与感悟。

听了两天中国乡村复兴论坛的嘉宾演讲，我受益匪浅。针对如何发展乡村旅游、如何巧干的问题，我收获了很多启示，针对农业的食品安全问题，在感觉沉痛的同时，也有一丝欣慰。为什么？因为我们村每天吃的都是放心食品、安全食品。针对精准扶贫的问题，我的心沉甸甸的，压力很大，这是全党的中心工作，也是很难做的一件事情。

一、客店模式的分解

中国要美，农村必须美，中国要富，农村必须富。美丽中国根基在农村，我作为一名基层干部，把家乡建得更美，既是一份职责，更应该是一种追求。我的家乡湖北荆门钟祥市客店镇，是一个国家级风景名胜区，也是全国特色景观旅游名镇。如何让我的家乡山更青、水更秀、天更蓝、水更绿，让这些青山变成金山银山呢？我们用了两年多的时间不断地探索和实践，逐渐形成了望得见山、看得见水、记得住乡愁的客店模式。什么是乡愁？我的理解是“三度”：记忆度、亲切度和舒适度。意思是当回到家乡看到一棵树、一口池塘，有没有勾起心中温暖的回忆；当回到家乡看到人、看到物、看到景，会有多少的亲切感；愿不愿意停下匆忙的脚步，回到家乡去住一住。这，就是乡愁。

所谓客店模式，是从四个方面构建的。第一，因地制宜，生态治污（图 1）。我们成功设计出全封闭厌氧发酵分解处理、上翻式细沙过滤、植物再次吸收的生态治污方式。第二，垃圾分类，常态保洁。从户有三个筐、垃圾分类装，到组有保洁员、天天清运忙，再到村有回收站、资源再利用，城市都没做到的垃圾分类，农村已经开始实现了。第三，就地取材，留住乡愁。我们把旧砖旧瓦、瓶瓶罐罐利用起来，配景观、做改造，既降低了成本，又留住了浓浓的乡愁。第四，群众主体，共建共享。人民群众是我们乡村的主体，群众的力量是无穷的，群众的智慧更是无穷的。

图 1　客店镇污水处理模式（摄影：韩成斌）

二、美丽乡村建设的思考与感悟

以客店模式为例，我对美丽乡村建设的思考和感悟主要包括以下九个方面的内容：

1. 美丽乡村建设的定位

以农村为根。我认为这是一句主导方向的话，什么是农村呢？我生在农村，长在农村，一直在农村工作，对农村有自己的理解和思考，我认为只有真正认识了农村，才会用心、用情去建设它。从生产的角度看，农村是我们的粮缸，是我们的衣柜。从生活角度看，农村是我们的健康之源，更是我们的生命之源。从传承角度看，农村是农耕文明的创新，更是寻根问祖的归宿。从发展角度看，农村是农村人自家的乐园，更是城里人魂牵梦绕的故乡。

2. 美丽乡村建设的原则

融入生活，融入自然。一砖一瓦、一草一木，一定要有扑面而来的农村气息。要做到两个尊重，即尊重自然机理、尊重当地的生活状态。

自然原生态的风貌我们要充分地加以尊重和保留。第一，不拆房，所有的房屋都要加以改造、提升、利用。第二，不砍树，所有的古树都不能砍伐，而且要挂牌保护，要让古树焕发新的生机，就像老话说的“前人栽树，后人乘凉”，一定要呵护古树。第三，不填塘，每一口池塘都要进行生态化的整治，要让每一口池塘变成一处新的景观。

当地村民的生产生活状态我们更要予以尊重。比如在建设南庄村的时候，花了八千多元设计了一个小水塘，过了一个月有一对夫妻找我，说他们家门口的这个水塘必须填起来，为什么呢？因为这个水塘在他们家门口会破坏他们的家运，必须填起来。我花了很长时间做疏导工作，他们就是不同意。最后我豁然开朗，乡村建设是为了什么？难道是为了干部的业绩好看吗？不对，应该让群众满意。第二天我跟大家一商量，重新改设计，重新建造。

所以说，美丽乡村建设不是为了让干部好看，不是为了让少数人好看，而是为了让广大群众满意。

3. 美丽乡村建设的目的

美丽乡村建设的目的是要让花鸟虫鱼回来、让致富劳力回来、让乡土文化回来，这三点就是要通过建设乡村、经营乡村，使它变成绿色生态、富足安康、服务共享的乡村。曾经的乡村是非常贫穷的，经过我们勤劳的双手，使乡村面貌焕然一新，鸟语花香，这样的乡村谁不喜爱？为了让致富的劳力回来，我们给岗位、给地位、给荣誉、给政策，目的就是让年轻人回乡、让能干的人回乡、让带头的人回乡，这些人回到家乡，我们的乡村才会真正有希望。比如我们村有个小伙子回家过春节的时候，发现家乡发生了翻天覆地的变化，于是决定不再外出务工了，他现在是农产品淘宝店的店主。让乡土文化回来就是要突出本村本地的文化特色，避免建设的乡村千篇一律。

4. 美丽乡村建设的内涵

美丽乡村建设的内涵包括以下几点：第一，宁静美，即美丽、静谧的乡村风光；第二，纯朴美，即村民之间的诚实守信，邻里之间的互帮互助；第三，风俗美，即民俗表演、民俗艺术的展示；第四，生活美，即良好的生活环境。目前经营村庄的模式尚处于起步阶段，采取的办法是村＋公司＋农户，或村＋合作社＋农户，力求做到五个统一，即统一形象、统一服务、统一营销、统一采购、统一结算。我们选了三个村做试点，其中一个是南庄村，试点做农家乐，从 2016 年的“五一”到 2017 年的“五一”，经营得最差的一年挣五万，经营得最好的一年挣二十万，这在农村已经是非常了不起的一件事了。我记得 2016 年 11 月 3 日一大早，村里的一位老大爷一看到我，就喊着说：“我告诉你一个事，昨天中午我家里坐了 17 桌客人！”我一听也感到很高兴，这说明我们的农家乐试点初见成效。

5. 美丽乡村建设的主题

我们打造了七个对节村。第一个是南庄村。我们打造了“对节千年、钟爱一生”的南庄对节人家（图 2），通过我们的共同建设，目前已成为乡村旅游的示范基地，一年接待游客超过二十万人次，成为了客店人结婚拍婚纱、婚庆活动的热门基地（图 3），同时也成为了写生绘画基地。第二个是明灯村，“犁耙水响，农家话常”的明灯农耕人家。第三个是马湾村，“马蹄声疾，乡愁之旅”的马湾驿站人家。第四个是邵台村，“七彩田园，守望乡村”的邵台田园人家。第五个是杨庙村，以扶贫文化为主题，“山水相依，致富接力”，实现精准扶贫与美丽乡村建设有机融合的杨庙幸福人家。第六个是赵泉河村，“笑谈封神榜，醉卧岁月长”的

图 2　南庄对节生态园，就地取材，留住乡愁（图片由“客店镇”提供）

赵泉河旗鼓人家。第七个是水没坪村，“人口不变村，中国古村落”的水没坪水墨人家，走进水没坪，仿佛进入了世外桃源。整个乡镇面积大，虽然村少人少，但是村村都有故事，村村都有景点。

图 3　南庄经营村庄试点——对节人家接待中心（图片由“客店镇”提供）

6. 美丽乡村建设的措施

关于美丽乡村建设的措施，我总结了“四千”：千户生活污水处理、千户庭院小景打造、千户垃圾分类减量、千户最美农户示范。

千户生活污水处理，我认为这是做得最有意义的一件事。第一，使得污水变清田；第二，实现了循环利用，处理后的水用来浇花、浇树、浇菜地，农民很喜欢这种方式；第三，我们来了一场农村的“厕所革命”，因为要使用这套系统，就必须把厕所改革。

我们在全镇每一个村开展最美农户的评比（图 4），以月度或季度为单位，实行农户自评制度，不设指标，评上的贴小红花，发个毛巾和香皂，这些小小的奖品代表的是大大的脸面。如何推动所有村开展美丽乡村建设？我采取的办法是每季度开展一次美丽乡村建设的评比，将所有村干部全部集中起来，每个村做到棒子、鞭子、票子三管齐下，棒子就是指挥棒，鞭子是对做得差的进行惩罚，票子就是对做得好的进行奖励。

图 4　南庄最美农户评比（图片由“客店镇”提供）

7. 美丽乡村建设的方法

我提出了一个美丽乡村建设“三就三群”的办法：就势造景、就地取材、就近创业；群众主体、群众智慧、群众力量。

三就。就势造景，解决的是美丽乡村建设规划的问题。就势要基于乡村的历史和文化，以文化为魂，发挥群众智慧，自己建设自己的家乡。就地取材，解决的是美丽乡村建设的成本问题，这些材料虽然是旧的，但它们有温度，群众熟悉，群众喜欢。就近创业，解决的是美丽乡村建设的发展问题，要实现在家门口创业，能干的人、带头的人才会回来（图 5）。

图 5　农村淘宝年轻人（图片由“客店镇”提供）

三群。第一，一定要以群众为主体。第二，乡土文化的传承无不体现了群众智慧，群众是我们最好的老师。第三，政府对公共设施必须有投入，这些年政府对农村的投入是欠缺的、欠账的，但是要通过政府的投入来翘动群众的投入。我跟很多人算过一笔账：“虽然政府投了几十万、几百万，但是再多的钱也买不来群众的笑脸，只有群众心情好了、群众富了，这才是最大的实事。”

8. 美丽乡村建设的标准

针对美丽乡村建设的标准，我提出了“四问”：干不干净？好不好看？参没参与？管不管用？

干不干净是基本的要求，到一个村我们首先列一个环境质量清单，干净了再开始搞建设。好不好看是提高美丽乡村建设的品位，我们经常让能工巧匠去学习美丽乡村建设的技术知识。参没参与是美丽乡村建设中的关键点，要让大家在思想上参与，行动上参与，执行上参与。管不管用是落脚点，也就是所有做的这些事是不是落到了实处，有没有落地。我认为美丽乡村建设图的不是一时好看，图的最重要的是良好生活习惯的养成，图的是发展。

9. 美丽乡村建设的效果

客店的建设模式形成了“四改”：改变了生活习惯，改善了生活环境，改善了干群关系，改变了农村形象。

改变生活习惯是最难的。乡村建设得好可以说处处是景点、路路是乡愁、人人是景色。在乡村建设的过程中，作为最基层的干部，我们每天面对的大多是矛盾和问题，鲜少有鲜花和掌声。但只要建设后的乡村符合群众要求，干部与群众之间、党员与群众之间、群众与群众之间关系也就随之变得和谐了。有一位村民，以往只要见面就是怒气冲天，自从参与了美丽乡村建设之后，办起了农家乐（图 6），现在什么时候见面都是笑脸相迎。还有一位七十多岁的老大妈，有一次我在她们家旁边视察，她由衷地说了一句话“共产党真是好”，我听了以后非常感动。我在农村工作了二十多年，第一次听到有人发自肺腑地说共产党好，这就是乡村建设带来的社会和谐。我作为一名乡村的党委书记，就是以美丽乡村建设为总抓手，把乡村建设、乡村治理、党的建设、精准扶贫等全部工作融入到美丽乡村建设这个过程中，落实我的责任。

在我看来，美丽乡村建设是一个系统工程，它解决的不仅仅是美的问题，更是一个社会问题。

图6　农家乐（图片由“客店镇”提供）

一个乡村践行者的思考

何允辉
浙江省义乌市何斯路村党支部书记

我来自农村，是一个彻头彻尾的农民。我在浙江省义乌市何斯路村任党支部书记，我带着党徽来到中国乡村复兴论坛台江峰会，我的每一句都代表了对党的忠诚。在乡村搞了十年的建设，何斯路村从2008年的人均收入4587元，到2016年的人均收入36060元，经济实现连续跳跃发展，先后获得“全国妇联基层组织建设示范村”“浙江省文化示范村”“浙江省文明村”“金华市新农村建设示范村”等荣誉称号（图1、图2）。何斯路村的脱贫致富之路走得清爽且明白，让每一个村民有尊严地活着，是我这十年乡村建设中最引以为傲的。

一、关于乡村的产业策划

怎么使村民能够有信心跟着干乡建？作为乡村的带头人，作为地方的行政领导，我认为首先是要给当地做一些可行的有价值的产业发展策划。借用北京绿十字创始人孙君老师的观点，一个乡村好不好，关键在于村民是不是参与了，只有带动村民一起干才有发展。

如果能扎根乡村，把产业策划做好，我相信没有一个乡村是不能建设好的。为什么有一些人做乡建，乡村不见起色，而另外一些人做乡建，乡村激活了？是因为策划方案更加高明？其实也不尽然。何斯路村距离义乌市区只有15公里，这里除了山，没有什么优质的自然资源，也没

图 1　何斯路村村貌（图片由“何斯路村”提供）

图 2　何斯路村内部（图片由“何斯路村”提供）

有风景秀丽的水，300 多亩耕地，1000 多口村民。原来的何斯路村很贫穷，有很多村民离开了乡村去城市谋生，义乌县城里打扫卫生的八九不离十是何斯路村的村民。作为何斯路村的党支部书记，我有责任有义务为这个村庄引入一个比较好的创意，找到产业发展的引爆点，带动村民脱贫致富。

后来何斯路村引进了一片薰衣草，当薰衣草还没有大规模种植的时候，我们就注册了 6 个大类 199 种产品。我记得当时有村民质疑，薰衣草种植还不见起色，怎么就注册了这么多产品？我告诉他们，以后何斯路村卖纸都可以赚钱，一年都得上千万的盈利，上海杭州很多工厂都是替我们打工的。何斯路村正是有了清晰的产业策划和坚定的信心，才能凝聚村民共同参与。

二、构建何斯路村的薰衣草产业链

没有产业的乡村是很难发展的，就好比老百姓的口袋里没有钱很难生活，但乡村产业的探索之路往往是历经坎坷。何斯路村最早通过众筹开发了一个酒店，由于涉嫌非法集资，我还因此被主管部门反反复复调查了八九次。后来筹划种植薰衣草，种植初期也是屡屡碰壁，从到国外买花苗，到国内引种，再到最后种植成功，期间经历了许多曲折的事情。而恰恰是因为薰衣草，让何斯路村从一个名不见经传的小山村，走向了更高的台阶。目前，何斯路村薰衣草产业每年可以带来超过 20 万人次的固定游客资源（图 3）。

这一切得益于初期的产业发展策划。在种植薰衣草之初，何斯路村就没有把目光局限于薰衣草本身，而是将产业链尽可能地延伸。何斯路村薰衣草产业收入，一方面是观赏门票收入，旺季门票一张 68 元，淡季 35 元。另一方面是推出薰衣草的相关产品，包括香包、枕头、干花、精油、纯露等与薰衣草相关的几十种产品。此外，何斯路村有山地车集

图 3　何斯路村薰衣草园（图片由“何斯路村”提供）

训中心、“斯路何庄”酒店、多种民宿等，还引进了包括“不二山居”“随园”等与文化及创客相关联的企业和乡土产品设计公司。至此，构建了一条较为完整的薰衣草产业链，让每一位村民获得了话语权。

三、何斯路村的人文策划

总结十年的探索，乡村建设的秘诀在于：不仅需要一套好的产业策划案，还需要一套好的人文策划案。怎么提升当地村民的素养，让村民爱上自己的乡村。农村可以没有钱，有没有钱大家不知道，但是农村不可以没有脸，有没有脸大家一看就知道了。在构建乡村的人文体系中，领头人是至关重要的。在何斯路村建设初期，我率先投入了一大部分资金用于产业发展，何斯路村的资产到了 3000 万原始股的时候，我又把持有的 11.8% 的股份无偿转给了村集体，我也因此获得了党和群众的高度认可。于我而言，领头人必须是群众的榜样。

我经常对何斯路村的村民说：“何斯路人只要把自然环境收拾干净，把人的脸面收拾干净，甚至把我们的心灵收拾干净，我们就可以做成百年乃至千年的名村。”何斯路村修建了“功德银行”，记录村民在一年里所做的富有正能量的事情。通过类似举措，让村民对自己的言行进行自律。此外，让乡村变得更美好，最关键的一步是后继有人。因此，何斯路村推出了“百万育才计划”，以夏令营、冬令营等方式，让更多何斯路村的孩子到杭州、上海、北京等地区交流，开阔视野。

何斯路村的做法，全国有大约7000个村在复制。通过种种方式，让村民团结起来，凝聚人心，才能促进乡村产业健康持续的发展。

四、乡村发展一定要靠村民参与

乡村建设的主人是村民，享受成果的主体也是村民。要想乡村建得好，村民一定要发动起来，由政府、基金会、投资者等把关策划、做基础设施，广泛地发动每一位村民参与建设家园（图4）。

图4　何斯路村村民（图片由“何斯路村”提供）

2011 年，尽管何斯路村薰衣草已经比较火爆了，但仍然有一些村民持反对态度。于是我安排村民全部轮换到薰衣草园收门票，把一些原来不流转的持反对态度的村民也安排到薰衣草园上班。一场大雨过后，原来持反对态度的村民告诉我，当天的门票收入是 9.8 万，我说怎么可能只有 9.8 万？是不是第一次“上战场”就办了贪污的事情？他回答不可能做贪污的事情，并对我的宽宏大量表示非常感激，他一边重新点钱一边遗憾地说应该早点跟着村长书记一起搞建设。其实我很清楚这笔钱是一分不会错的，我只是以这种方式告诉村民，可以跟村长过不去，跟书记过不去，甚至跟村集体过不去，但不要跟钱过不去。

结果，其余的一些不流转的持反对态度的村民当天晚上就找到我，都表示已经想通了，愿意为了村集体利益把自家土地流转给合作社。大家都发言了之后，我也没有马上表态，等了两分钟左右，我听到每一个人都紧张得心砰砰地跳，我质问他们把书记看成什么人了，是看重利益的人吗，剩下这些土地至少五年以后才能流转。这些农民当场就扛不住说了实话，也坚决地表明了态度。于是村集体与每一位村民之间达成了共识，与村民一同铺垫了一条共同致富的道路。后来我在何斯路村村委会选举中第一届的选票率是 50.2%，第二届是 80.2%，第三届是 85.49%，第四届推出了一个接班人，得票率超过 91%。

事实证明，村民是可以团结的。想要改变村民的旧有观念，也是需要讲究方式方法的。我在乡村的十年间，经历了许许多多，最后仍然坚持与天斗、与地斗、与人合，才慢慢地将乡村建设真正做起来。

互联网公益走出乡村复兴的另一条道路

——新乡贤工程 + 文化伦理基础设施

汤　敏

古村之友创始人、理事长

古村之友做两件事：新乡贤工程 + 文化伦理基础设施。通过新乡贤工程和文化伦理基础设施，激发农村的活力。古村之友成立于 2014 年 11 月，成立之前我在民间团体中算是比较活跃的，作为一个专业人，选择以公益的姿态切入，干了十多年。古村之友也是中国古村大会的发起单位之一。

古村之友的发展经历了几个阶段。第一个阶段是传播观念，就像中国乡村复兴论坛，罗德胤老师和李永良秘书长带动起来开进乡村，这是一个巨大的改变，将观念真正带到了基层。观念带到基层以后，要形成地方上的自我活跃，不然会议结束后，大家又变成了一盘散沙。因此强烈建议这次会议以后，关心乡村复兴、关心古村落发展的同志们可以成立自己的组织，我会毫无保留地支持大家，绝对到位。第二个阶段是推出产品，之前有新乡贤和好家风，现在又有了乡贤圣堂。每一个公益项目背后完成的是社会关系的重新激活。一旦社会关系被串联，闲置的资源被共享，必然会产生巨大的能量。我们的社会不是没有资源，而是社会资源的渠道被特别残忍地阻隔掉了。正如王理事长所说，不能让村民打麻将，这就是我们复兴家风的原因，只有家风复兴，这些爱打麻将的人才会一起投身干一件有意义的事。古村之友的确是一个有意义的组织，

图 1　首届中国古村大会（图片由“古村之友”提供）

每一步的行动都具有标志性节点的意义。截止今天，我们全国的古村之友的队伍都统一归到中国古村之友的品牌下，目前注册了 1 个二级协会，有自己的基金会，也获得了各种奖励。

一、重构乡村伦理基础设施体系

我们算是一个公益创业者。公益创业是很有趣的一件事情，而且是很浪漫的一件事情。现在我们将这个领域集群化了，像做企业一样会开很多分公司、集团公司，要 IPO，拿足够多的股权。干公益也让大家有足够强的想象力。我们做新乡贤、祠堂复兴、家谱、乡村青年的各种组织。我们有全国地方注册团队、有基金会、还有专业化的设计机构为整个“盘子”的良性转动提供有力支撑。这个模型在近三五年不会发生太大的变化，但是会不断地扩充，形成一个生态系统。

我们为什么要以文化伦理基础设施作为第一入口？因为它最有凝聚力。我特别敬佩习近平总书记引用过的一段话：以利相交，利尽则散；以势相交，势败则倾；以权相交，权失则弃；以情相交，情断则伤；唯以心相交，方能成其久远。所以“义”的背后是文化和伦理，现在我们可能会反思传统文化的弊病，但是绝不能缺失新时代的伦理共识。少数民族有那么强烈的直击人心的特征美，因为少数民族保留下了特殊的伦理共识和习俗。推出新乡贤的目的，核心是推动乡村社会结构的改良和民间文化信仰的重塑。我们看到的这些美好的村落、优美的文化，实际上是早期乡村社会结构所呈现出来的物质精品，我们当下的乡村社会结构是不可能呈现出来的。因为这个地方要么是“3861”部队，要么是社会风气完全坍塌。孔子当年看世风日下，就说：礼失而求诸野。当整个社会的文化和伦理在没落的时候，我们要去乡村寻找。文化邻里基础设施构筑之后，接下来就是要推动民间文化信仰的重塑。

如何把这套乡村伦理基础设施重新建构成体系？乡村的宗祠、庙宇、善堂、民间博物馆（图 2）、书院等公共空间共同构成了我们的文化伦理设施。我们专门筹钱来修葺或者重新修建这些公共设施，同时包括相应的配套设施，比如乡村创客基地、乡村客厅、乡贤圣堂等。最近力推的一个产品叫乡贤善堂，实际上就是一个乡村的公益综合体。这个公益综合体是由社会基金、爱心人士、政府资金和社区共同做的。我们希望游客来到台江看传统村寨的时候，不是来旅游，而是一次身心洗礼和文化朝圣。只有让我们的文化重新弘扬的时候，外来的游客才不会因为口袋的钞票而显得耀武扬威，而我们文化的自豪感恰好是这些城市人疲惫心灵的一剂灵药。

图 2　由古村之友支持建成的中美合作抗战纪念馆（摄影：周寅）

可以说，我们的核心目的是推动化伦理基础设施的复兴。那么它的抓手是什么？无论是文化还是经济的复兴，背后的承载主体一定是人，所以我特别认同王理事长讲的那句话：人在一起是什么，就是组织。我们用互联网 PNPP 的方式来做这个事情。这个互联网 PNPP 怎么解释？就是政府、社会人士和 NGO 组织通过互联网的形式联合起来干公益。干这些好事，第一是关乎政府的民生工程，包括老人儿童的工作。同时也关乎社会的热心人士，尤其是公益的高端社交圈层，即那些已经完成财富自由的人。然后是公益组织，他们可以完成人力资源、专业资源的汇聚。让 200 万产生大于 5000 万效益，一点也不夸张。怎么用公益的资金实现高效率？过去的公益组织被诟病的原因是效率太低，商业人士因此非常不愿意相信公益组织，所以我们现在的公益将这个倍率放大，提出政府、市场、社会参与的途径。还有一个关键就是专业 NGO 组织所沉淀的物资资源，这就回到了有钱、出钱有力、出力有物捐物的模式，其背后的推手就是这一批乡贤。我们要将乡贤形成一套系统的孵化体系。

二、怎么操作互联网 PNPP

我们的核心技术是怎么操作互联网 PNPP，可以看一个案例。我们组织了一个中国新乡贤公益大赛（图 3），让大家积极报名，为村落做点有益的事情。有人报名说要复兴一个传统的“非遗”，有人要重修一个技艺，有人要修书院等。这个过程中我们投到一个县里面，捐款人数有将近 14000 人。假设浏览这个网页活动的人中，平均 50 个人有一个人捐款，对应的就是七八十万人看到了这个捐款，后来总计捐款 100 万元。我们用了 16 万的配捐撬动了 100 万元的捐助，而这 100 万又产生了 1 万人的深度关注，产生了将近 100 万的传播流量。我相信宣传部门的同事们都无法想象，没花一分钱，把钱挣了，又培养了人，还做了正能量的传播。现在自己开发了一个平台，目前人力只能提供 40 个项目，但是如果要全面铺开会有干不完的好事。

再举一个案例——福建东源古书堂修复项目（图 4）。书堂在重修之前破败不堪，有一个乡贤向我们报名筹款，最后筹了 10 万元，但是有 2000 人参与捐款，这 2000 人的参与就把这个乡贤变成了当地小红人，然后形成了社会正能量，之后就有媒体来报道这个事件。所以找媒体写稿子不是互联网时代的潮流，一定是让媒体主动来找。后面的捐献也络绎不绝，有设计师开始捐设计，有书法家开始捐作品，最后修功德碑，捐助超过 200 元就可以上功德碑，这是一件多么荣耀的好事情。书院没有花当地一分钱就修好了，并且还形成了那么多的力量，用 10 万元撬动了那么多物资。最后当地领导也参与进来了，政府也给予了资助。

接下来的这个案例是通过这个办法撬动一个地区的发展，发生在贵州大方县黄泥塘镇背座村（图 5）。这是一个水族村落，也是一个风景优美、文化独特但贫穷偏远的山村。一个拯救水族“非遗”的项目，先把新乡贤动员起来，进行文化伦理基础设施建设项目。我们出了 2 万块钱做配捐，他们打着火把就把村里激活了。后来有人来捐设

图 3　中国新乡贤公益大赛（图片由“古村之友”提供）

图 4　福建东源古书堂修复项目新旧对比（图片由“古村之友”提供）

计，在乡村里面想花钱买设计，出钱不见得买得到好设计。还有人给他们捐了一个童声合唱团。接着就形成了接力，影视剧拍摄也过来取景，文化旅游专业团队过来考察，最后动员了其他地区，开始了扶贫配套资金，出资建文化馆等。我相信一旦形成善的接力，社会力量就会容易撬动。我们用这个办法修葺了很多老房子，每栋老房子的背后实际上都是一个乡贤。而这个村可能就因为这件事情被带到了另外一

图 5 “拯救水族客厅”项目获得多方支持，深圳飞越彩虹合唱团基金会携手华堂投资公司共同帮扶背座村，成立了背座村飞越彩虹童声水族合唱团（摄影：黄齐名）

条战线的聚光灯前。只要报名，每一个县培养二三十个新乡贤不在话下，这些乡贤都成了当地乡村事业的积极推动者。有个小伙子二十七八岁就成为了当地“明星”了，有的成为了古村之友的组织，在当地连接各种资源，成为复兴“非遗”、文化的好帮手。一定要给地方上留下一支民间的团队，让他们承接起与学者、政府、企业家之间的沟通桥梁，他们也会在这个过程中得到有效的发展。我们核心的思想构架是先让新乡贤干好事，有了情怀被认同以后，就搞民宿、农庄、电商、手工艺，就做产业，做完产业就变成乡贤理事会，做村规民约，后面推动我们的乡贤基金会。

继新乡贤以后又做了好家风。把自己家的对联挂出来，把地方的力量给凝聚起来，凝聚起来以后就变成了乡贤理事会。用这个办法去年撬动了两亿（今年应该是超过十亿）的资金。用这种办法，会发现乡村有太多好事可以做，而且是特别有效率的事情。通过乡贤，来推动美丽乡村、精准扶贫、特色小镇、乡村公益的连接。我们新开发的一个平台叫新乡贤工程。大家都可以在这个平台筹款，我们提供配捐。只要想做好事就可以上，如果政府来牵头就更好了。

最后我想说的是，我们要携手共创规划设计的转型升级。如何做呢？第一，我们乡村要建文化伦理基础设施，提供文化伦理基础设施的专项研究与空间布局规划。第二，由设计院牵头，联合各地政府孵化新乡贤。第三，共同建设与运营乡村善堂、乡村客厅等公益服务设施。第四，联合研究历史建筑的创新活化方式，如遗产酒店、定制文创等，把这些都做到之后再配合专业老师背后的专业力量。我相信在这个时代，这条路可以走出来。最后重申，善土壤、善治理、善人民，善道为基，先让乡村变成一个善的海洋，后面的工作就是顺带而来。

软件时代闯入乡村

孙晓阳
北京绿十字主任

北京绿十字是2003年成立的，实际上发起人孙君老师在20世纪90年代末就已经从事乡村建设了，二十年的时间里，我们一直在摸索着前进，越来越深刻地体会到，“软件”比“硬件”更加重要。

一、乡村建设中的软件是什么

打个比方，如果身体是硬件，思想教育就是软件；如果说舞台是硬件，唱戏的人就是软件；如果说知识层面是硬件，内涵修养就是软件；如果说房子是硬件，民俗文化就是软件（图1）。

图1 软件系统分类（制作：孙晓阳）

乡村建设中的软件是什么？乡村不缺景观，乡村景观比城市更美，这是城市人为什么愿意往乡村跑的原因。乡村缺的是活力，是文创、温情、参与、品牌、产业。乡村不缺文化，因为管理落后、安全性差、出行不便、设施老旧，乡村缺的是展示。新乡绅和返乡创客的参与是有限的，仅有淳朴的村民和美丽的自然山水远远不够，仅靠“涂脂抹粉”解决不了乡村内在美的缺失。“腹有诗书气自华”，所以我们认为在乡村建设中，软件的提升才是关键。

二、乡村建设中软件的历程

2003 年，绿十字的第一个项目是在堰河村，90% 是硬件。2006 年，王台村项目正式由政府购买硬件。2011 年，郝堂村已经到了硬件为主、软件助推的阶段。这种以硬件为主的乡村建设模式大概经过了十年的磨合与实践，直到 2014 年左右。从 2016 年开始，绿十字对接的河北邯郸项目、阜平项目，正式开启政府购买乡建软件的时代，这与绿十字的公益机构属性有关。

最初几年做的乡建项目，有 70% 可能都是失败的案例，近几年做的项目基本上达到 100% 成功。软件的开启也是在不断地磨合，因为软件与硬件不一样，无所谓失败或成功，关键在于计划开启的所有能纳入乡村的软件，究竟能不能给乡村带来改善和复兴，结果是不可预知的。但如果这个软件项目能够启动，起码不会往破坏的方向发展，我们就愿意尝试。

三、如何构建乡村软件系统

政府 2013 年启动美丽乡村建设试点，2016 年推广特色小镇。小镇作为城乡一体化之间的过渡和突破口，一头连着城市，一头连着乡村，如何构建良好的软件系统，做出小镇特色是关键。比如绿十字做的太子山小镇项目，软件系统经过一段时间的运转，受到了越来越广泛的关注。经过二十年的探索和不断改善，我们构建了一个由乡村环境、组织建设、生态修复、能力培训、扶贫产业、传统文化、文创品牌、美丽乡村宣传等组成的乡村软件系统。

1. 乡村环境

通俗地讲，乡建好不好，首先看环境（图 2）。乡村干部都知道，领导一过来视察，进村的第一感觉如果是污水横流、垃圾遍地，即便这里的农产品热销、村民幸福指数高，领导也不会认可这里的乡村建设做得好。因此，我们进行县、镇、村三级培训，鼓励村民参与成立绿色环保队，建立资源分类中心。这个资源分类中心并不是想象中垃圾站的脏乱差，比如绿十字建的一个具有侗寨文化特色的资源分类中心，是由孙君老师亲自设计的，上面有茶室、休息凉亭，可供休闲、娱乐。

图 2　堰河村环境优美河水清澈（摄影：邓佳）

乡村环境整治的具体执行方法可以根据各地情况而定，但离不开这么几条内容：第一，源头减量。比如北京、河北的乡村春季风沙大，如果塑料袋扔到垃圾筒里，掀盖时塑料袋容易往外刮走。地埋式的垃圾筒，塑料袋丢进去不容易被刮走，清理起来也比较容易。第二，堆肥处理。乡村有土地，如果把生活垃圾做堆肥处理，就直接还田了，这个在城市做不到。第三，定时收集。各村设保洁员制度，定时将少数废弃物做专门收集处理，将分类的干净物品都做回收处理，保洁员可以把回收物品转换成额外收入。有很多人问这是不是多此一举？我们的策略是垃圾不出村。很多山区和地形地貌比较特殊的乡村，转移垃圾的消耗量是非常大的，运输经费比较高，所以尽量做到垃圾不出村，既干净，又省钱。第四，张贴上墙。既然制定了乡村环境整治的具体执行方法，就一定要制订村规民约，明确张贴宣传材料和垃圾分类标识，从多方面提高村民的环境保护意识。

我们说的乡村环境整治，一个是垃圾，另一个是思想，严禁黄赌毒，这点不做赘述。举个例子，有一个产茶的村庄，全村各地种的都是茶。村镇领导让我们帮助联系销售渠道，当时我们提出，如果村里的环境卫生不打扫干净，即便引进了茶商，他们也很难相信那些茶叶是有机的。于是村里大力整治村貌环境，后来村民的环境意识已然完全纳入了日常生活习惯，那个村的茶叶在2009年已经卖到两千元一斤，还以茶园为基地拍了一个电影，效益非常好。

2. 组织建设

党建、村建、家建有效结合的组织建设是绿十字与众不同的策略。有人会疑惑一个公益机构怎么还有党建，其实脱离了党的领导，乡建根本开展不下去。

党建是怎么回事？重新树立党员形象，建立党员在农民中的威信，增强农村党支部在农村中的领导地位，有效凝聚最广大的人民群众。以前为什么团结？因为党员的凝聚力特别强。我们制定党员联系制度，并要求村党支部一定要把党章重新张贴，开展党员素质教育，提升基层党组织的凝聚力，建立和完善以村党支部为主体的，包括村委会、农民经济合作组织与以农村老党员为主体的村级事务议事会四位一体的乡村组织架构（图 3）。

图 3　乡村党员要起先锋模范带头作用（摄影：廖星臣）

村建是还权于村支两委。村里的事村主任管，壮大集体经济。如果一个村的集体经济还没有一个外出务工的农户收入高，那么这个村委会在村里根本没有话语权。一些公共的建设，根本无法实施。我们一定要提倡将村务还权于村支两委，村建做好了才能维护乡村的可持续发展。所有的专家，包括外来学者、规划设计师、建筑师等，迟早都要离开村子，他们都是外人，包括我们公益组织也都是外人，只有村民自己才能持续发展本村的经济。

家建有一些地域特性。家和万事兴，将部分权利还给家祠。北方的家祠可能弱一些，在福建两广地区，宗族祠堂保存得非常好，现在族长的地位还是公认的权威。有的村子，遇到了事情，我们跟村支书反复沟通都没有效果，结果老族长出面协调，事情就解决了。所以家建也可以配合整体的乡村建设。

3. 生态修复

绿十字是一个以环保为初衷的公益机构，绿色生态是可持续的，这是毋庸置疑的问题。乡村建设中，绿色生态修复包括几方面的内容：

第一，家庭污水处理系统。现在很多村都做了家庭污水处理系统，有些古村落不能轻易改造，比如它的水系都是老式的，怎么改进？采用特殊的处理方法，几家结合，或者一户比较大的单独做一个小型家庭污水处理系统，从技术角度来讲，并不复杂，可以实现。

第二，有机养殖和有机土壤改良。我们提倡有机食品首先要从土壤改良开始，监测土壤土质，抓根本，抓源头。土壤有机，是有机农业的基础；如果土壤不是有机，所有的产品都不可能有机。有一个澳大利亚籍志愿者跟我们一起下乡，那个村养猪，而且是散养的。志愿者进村的时候，打开车门愣是没下车，因为地下都是猪的粪便。还有一个村养鸡，虽然散养，但是圈在一定范围内，这样能让鸡粪肥发酵得更好，然后再还田。如果直接将鸡粪肥还田的话会导致烧田，一定要经过发酵才能还田。

第三，净化水塘、厨厕除味。水塘通稻田，利用植物根系的吸收、吸附作用和物种竞争相克原理，消减水体中的氮、磷等有机物质，并为多种生物生息繁衍提供条件，重建并恢复水生态系统，从而改善水环境（图4）。

4. 能力培训

乡村是主人文化，对村民的能力培训是乡村建设的重要环节。

绿十字第一个最著名的是“好农妇”培训。早期完成硬件建设的时候，村民的房子改造好了，能有接待任务了，包括旅游、餐饮等，但是村民接待的能力有限、服务意识也不够，所以我们组建了一个“好农妇”

图 4　生态修复，郝堂村的荷塘（摄影：姬东）

培训系统，现已培训了几期，而且还在不断完善。最简单的就是从教会农妇刷干净一只杯子开始，教她们怎么冲功夫茶，怎么插花，怎么布置庭院景观等。比如，韭菜盒子稍微切几刀、摆个造型就能端送给客人更美观的食材。用野地里摘的野花，找个罐子做插花，修剪个造型，再取个名字“春华秋实”，品味随之提升。

女红培训对应的就是手艺（图 5）。随着生活水平提升，鞋的质量也提高，鞋垫已经被八零后、九零后归为老年用品，所以女红培训已不仅是绣鞋垫了，还要更多适应现代年轻人的需要。之前有的村民不会缝纫、不会拿针，都是老师手把手地教他们怎么缝，最终学会了手工缝制布艺装饰品、制作扎染围巾、印染小手绢等，甚至已经开始盈利了。

卫生健康培训主要是引导健康的饮食习惯。村民是非常淳朴的，在接待外人时，总是把他们认为最好的东西都拿出来。比如在农村会吃到很多大油大肉，实际上城里人这些吃多了，就想到乡村吃一些传统的野

图 5　能力培训，小堤村女红培训（摄影：梅东霞）

菜，但是农户不懂。所以，组织卫生健康培训，由老师教他们怎么做健康饮食，血糖高是怎么回事，血脂高是怎么回事。比如老师对村民解释为什么要低盐生活，举了一个家里杀鸡的例子，杀鸡要用碗接血，碗里放什么？放盐。为什么？加速凝集。食盐多，就容易血脂高，引发别的病症，所以要少吃盐。

电商培训是组织多位老师到村里，一个老师带一个农户，手把手地教他们怎么拍照，怎么定位，怎么使用手机微信。除了这些培训，根据软件系统需要，还在不断地往村里引进，以这种手把手、一带一的方式将村民的素质能力提升起来。

5. 扶贫产业

产业是乡村建设中最重要的。硬件、软件真正的目的是运营扶贫产业，乡村一定要实现自我“造血”。等、靠、要不可持续，甚至是个无底洞。我们的养老互助合作社、产业合作社、优势产业引入等，最终的目标都是推动乡村产业的振兴（图 6）。有一个孙君大院，不是孙君老师的私人资产，而是村集体的资产，借用了孙君老师的名字，教他们怎么运营，包括餐饮摆盘、财务记账出账等工作细节都是手把手地教。教会了一年后，基金会撤出，就完全交给了村民去运营。还有一间草堂，那家村民把院门降低，在我们的引导下，琢磨着开了一个豆腐坊，买了一头驴，用驴来磨豆腐，很多人看到以后就有兴趣参与了。

图 6　胡静动员小堤村村民成立养老资金互助合作社（摄影：廖星臣）

6. 传统文化

让传统文化回归，包括姓氏文化、民俗文化，可以带动全村的凝聚力。

7. 文创品牌

专业的事由专业的人做。我们请视觉识别系统的专业人员做 VI 系统，包括村标、标识、品牌、名称等。当时设计了三四个，说清楚尺寸的问题，最小做到多小，最大做到多大，然后设计几个示范的样板，让村民开会投票决定选择哪个标志，而不是强行在村里植入一些视觉标志。

8. 美丽乡村宣传

酒香也怕巷子深，我们还开通了公众号和网站，未来我们将组织比赛、论坛、评奖、教学等，多渠道多方位宣传、普及美丽乡村建设（图 7）。

再回到软件系统循环体，它不是单个的，而是整体的。不一定是先做哪个、后做哪个，这个村民不接受，就可以先做另一个。通过种种软件的系统联动，开启乡村建设的软件时代。

图 7　美丽乡村宣传，北京绿十字出版通讯（摄影：白晶晶）

从听松书院到听松社区

——由设计师主导的社区建设行动

梅　静
听松书院创始人

在建设听松书院之前，我是一名设计师，在中国建筑设计研究院工作了 6 年，现在是两个孩子的妈妈。听松书院不是普通的农村创业项目，而是返乡青年的创业项目。书院的策划及建设历时近一年时间，过程较为复杂。我将整个建设的过程总结成八个同构的关联词，希望能串联起听松书院的建设历程，这八个关联词是，“一个人的理想”变成“一群人的理想”；“一栋房子”变成“一个社区”；“一次事件”和“一段危机”，以及最后大家共同经历的“一次变革”。

一、一个人的理想

第一个关键词是“一个人的理想”，关于我自己，也关于我的故乡。我的故乡位于河北易县的清西陵，听松书院就坐落在清西陵的腹地，祖山永宁山的南麓，距离北京约 120 公里。听松书院名字取自于这里一片 400 年历史的古松林（图 1、图 2）。我北京的家在西四环，从四环开车到听松书院大概一个半小时车程，这一个半小时隔绝了 20 年光影。20 年前我在故乡的城墙边奔跑，20 年后我站在北京的家里，盯着客厅墙壁上的画（我用彩铅一笔笔画成），里面有我故乡的山水，永宁山、易水河、荆轲塔、

图 1　古松林（图片由“听松书院”提供）

图 2　听松书院（图片由“听松书院”提供）

清西陵、古松林。因为斩不断对故乡的思念，2015 年怀第二个孩子的时候，我决定回到老家，我希望送给孩子们和我一样的童年。回老家调研的时候，我走访了很多发小，她们大多有了聪明可爱的孩子，但却不能像城里的孩子们一样，拥有独立的书房或者拥有一座公共的阅读空间。当时我很受触动，作为一名设计师，我回到故乡，是否能够为故乡带来些什么？哪怕只是一个供孩子好好写作业的空间，于是便萌生了听松书院的想法。

二、一群人的理想

第二个关键词是“一群人的理想”。有了建设书院的想法之后，我便在朋友圈发起了众筹，当时已经初步确定了听松书院的核心构建，比如说要盖一座面向当地孩子开放的公共图书馆，可供周围村民集会议事的公共会客厅，为前来清西陵写生的艺术家提供住宿的客房等。想法一经发布，许多曾经的同学和设计院的朋友们纷纷表示支持，并进一步成为了听松书院最初的投资人。

听松书院开始着手动工的时候，我还怀着第二个孩子，每周都要开融资人大会，围绕书院的建造展开讨论。后来进行到施工阶段，我回到了工地，工人师傅们都尽心尽力，我们的投资人也会利用周末来现场帮忙做些力所能及的事。我的家人也被动员了起来，参与到建设中。我亲眼看着听松书院从我一个人的理想变成了这么一群人共同为之奋斗的理想。

三、一栋房子

第三个关键词是“一栋房子”。听松书院的草模是一栋没什么特点的小房子，没有明显的符号和印记（图 3）。而且因为它位于清西陵风貌的建控区，在外观和形式上要符合清西陵地域文化的需求，所以它的建筑主体选择了灰色，屋面采取了当地工匠更熟悉的反宇曲线屋顶。听松书院建造的过程中落实了当初建立公共图书馆、会客厅和民宿客房的想法（图 4、图 5），在处理地基的过程中，我们还额外增加了半地下的多功能厅。进门的地方设计了通天书架，我们将之命名为“书山”，和后面的楼梯“勤为径”相呼应。书院建成后吸引了很多当地孩子前来阅读，

图 3　听松书院正立面（图片由“听松书院”提供）

图 4　听松书院图书馆（图片由“听松书院”提供）

图 5　听松书院客房（图片由“听松书院”提供）

有些农村家长甚至要骑行一个小时来到这里体验文化，培养阅读兴趣。客房里的大部分家具是我们自己设计生产的，例如供艺术家创作的画案。在院落中，我们利用拆除老屋的灰色瓦片和白石子，制作出“一张宣纸，两滴墨晕”的庭院景观，既是对父母亲自营建老屋的致敬，也是对中国传统精神的回归。二楼的小教室里有一盏很大的灯——“松果之云”。这盏灯是由 800 多颗松果组成，柔和的光晕照耀在跑来跑去的孩子们身上，松果也成为了听松书院最重要的 IP，所有喜欢听松书院的人都被称为“松果”。

四、一片社区

第四个关键词是“一片社区”。由单独的一栋建筑“听松书院”逐渐发展成一片社区，我想说的是有关“美”的传播。听松建设好的一年里，我们陆续在听松书院周边又租了几个小院落，本来的打算是说服村民入股，和我们共同开发建设。可大部分村民认为看不到希望，宁愿拿一两千元的租金，而不愿接受入股听松的提议。随着建设的开展，我们终于迎来了一次村民的参与。那是一个我们称为“听松 X”的项目，在听松书院的北面，有一户邻居想将房子重建。他们最初的理想是一座小洋楼似的别墅，于是我们便找到他，希望可以共同建设。我简直是动用了洪荒之力才说服他们，灰色调的房子一样可以住得很舒适，建造得很漂亮。我们推动“听松 X”的同时，清西陵管委会出台了最新的限高规定，即屋脊不能超过 6.5 米。但我们与农户合作一定需要增加空间，所以，建筑的进深就会增加。为了克服采光问题，我们将阁楼放在了房子的正中间。还要满足他们想要的空间和居住面积，更难的是让一个连灰色房子都很难接受的人接受新的理念，以及具有设计感的房子，好在最终我们都做到了（图 6）。现在的松果 X 已经是听松社区内部供周边村

图 6　听松书院庭院（图片由“听松书院”提供）

民观摩的项目，还引起了清西陵建设管委会的关注——虽然他们规定了6.5米限高，却始终没能在限制高度下解决一家三代住宿，以及希望发展产业的问题。对我们来说，“听松X”让听松社区的风貌得到了协调，为书院民宿产业提供了3个独院产品，还为听松民宿下一步发展探索了与村民合作的模式。此外，我们还在书院之外租了一个20世纪50年代修建的几座小院子，院子很破败，但仅仅通过大门的保留和改造，就可以看出我们在设计上面“物尽其用”的理念。我们在破败的大门上设计了一朵绽放的菊花，并将院子取名为菊院，门把手也用松木做出了菊花的造型。当然，有关听松社区我们有一个更大的理想，即基于目前互联网和全球化的时代背景，我们希望每一个关注听松的人，都能够成为“听松理想社区”的一员，我们希望有更多人来关注北方的农村和乡建项目。

五、一次事件

第五个关键词是“一次事件”。以上讲的案例都很美好，这次事件不那么美好，它所呈现出的是真实的乡土上发生的事件。书院所在的易县政府看到我们从一个小房子逐渐建设成为一片社区，就为我们提供了14吨水泥，希望帮助我们硬化社区的一条路，但我们花费了很长时间都没能协调下来。为什么这么难呢？后来了解到，社区这条土路涉及的人家众多，大家的心里情况非常复杂。比如，A户说我不在此常住，这条道路是否通到我家门口我不在意。B户说要修的话我自己修，我自己出钱不需要组织。C户是本地一个大户，他说我曾经组织过，太难了，你们也成功不了，你们组织，我也不会出钱。D户代表普通村民，他说在公平的前提下，可以拿一部分资金。面对错综复杂的关系，我们必须挨家挨户协调。书院所在的村正是西陵镇驻地（五道河村），行政管理比较混乱，私搭乱建的情况也比较严重，整个村落的现状是人心涣散，农村种种落后的现象都集中在这个村。然而，我想说这正是真实乡土的一部分。我自己从乡土的环境考入城市的大学里，在城市里工作了6年，作为返乡创业的城市人，我要以怎样的方式与村民对话？怎样思考和行动才不至于完全陷入乡土的现实之中？每当此时，我更相信理想的力量，相信创造的力量，我深信这将是听松社区建设要面临的巨大课题——怎样在理想和现实之间找到平衡点，怎样从理想一步步找到落实的可能性。

六、一段危机

第六个关键词是“一段危机”。从过去五个月的经营旺季看，只要压缩人员工资成本到合理范围，书院的民宿版块就可以盈利。但从全年来看，营收依然是亏损的。总体而言，要完全实现盈利，除了压缩成本还要将客房入住率提高至少20%。进入11月以后，随着冬季市场淡季的到来，书院将进入严重的经营亏损期，而且我们缺乏流动资金，要到来年五月才能有所缓解。目前，书院的二期工程款已全部用完，建设项目开支处于欠债状态。如果书院冬天要开门，就要降低运营成本，并努力争取资金支持。但我们还会坚持开业，因为书院是农村社区中唯一的公共空间，有很多当地的村民和青少年愿意在这里度过周末。而从市场而言，清西陵的冬天具有北方难得的古松林海，这片古松林海是全国最大的古松林，安静无比的泰陵主轴线。有着北方冬季难得的绿色，有着如此美景和真实宏伟的世界文化遗产建筑群，我们为什么不开业呢？

七、一场变革

既然有了美景，接下来就是如何去做，所以第七个关键词是“一场变革”。我们实现了关于听松产业结构的一场变革，将听松社区由设计师驱动的社区建设活动转化为由设计师+市场驱动的听松文化传播企业。2016年10月在北京召开的第一次股东大会上，我们正式成立了公司董事会。如果说之前我们还是将听松作为项目来推动，那么在股东大会上，大家统一了认识。我们要做的不仅仅是普通的乡村建设项目，我们要做的是将这么多城市的设计师和优秀的文化人集中在一起，开展基于清西陵、基于听松书院的文化事业。

八、一些人

最后一个关键词是“一些人”。这些人都是努力平衡现实与理想的人（图 7）。首先是我的先生。我的状态是每天都在听松书院画图，书院建设出现了问题都是我先生帮忙负责。他同期还在做基于地方文化的产品开发，目前处于初期，但可以补贴家用。我们两个都是当地“土著”，但不是服务行业出身。我毕业于清华大学，学的是艺术设计和建筑，我先生毕业于北京航空航天大学，学的是飞机发动机制造。就是这样两个跨界的人，做着自己可能不擅长的事情，尤其还不太擅长经营，但我们都在努力学习。然后，要感谢作为中流砥柱的工匠们，比如我的舅舅“崔

图 7　听松书院合影（图片由“听松书院”提供）

老炮”，我的叔叔“梅神算”，我的父亲“梅将军”，以及一直帮我们做铁工的“杨铁壁”师傅。还有这段时间，与我共同在书院坚守的我的同门——设计师王裕国。听松书院建成以后，第一个来捧场的“大咖”就是我的老师罗德胤先生。感谢罗老师的长期支持，并做了我们第一期公益课堂的主讲人。

我们的第三期公益课堂邀请了很多融资人回到书院，与当地的高考毕业生交流有关大学的学科设定，有关高考志愿与职业规划的问题。由于职业引导的缺乏，许多当地的学生直到上高中，甚至填报志愿的一瞬间还不知道自己将来要做什么，也不清楚各个专业到底是对应什么职业。比如，金融难道就是去银行上班吗？工业设计就是要去工厂上班吗？这次公益课堂举办得特别成功，也坚定了我们每年都要开办的决心。至少在乡下，在县级市还没有职业引导的教育，没有为孩子们解答理想和职业疑惑的课程，听松书院愿意把这份责任承担起来。而那些曾经接受过就业指导的高中毕业生，在今年暑假都听从了书院的召唤，成为了书院教育活动的志愿者，贡献着自己的青春和能量。

最后，分享一首王裕国的诗歌：

“听松，听松，如何才能听到松呢？要有 fun 来，有了 fun，便有了松风、松海、松涛。要听得到 so fun，你得走到劳作的师傅中去，便听得到松吟、松语、松笑。”

听松书院不断地在现实与理想间寻找平衡点，如果你也在路上，我们挥手致意。

小城故事

赵　亮
上海蔓乡董事长
河南西河村运营商

我是一个做商业的，也就是商人。商人照理不该讲那么多的情怀，而是想着怎么帮村民挣钱。在我刚刚进入村建这个领域的时候，挣钱的确是我最主要的动力，但是当我逐渐熟悉乡村，尤其是在乡村居住过一段时间之后，我发现自己的内心生长出情怀的种子。我慢慢地感觉到，自己今后的生活将无法离开乡村，将根深蒂固地融入到乡村的生活之中。

上海蔓乡接触乡间旅游的时间不长，还是需要学习的小学生，目前致力于乡村文化的运营和管理，力争把中国经典的古建筑文化和蔓乡长期积累的旅游商业管理理念注入文化旅游项目的开发建设中（图 1）。新县的西河村，和同在新县，有“山脚下的鼓浪屿”之称的田铺大塆村，“心中的老家”新集村都是我们的运营项目。

一、新县的西河村

河南新县，地处大别山腹地，鄂豫皖三省结合部，素有“三省通衢”“中原南门”之称。新县是红军的故乡，将军的摇篮。其物产丰富，资源充足，生态环境优美，被誉为“北国的江南，江南的北国”。

很多人把乡村设计比喻成乡村的化妆师，认为设计师们有着化腐朽为神奇的魔力。如何使乡村面貌发生翻天覆地的变化，我们认为关键在于将乡村的面貌之美发展为心灵之美。

图 1　蔓乡西河水舍（摄影：丹丹）

目前许多乡村存在着一个普遍的现象，设计单位完成设计后，得到了政府的认可，他便觉得自己的工作大功告成。而政府领导认为，项目改建获得了上级认可，所以他的工作也结束了。这种情况导致的后果便是乡村的面貌虽然得到了巨大的提升，但经济仍然十分落后。西河村能够规避以上这种尴尬的局面，在短时间内收获外界大量的关注，两个人是功不可没的。一个人是西河村设计团队负责人——清华大学的罗德胤老师。他始终坚持村落保护关键在于激活人心，人心活了，村子就活了，才能健康持续地发展。另一位是新县县委书记——西河村名誉村长吕旅，正是他提出的“安静，尊敬，干净，路径”四条古村落保护和发展理念，才有了今天美丽的新西河。

西河村地处河南省信阳市新县境内，全村 1202 人，面积约 7 平方公里，由县城到达河西村约半小时车程，交通便利。西河村保留了大量清初的老式建筑，张氏祠堂便是其中标志性的代表（图 2）。上海蔓乡接触到村子后，首先以村子为中心，设定了距村 3 小时的黄金旅游圈，即在三小时内，自驾驱车可到达 3 省的 13 个城市，这也是我们锁定的目标客户群。通过对村子进行内部调研，我们发现，西河村同时满足自驾游、乡村游和休闲度假游的基本条件。所以罗教授在设计的时候，提出了最小干预精品度假的模式，把西河村定位成“林间山间水间，一茶一坐一友”，可供城市人发呆的地方。找到了准确的定位，接下来便要考虑三方面的问题：我们要做什么，我们的优势，我们的劣势。对这三方面问题的分析，决定了我们发展的方向。

发展遇到的第一个问题，是资金问题。西河村并没有开展类似于乡建院的内置金融，而是以村民合作社为投资主体，由乡贤牵头，集中少量一部分资金。最初，村里也结合了所有村民来入股，但村民手中现金有限，多是以房屋和土地入股。合作社也没有像过去发展旅游业，而是

图 2　西河张氏祠堂（摄影：丹丹）

将大量现金投入农业的发展。所以当时能拿得出的启动资金非常有限，仅有 10 万，这等于抛来一个大难题。我们只能改变思路，考虑如何在短时间内利用最少的资金完成最大的效益。最后，通过听取专家的建议，既然将西河村定位成休闲发呆的世外桃源，那干脆就开一家咖啡馆，先让人坐下来再说。

于是我们的第一个商业建筑咖啡馆就诞生了，投资 8 万，建在小河边，由一个旧粮库改造而成。河对岸古建筑古朴厚重，满载岁月痕迹，河中流水潺潺，不绝于耳。在咖啡馆小坐，无论发呆还是看书，无疑是一种生活的享受。整个咖啡厅的室内装修风格是比较具有乡土气息的，之前在村里淘的一些老式物件，此刻也派上了用场，比如老式自行车成了一件非常亮眼的装饰品。户外部分，我们在路口设置了一个签名墙，供往来的游客签名。上面签名的主人可谓大咖云集，其中还包括不少县市的各级领导，这也是咖啡馆的灵魂所在。

有这么出色的环境，却没有一个可供游人栖息休整、更深地感受当地文化的住所，着实令人惋惜。我们进驻西河村的时间是当年8月，紧挨着十一黄金周。我们想赶在黄金周到来之前，在西河村建立起能供人住宿的设施。但时间紧迫，无论是盖酒店还是改建民宿显然都是来不及的。那有什么东西既便捷又能满足人居住的需求呢？我们想到了帐篷。于是，河南省第一家，全国第三家帐篷酒店——西河湾星空帐篷酒店面世了。帐篷内部舒适整洁，设施完善，沙发、空调、卫生间应有尽有，丝毫不逊色星级酒店。更别具一格的是，我们在帐篷的顶部做了透明的窗口，躺在床上就可以看到西河村夜晚美丽的星星。帐篷酒店推出后大受欢迎，于是我们趁热打铁，又推出了全智能化的集装箱酒店，将科技元素注入乡村。从预订房间到客人入住，开空调，开电视都可以通过手机APP操作，既让客人能够与大自然亲密接触，又满足了客人追求新奇的心理。

从8月入驻开始进行商业化运作到10月1日短短两个月的时间，观光的客流量已经和之前形成天壤之别，仅黄金周五天，客流量便达到了6万人。随着慕名前来的游客人数不断增加，帐篷酒店和集装箱酒店的接待能力已经无法满足日益增长的客流量。不仅如此，接下来，村子还要承接乡村复兴论坛这样的大型活动。于是，西河村第一个度假酒店应运而生，酒店开业的过程也异常艰辛。乡村复兴论坛4月7日正式开幕，4月6日的晚上，我们还在和设计师及当地的工人抢修水管，抢修空调，等于整个酒店都是我们“抢”出来的。

酒店的设施完整，有时尚的自助餐厅，优雅的休息大厅，还有活动区和游泳池。房型齐全，标间、套房、河景大床房应有尽有。五星级的卫浴设施，舒适柔软的星级睡眠系统，依山傍水，鸟语花香的环境，足以使人流连忘返。

但仅仅让客人参观、住宿是不够的，关键在于如何留住客人。为了能让游客在不知不觉中度过美好的一天，我们在软件上做了许多铺垫。比如开设农家手工坊，以当地传统特色为主，通过农家手工艺表演（图 3），把剪纸、做鞋垫、茶油、豆腐、布鞋等精湛的手工艺术展示给游客，让游客能清楚地知道手工制作的繁琐与精细，同时还能参与到制作过程中来，DIY 自己喜欢的工艺品，更直观地与当地村民进行文化互动。我们还把一条农家小巷种上了各色绿植和鲜花，五彩缤纷的鲜花错落有致地开放于小巷的各个角落，给古村落增添了一丝柔和的光彩。

图 3　田铺手工艺（摄影：光光）

特色庭院也是我们目前正在进行的一项工作。主要是对民居进行改造，力争把每家庭院都做出不同的特色，通过植物与设施的协调配置，营造出和谐的生活气息，使游客可以随意选择自己喜欢的氛围，休息、喝茶、抛开俗世的喧嚣，享受难得的宁静。在百年的古枫杨树下，不时有歌手在树下唱歌，用年轻的声音诉说自己的故事。顺着石钉路向前走，安静的茶社小院远远传来相声演员的嬉笑怒骂。在西河村，慢生活不再是奢侈的享受。

中央美院的何葳老师在河西村改建了一个粮油博物馆，我们就结合了博物馆的场地设置了农耕文化展示馆，趁农耕文化还没被人们彻底遗忘之前先行保存下来，以此教育下一代。

在这些有意思的活动之外，我们还关联了一些各业态间的合作，从而令住宿游客多次消费，为西河湾带来更多的经济效益。例如射箭比赛，不仅强身健体，还能锻炼注意力和目力。奖品是当地土生土长的鸡鸭鱼，并提供在餐厅免费加工的服务。适当的时侯，还会开展农耕体验，让游客走入田间地头，与土地作物“亲密接触”。我们还会开展一些七零后、八零后小时候玩的游戏，我们称之为“儿时的记忆”。西河村每逢节假日都会举行大型篝火晚会，以及利用西河水放河灯等，这样的氛围也是平日里在城市难以感受到的。

我们会根据不同时间点更换不同主题，以提升游客的新鲜感，达到令游客在一年内多次游览的目的。利用大型活动进行推广宣传，也是我们的重要工作之一。2016 年最大的活动是乡村复兴论坛，是由清华大学建筑学院、北京绿十字等单位共同举办的大型论坛，邀请了来自世界各界伙伴和从事乡村建设的专家学者、政府领导、基层工作人员。我们的西河度假酒店当时负责接待了所有与会的外宾，圆满地承办了这次活动，从而使西河的名声一夜之间全国闻名。

我们还做了大别山乡村旅游文化节，通过这次活动，与郑州、武汉多家媒体开展了合作。武汉的一家电台每周将组织不低于30台车的自驾游活动。类似的活动还有很多，每次活动结束后，对西河村的旅游人气都起到了非常大的推动作用。

我们一直在思考，将近一年的运营，给西河湾带来了什么？总结了一下，大概以下四点：

第一，带动外出务工人员返乡创业，促进农村经济发展。

第二，改变村民传统观念，提高标准化服务观念。

第三，提高村民精神面貌，增添农村祥和气氛。

第四，增加村民经济收入，实现扶贫小康梦想。

根据西河湾旅游资源的特点，后续的项目建设仍在进行中，在保护古村落的基础上，我们让旅游变得丰富饱满起来，既能让游客参与到农村的农事生活中来，又能保证都市人群的生活习惯，从而使他们对这里产生情感羁绊。我们认为这样的旅游方式，才是健康、时尚的方式。

二、新县的田铺大塆村

田铺大塆位于新县县城东南方向，是前往新县著名红色景点——许世友将军墓的必经之路。由于优越的地理位置，田铺大塆具有相当稳定的游客资源，我们团队调研之后结合田铺大塆现有的基础条件认为，该村具有非常好的商业运营潜质，应该多开发销售型产业，适合客流量大的产业（图4）。但我们同时认为，单纯地做商业无法体现这个美丽乡村更深的价值，于是我们把它定位成河南省首个创客小镇。这里的“创客”指的不是创造，而是创业。我们与村合作社合作租用村民房屋，利用民房改造成一家家独具特色的小店，然后从村里和网上筛选出50名创客，用他们的商业理念及运营思路，由公司投资、创客管理的方式经营。我们还每年拿出营业额的部分资金作为当地村民的扶贫基金，利用旅游带

图 4　田铺湖心（摄影：璐璐）

动脱贫，从而达到合作社＋公司＋创客的发展模式。

在这里，任何大胆的想法都可以提出来，只要敢想，就能实现。这个充满着一家家文艺小店的地方被人民日报称为“山脚下的鼓浪屿”，十一黄金周期间，共接待游客 10.8 万人，创新县旅游人气之最。

我们的村标设计采用卡通的方式衬托出来。创客空间是整个创客小镇的心脏，是所有创客交流、学习、聚会的地方（图 5）。我们每周都会组织所有的创客对每一个小店进行商业分析、谈论，大家各抒己见，使整个小镇健康有序地发展。

“不期而遇书吧”是武汉大学的一个大学生主持经营的，他告诉我们，他小时候很喜欢一首名叫《写给未来的自己》的歌，为了满足儿时的愿望，他找到了我们，在这里开设了“不期而遇书吧”，同时开通了河南省第一家慢递服务。游客可以填一张明信片，可以写一封信，制定时间邮寄，

图 5　田铺创客空间（摄影：光光）

邮寄对象不限，可以寄给未来的自己，寄给心中的那个人，也可以寄给想念却不在的亲人。

本村的韩大爷，今年 72 岁，是创客小镇中年龄最大的一位创客。这位深爱茶道的老者，也积极地加入创客大军，在自家的老房子开了一家很有味道的茶社（图 6）。

除了书吧，在创客小镇，同样有新意、有创意的店还有很多，例如让人追忆童年的八零后童年体验店，售卖造型丰富、立意新颖杯子的田牛铺子等。

田铺大塆创客小镇，根据自身的地理条件，形成了独特的旅游方式，把大众创业、万众创新巧妙地与旅游相结合。我们始终坚信梦想有时不会很远，即使再小，一旦照进现实，就会变成传奇。在田铺这个创业者的乐园，无论你的年龄、性别、职业，只要你有梦，敢想敢做，我们就

图6　田铺茶舍（摄影：光光）

可以帮你一起实现。

乡村旅游发展需要一个规范和逐步完善的过程，或许这个过程中会有许多的问题，让不少游客留下些许遗憾，不妨我们用宽容的心态，见证乡村旅游的成长。我们相信，未来会有更多的人加入进来，更多的资源会被利用起来，未来会有更多意思的事情在这里发生。

第三章

乡村·设计

乡建五行，乡建吾行

房木生
房木生景观设计（北京）有限公司设计总监

这几年随着城市发展的需要，乡村掀起了一股乡村建设的新浪潮。城市发展为什么需要乡村呢？我认为是因为乡村有城市没有的东西——自然、文化。所以在乡建设计中，挖掘、留存、延续、完善和提升优秀传统文化，创造性地在乡村建设中呼应乡村的自然和文化，应该是重要的出发点。我想从五行的金、木、水、火、土五个自然因素方面，分享对乡建的一些认识。

第一是火。总体来说，中国乡村现在呈现凋零的状态，杂草丛生，没有了小孩的踪影。山东淄博西河镇东庄村也是如此，去到村里后，我们做的第一件事就是焚烧垃圾，点放鞭炮，热热这块已经有点冷的土地。经过小半年的建设，我们修建起了东庄村合作社和养老院，并砌了个火塘。2016 年 9 月 28 日，开业仪式当天，我们在宿舍点了一个蜡烛灯，并在 10 点 18 分 58 秒点燃了火塘（图 1）。在我看来，火是五行中很有温度的一种自然元素。我们人类很早就掌握了生火的方式，跟火结下了非常好的感情。特别是在贵州、广东、广西等地，大家会围着火塘取暖、烤腊肉等。发明电后，取暖设施得到了改进，人类与火的接触就少了，特别是生活在城市里的人。我希望通过点蜡烛、烧火塘，或篝火晚会的方式，让大家回到真实的明火状态，体验记忆中的美好。在这些方式中，火还是文化创意的表现，承载了一种仪式感。我觉得乡村建设中很重要的一部分是要找回这种仪式感，它是一种文化认同的表现，也是乡村旅游中很重要的一部分。

图 1　火塘［图片由“房木生景观设计（北京）有限公司”提供］

第二是土。从乡村比较封闭的自然环境里产生出来的“土”文化、土特产，是独特而宝贵的，也是传统文化的基因库。我们要保护，也要发扬。另外，由于交通和通信等的发展，好的技术和好的生产生活方式，也就是比较“洋”的现代化生产生活方式，也需要在乡村建设中加入。因此，乡村建设需要“土洋结合”。我们在改造土房子的过程中，既保留了“土”的东西，又引进了现代化的生活设施，扩大了原有的使用空间，让采光效果更好，可以从不同角度看到外面的景色。配饰方面，也是尽量采用自然元素。

土峪村的房子是用石头盖出来的，我们用“土洋结合”的方式为它造了一个村标，造型上采用了土和十字架的元素，上面放了一个峪字（图

2）。村标高 10 米左右，有的立在田里面，有的躺在土里面，可以以它为背景照相。这种有创意的新东西，是乡村建设中所需要的。另外，还需要激活公共空间，植入公共艺术。

图 2　土峪村村标［图片由“房木生景观设计（北京）有限公司”提供］

第三是金。原来的村子，更多是满足一些简单的农耕生活需求，欠缺公共空间。为了保证外面的人进去之后，满足他们的活动需求，我觉得在村里修建公共空间就非常重要。在山东东庄村的改造中，我们在保证院落私密性的同时又保证了公共空间的畅通（图 3）。还用比较现代的方式，设计了一个类似路径的钢桥，插入到村落的自然景色里，作为一个公共空间和观景点存在。用类似的方式，我们在另外一个地方做了很多有文化识别性的公共景观。如把老的门、窗融到墙里面，用石头建一些几何图形，形成一个可以拍照的景观小品，还给人一种仪式感。

乡村建设，从政府领导的角度来看，建筑外观是第一位的，但对乡村的主体农民来说，景观和室内才是最重要的。我们在改造中，以村民为主体，选择以景观先行，认为景观是第一等级，室内是第二等级，建筑外观是第三等级。因此，我们在里面还做了很多类似景观的建筑物，如廊架等。

图 3　改造后的东庄村［图片由“房木生景观设计（北京）有限公司”提供］

第四是木。树木是村里呈现生命的元素之一，也是村里自然和文化的一部分。在乡村建设过程中，把所有的树都保留下来是我们的一个原则，我们会根据它们做一些平台，如举办篝火的火塘。另外，我们还会依据树木的自然形态，做一些文创产品。如将树枝刷上颜色后做成灯饰挂在房间里（图 4）。我们也会用村里的树木做一些家具。

第五是水。山管人丁水管财，研究水在村里的形态，可以成为乡村建设的基本出发点之一。我们在观察村里的水之后，做了水塘（图 5）、水利设施等，并让它们以景观的方式存在，滋润乡村的空间。

图 4　用树枝做成的灯饰［图片由“房木生景观设计（北京）有限公司”提供］

图 5　水塘［图片由“房木生景观设计（北京）有限公司”提供］

在一年的乡村建设中，我总结出了两点思考：一是村里的自然条件，可以作为我们设计和建设的出发原点；二是村里的文化，包括乡村许多传统，我们应该把它们找回来，重新阐释，成为乡村生活和体验中新的文化。

从文化开始

——乡土建筑设计实践

郭海鞍
中国建筑设计院本土中心研究室副主任

在乡村建设中，我认为设计的重要性应该放在第一位，之后才有运营和盈利。作为体制内的设计院，我们涉及乡村建筑比较晚，开始乡建之路的契机源于大概3年前接到中国工程院重大咨询课题《村镇文化、特色风貌与绿色建筑研究》。虽然以往我们主要做的是大型项目，但并不代表我们不关心乡村，相反，我们对乡村有种特别的崇尚心理，在没有设计思路的时候，我们就会到村里去看一看，那些淳朴本源的乡土建筑设计和精美布局的传统村落都是我们汲取灵感的对象。

一、乡村风貌现状

在进行《村镇文化、特色风貌与绿色建筑研究》课题的两年时间里，我们对全国村镇做了大量调研，走访了成百上千个乡村进行实地勘察。通过调研发现，由于长期处于城乡二元结构的状态下，乡村的生活环境变得越来越差，基本生存条件亟待改善。因为老房子破落不堪，生活条件差，所以村民们更热衷于建造新房子，比如小洋楼。这些“小洋楼”更能满足村民的居住需要，但外来的建筑风格使得整个村落呈现出一种混杂的风貌。同时，由于生产工艺、市场流通、建造技术等多方面原因，传统的技艺没有得到有效的保护和传承，因而渐渐失传，现代化的钢筋混凝土逐步取代了原有的建筑材料。除此之外，建设主体还存在着认知误区，在风貌建设上不得其法，重形式，轻内涵，涂脂抹粉，仿砖画柱，以为搞好了形象工程，便解决了传统风貌问题。事实上，那些真正的传统建造技艺反而在一天天凋零，一天天破坏。还有许多历史村落和传统建筑，由于没有得到有效的保护和修缮，在时间的长河中，变得破败不堪。

回顾一些保存完好的村子，明、清时期建造的房子依然伫立，这是前人为这个时代留下的瑰宝。那么几百年以后，我们的后代围坐一起，如果也讨论乡村的事情，我们的时代又能给他们又留下些什么呢？隔着岁月的时空我们该怎样回答？这是我们这一辈人必须思考的问题。

我们可以想想历史上的美丽古村是如何形成的？安徽的宏村是世界文化遗产，民居错落有致，山环水抱，极具东方古典主义美感，是传统村落的经典，也是徽商鼎盛时期的成就。北京的爨底下村，位于北京西郊门头沟区斋堂镇西北部的深山峡谷之中。明、清时期，该村是京西交通大动脉的重要古驿道，同时是京城边防的军事要道，地理位置优越，成就了京西八大财主，这些财主造就了今天的古村。碛口镇，位于晋西吕梁山西麓，黄河与秋水河的交界。明清至民国年间，凭借黄河水运一跃成为北方商贸重镇，享有“九曲黄河第一镇”之美誉，是晋商发祥地之一。碛口古镇是一个标准的中国传统风水格局的乡村，也是古建筑与窑洞文化结合得非常好的典范。我们对第一、二批历史文化名村做过系统的梳理和归类，发现这些历史文化名村的经济都很发达，村民富有。有的是商业发达，产生大量富商巨贾，有的是官员返乡，有的则依托得天独厚的地理环境，或是处于水陆交通节点，或是据守军事要隘，或是物产资源丰富。因此，乡村建设并不是造廉价或低造价的房子，乡村也不应该代表贫穷和落后，对待乡村建设不能简单地揣度，而是要根据乡村的实际情况来判断。但是毋庸置疑，经济条件非常的重要。

那么当乡村具有了雄厚的经济条件又会怎样？我们看看江苏的华西村，经济发达，远远超出富裕的标准。可村中造价昂贵的建筑却呈现了一种极其夸张的建筑风格，乡村风貌出现了一种审美的异变。山东的魏桥镇，拥有世界五百强的企业，但乡村的风貌同样差强人意。当地调研的时候，人们忌讳谈文化，因为一谈文化似乎就会影响经济发展，耽误时间。

为什么村子富裕了，村庄的风貌却没有起色甚至还不如贫穷的时候？在这样的情况下，经济改善并没有形成良好的乡村风貌？这又是为什么？

二、建设乡村最重要的是文化积淀

让我们看看祖国的宝岛台湾。中国台湾与大陆共同点很多：首先，大家同为炎黄子孙、文化背景相同。其次，台湾人口大多来自祖国各地，在乡村中，没有形成很强的文化特征。最重要的是，台湾的经济也经历了从无到有的过程。如今，台湾的乡村建设很有特点。台湾人经常自豪地说，也许台北建设得不如北京，但是台湾的乡村一定比大陆的好看。

台湾的乡村建设之路也并不是一帆风顺的，他们也历经了一个漫长的过程，也曾经由政府介入、主导、投入大量资金，却没能收到客观的回报。转折点在 1994 年，台湾全面展开社区营造运动，也就是自下而上的社区文化发展，奠定了台湾乡建的今天。

台湾的社区营造经历了三个步骤：文化先行，然后风貌营造，最后才是产业发展。这是他们根据 30 年探索得出的结论，和中国乡村复兴论坛中关村峰会的主旨是一致的。

远远看去，台湾的乡村社区建设表面上并没有大陆这样如火如荼，但却饱含着人情冷暖。许多台湾的社会学家都是义务服务，引导村民不依靠政府大笔的资金投入，而是以自发的行为去建设社区。只花费很少的资金，却保证了社区文化健康，村民其乐融融，营造出和谐的乡村风貌。

所以建设美丽乡村最重要的还是文化的积淀，要激发人们内心深处的乡愁与乡情。我们也在不断地思考乡愁、乡情和乡土、乡建之间存在着怎样的联系。在这样的研究背景下，我们开始了乡土实践。考虑到经济实力在乡建过程中的重要性，我们选择了全国百强县的昆山。而基于文化的渊源，我们选择了昆曲发祥地之一的西浜村，以及古代紫禁城金砖的产地祝家甸村。

三、西浜村的乡村文化复兴实践

众所周知，昆曲源自昆山，但是在昆山西部的这些村子里，村民们早已忘却了这段历史。我们就想把昆曲文化复兴起来，让这个昆曲发源地再次将昆曲唱响。在当地政府和城投公司的帮助下，我们开始着手乡村复兴工作。

通过查阅资料和了解历史，我们知道元末大文豪顾瑛曾生活于此，和大量文人墨客一起创作了《玉山雅集》《玉山名胜集》，并记录了玉山二十四佳处。我们的规划设想是依靠小船来完成，在船上表演昆曲，船随水走，曲随溪扬，形成以水路为主要途径的昆曲水乡。作为项目的起点，我们启动了一个非常小的昆曲复兴项目——西浜村昆曲学社（图 1、图 2）。学社的校舍选用了四座农房，通过对农房改造和重建，植入新的功能以此满足教学的需要。在建造过程中，我们尽量不打扰村民，尽量减少施工影响，村里人照样日出而作、日落而息，看着身边的小房子一天天成长。学校的设计理念取自玉山二十四景之一的读书社，我们根据诗词构想，哪里有竹子，哪里有莲花，然后在现有的基础上着手改造。当然，建设过程中和邻居也会发生小的摩擦。房子挨得太近了，我们就退后，等对方愿意沟通，我们再尝试争取多一点空间，尽量让村民们满意，就这样，校舍一点点盖起来了。

我们一直想做这样一件事，就是用简单的修补方式将这个有些破败的小村子修补起来。在欧洲，村镇的修补可能是很常见的事，但在国内却很难。从人的角度说，无论是村民还是领导都喜欢盖新房子，从物的角度说，老房子要么是木结构、要么是空斗墙，都很难保护。但我们仍然希望建造的房子能融入乡村，让别人觉得它们原本就应该在这里，而不是后来的植入，格格不入。同时，房子要做到古诗中所云“舍前有修竹，舍后有芙蕖”。内院的竹墙是参照《牡丹亭》的曲谱调整间距，为了学员们可以在此塔影寻歌（图 3、图 4）。

学校落成之后，业主邀请了昆曲老师来村里表演，开唱那天，村里人几乎都到了现场，昆曲如约唱响。我们很欣慰，因为对于这个村子来说，上一次响起昆曲，可能已经是几百年前的事情了。在昆曲孕育的地方，让昆曲再次响彻天地间，让村民找回了属于他们的文化，让他们思考自己到底需要怎样的建筑，这都是非常重要的，也是乡愁的一部分，学校的最终落成意味着昆曲的基因已经在这个小乡村开始恢复。

四、祝甸村的乡村建设实践

在昆山南部的水乡祝甸村（图 5、图 6），整个村子如荷叶一样漂在

图 1　西浜村昆曲学社（一）（摄影：郭海鞍）

图2　西浜村昆曲学社（二）（摄影：蒋彦之）

图 3　西浜村昆曲学社（三）（摄影：郭海鞍）

图 4　西浜村昆曲学社（四）（摄影：郭海鞍）

图5　祝家甸民宿（一）（摄影：郭海鞍）

图6　祝家甸民宿（二）（摄影：郭海鞍）

水中，如同世外桃源一般，很少被外人发现。祝甸村地处同周路和锦周路的交点，尽管离周庄和同里都很近，但却门庭冷落。2014 年，我们在这座村里问能不能租房子，只能换来村民好奇的目光。他们很疑惑怎么会有人来这里租房子，怎么喜欢住在这里？村里的房子普遍破败，但村东还保留着明、清时期的古窑洞，窑仍在作业，烧些仿古砖之类的产品。而村庄的西边，有个 20 世纪 80 年代建造的已经废弃的砖厂。我们设想将这座砖厂改造成金砖文化馆，以砖厂作为起点，古窑作为终点，可以建立多条途径。人们在这些线路上，会穿过村庄，也就意味着会给这里带来消费，带来许多活力。沿着活力线，可能会有一些小卖部或经营场所的出现，就会很好地带动村庄的发展。

当我们开始改造砖厂的时候，采用了非常简单的方式。我们将屋顶拆掉，取而代之的是三个钢框架的盒子，也是安全核，用来支撑上面的结构。再铺上透明的瓦，阳光照射下，能够呈现当初瓦面残破、五彩斑斓的样子。

砖厂的批檐也做了简单的改造。我们拆下原来的瓦，架起新的木梁，再重新把瓦铺上去。最开始的时候，我们并不打算对砖厂里面的窑体做改动，但是业主比较谨慎，找来加固单位做鉴定，结果是危房。然后就开始加固，非常简单地丢进去许多钢制的拱梁，很不协调。我们只好想办法将其装扮成砖拱，可施工队砌了几遍都砌不好，我让他们去看古窑的砌筑，他们请了村里的老师傅，只用了一下午的时间，砌了一遍，就砌得十分工整美观。这充分说明了传统砌筑工艺的保护是多么的重要。

改造完的砖厂整体呈从旧到新的序列（图 7、图 8）。我们在靠水的一侧做了一个大平台，可以欣赏长白荡的美景。当站在平台上回首，就会发现淀西砖瓦二厂的石刻还在。在完工庆典活动的时候，很多村民都

图 7　砖厂改造（一）（摄影：郭海鞍）

图 8　砖厂改造（二）（摄影：郭海鞍）

特别自豪地跟大家说，这个砖瓦厂是我曾经工作的地方，或者这快地方是我砌筑的。村民们的这些话证明了我们对砖厂的保留十分的必要。

之后还进行了第二期的建设——一个民宿学校。刚好我们在旁边有一块地，就决定将民宿学校建在上面，并邀请了乡伴的朱胜萱来经营。但开始建造的时候却遭到了相邻村民的反对，他强调这是他家的地，他要盖房子，于是我们让出了离他家最近的土地，因为他们要做的，正是我们想要的。我们就是想引导村民自发地去盖房，修自己的房子。

民宿学校中间是一条小街（图 9），目的是把游客引到村子里面，实现我们的长远规划——在村里修建道路，让民宿学校能带动乡村的复兴。

图 9　祝家甸民宿街道（摄影：郭海鞍）

建筑采用的是谢英俊老师设计的轻钢体系，借鉴了穿斗式的建造方法，教农民盖便宜的房子。在施工的过程中，我们惊喜地发现，村里同时都在盖新房，两年前，村里几乎没有人盖房子。这些新房也摒弃了格格不入的“小洋楼”，而是采纳了和我们的设计比较相似的风格。

因为这个项目的引入，许多年轻人也返乡了，有人在微博上说，又和 92 岁的爷爷过了一次生日。我们非常感动，感动之余，也觉得因为我们的介入，能发生一件如此美好的事情，意味着我们做的是正确的。

乡村建设与城市不同，除了功能和效率，更加强调和人的相处，也就是一个和村民相处相生的过程，只有处理好和村民的关系，符合大家共同的利益，才能达到理想的效果。而这个过程更多地要融合并引导人们的文化价值观，从文化开始，慢慢改变我们的乡村。

理想之上 现实之下

——杭州东梓关乡村实践

孟凡浩
GAD 乡村实践工作室设计总监

非常荣幸能受罗老师邀请参加中国乡村复兴论坛，和众多的乡建工作者一起做一次交流和分享。左靖老师的分享对我的感触很大，他是从物理空间、文化空间和产品空间三个方向对乡村乡镇建设进行激活。我的身份是一个职业的建筑师，我更多是从物理空间的维度在一个村子里面做设计工作。

中国的城市完成了人类历史上最快的城市化，但是结果并不令人满意，千城一面，每个城市长得都差不多。现在城市化的进程已发展到一个比较平衡的阶段，我们的乡村虽然面积很大，却是需要城市的守护和反哺的。很多知识分子、建筑师都是比较有理想的，面对这样的局面都希望为乡村做点事。

一、以乡村原住民为切入点开始乡村实践

这个项目位于杭州的近郊，富阳区里的一个村子，名叫东梓关。在做之前我们有自己的理想，希望能够激发这个村落原有的活力，同时也能体现传统江南的气质。我们的切入点是从乡村的原住民开始的，没有从民宿开始，是因为这个村子的基础是相当薄弱的。我们的传统聚落是丰富多样的，有层次的，但是当今我们的乡村还存在另外一种，就是社

会主义新农村建设的回迁房，它们是阵列式的、整齐划一的，类似于简化版的城市小区，和传统聚落在形态上发生了很大的变化。我们在村落里进行了调研，对这些民居的现状做了一些梳理以后，有了一些思考。首先，这个乡村空心化严重，居住人群构成单一，无活力，破败感强。其次，与我们的宅基地的制度也有关系，因为我们这种宅基地制度催生出了大量的大饼式叠加的一些形态。同时可能与我们的文化断层和文化自卑也有关系，也可能是高水准的设计介入度不够，建筑师的上山下乡运动也是近几年才有的，所以乡村的农居是非常迫切需要找到一个符合这个时代的新模式的（图 1）。

东梓关是位于富春江畔的一个很小的村落，这个村落很早之前是线

图 1　东梓关村风貌（图片由“GAD 乡村实践工作室”提供）

性发展的，当时水陆交通非常发达，这里是一个很热闹的乡镇。后来由于交通方式的变革，这个村落就没落了。这里曾是富阳龙门古镇孙氏的发源地，而且这里跟文人郁达夫还有一定的关系，他曾在这里疗过伤，写过一篇文章《东梓关》。这里自然的风光也很美。这是曾经的东梓关，现实是大量原住民仍然居住在年久失修的建筑中，居住环境非常恶劣。

现在缺少的是给这些村民生活条件提升的一个回迁安置的改善点。当时是因为这样的关系，让我们进入这个乡村，与镇领导去做沟通，如何对这个乡村做一些复兴的路径。沟通后达成一致，包括四个步骤，第一，确权，对于村里仍保留的老房子，希望收归集体所有。这些老房子多半中看不中用，作为居住功能物理环境受到了一定的限制，但是作为乡村聚落的公共空间是合适的，所以我们建议政府确权收归老房子。第二，希望注入新的公共空间的业态。第三，我们有一个机会给这批回迁的居民做一些农居。第四，希望引入一些主题。

二、民居设计过程

我们首先要做的就是给回迁的居民进行民居设计。当地政府的决定是外迁 50 户，遵循宅基地一户一宅的分配方式，在老村落的南侧，进行回迁安置。这块 15 亩地的宅基地的流转土地实际有一个方案了，本来这个方案已经实施了，就在这时杭州市出台了一个杭派民居示范区的政策，市长非常重视并亲自把关，之前的方案没有通过，我们才有了此次机会。在此之前我个人从来没有介入过乡村，一直做的都是城市建筑，所以在此之前做了一些调研。对于这些回迁户来说，低造价是最核心的一个点，他们最关注的就是掏多少钱能进到这个房子。政府的诉求点是先行示范，希望日后有一个推广效应。对于建筑师来说，是希望对乡村的原真性保护与还原。所以当时的挑战是低造价、品质感、推广性和原真性。只有低成品地实现居民认可的品质，这个项目作为回迁房的安置事件才可以成功，才具有推广性。

我们进行了调研，通过政府牵线由村里的乡镇干部牵头对拆迁居民进行了走访，采用问卷和当面交流回答的方式。问卷中包括了项目模式、面积、功能等村民关心的问题，问卷得出了三个核心诉求：一是每家每户 120 平方米的宅基地。二是 3 层独立性，他们不希望和别人共用一堵墙。

三是1500元/m²的一个土建造价，造价的由来就是参考当地村民自建房的基本价格。我们的这个挑战，最核心的就是有50户的人家，如果我们将50户人家都做成不一样的类型,其实在推广性上是存在一定问题的。传统聚落丰富形式的背后具有相似的空间原型，所以我们试图从类型学的思考角度抽象共性特点，还原空间原型，尝试以较少的基本单元通过组织规则实现多样性的聚落形态（图2、图3）。当时做了一个比较，把我们这个村落和婺源的一个传统村落做了同尺度的比较，比较发现，传统村落的密度非常大，不像现在的城市别墅区，非常的分散，但是并没有觉得有压迫感，所以我们的规划也是希望将传统聚落的生存模式在这个项目中做一个演绎。

我们先做了一个容量测试，120平方米的宅基地加80平方米左右的院落，做了两个基本单元。一个是竖向的单元，它是纵向的三进院落，另一个是横向的单元，它是横向的两进院落，建筑基底边界和院落边界形成一种交织关系，而非传统阵列式布局中宅基地和户内院落的简单平行关系。同时我们将6户人家组织在一起，做了一个组团布局。最开始我们提出组团概念的时候政府是有疑虑的，他们疑惑这样会不会更浪费土地。于是我们又做了一个比较，将行列式与组团式进行了一个对比，对比看出，同为6户，同样面积的宅基地和院落占地，组团布局更节约土地，因为组团式布局的交通道路设置在外围，形成的是一个内向的开放空间，每家每户占地的比例比行列式更经济，这也是方案最后能通过的一个重要原因。组团内部有一个公共的邻里开放空间的原因是考虑到乡村村民的居住生活方式和城市的居民不同，村民的很多活动更喜欢在一些公共空间进行，所以预留了这样一个公共空间。

通过若干组团发展成有序生长，生长以后就完成了一个村落的整体形态（图4）。我们设计的每一条道路和老村落都有对位关系，在村口的位置设置了村民活动中心和图书馆，希望新老村落之间可以进行资源共享。很多村民慢慢会有私家车，所以在整体交通流线的梳理上也做了一个考量，设置了一条消防车道作为日常的交通车道，并设置了三片集中式的路面停车区域。之所以没有每户单独设车库，是因为调研的时候发现只有 6 户人家有私家车，同时他们对于一层空间当中作为农用工具储藏空间的需求非常重视，所以把停车放在地面上处理，距离每家每户 20～30 米。

图 2　东梓关村民居模型鸟瞰（图片由“GAD 乡村实践工作室”提供）

图 3　东梓关村民居模型立面（图片由“GAD 乡村实践工作室”提供）

图 4　东梓关村内部风貌（图片由“GAD 乡村实践工作室”提供）

我们希望这个模式能够有机地生长，与田园是交织的，所以也做了一些未来的有机生长发展可能性的探索和研究。建成之后，形成了远处是山、近处是富村江，在这个小村落当中形成白色的一个小聚落的感觉。紧靠着的就是 20 世纪 80 年代做的大批量的欧陆风红色屋顶的房子，再前面靠水的就是很早以前发展出来的村落，所以这里就像一个三明治的结构，从江边走到这个新村落，可以感受到一个时间轴的概念，不同的历史时期都有属于这个时代不同的建筑的风貌特征。

对于乡村住宅，功能设置是一个非常重要的问题，城市人对生活方式的解读可能会不一样，所以我们希望跟他们的生活方式发生关系，通过调研和走访，希望功能设置能够为他们量身定做。调研以后与农户开展了座谈会，考虑到会中他们不一定能提出一些具体的诉求，因此通过问卷让他们以做选择题的方式进行回答与交流，然后在设计中对这些结果一一进行回应。在沟通中发现村民对于院落并没有我们想象中的那样的情结，更多是建筑师自己的，所以我们当时希望把这个情结如实地反映在项目中，以院落方式组合空间。功能分析的时候，我们也实实在在地去解决他们基本的一些生活配置的问题，包括农具间、电瓶车位、屋顶的太阳能板、空调设备平台、落水管等。这些所有的需求在平面之中都做了妥善的回应。中国传统的建筑是外面看上去很实，里面是很虚的，以木质感为主，传统建筑的围合感很强，有一种抵御外界的姿态。所以在抽象反映江南气质的时候，希望把这种外实内虚的建筑逻辑也反映在建筑界面当中，每个界面塑造不同的透明度。

说到江南民居气质和杭派民居，更多的还是色调，是整体淡雅的气质（图 5、图 6）。很多学者和研究机构对杭州民居做过很多研究，也抽象出了很多杭派老民居的典型特征，我们在做这个项目的时候，很多学者也希望将这些元素反映在建筑上。之前的这些研究，其实政府当时也是做了一些引导性的案例，写入了这个村镇的一些图集当中，作为当地村镇农民自建房的可供菜单式选择。我们认为这样的方式，比如说高度 3 层已经不能用传统的语言来表达整个建筑，希望还是走气质路线，就是抽象化，而不是把具象的符号在设计当中用新的材料和构造去实现。所以我们想寻找其他可能性，在寻找当中，发现当地传统民居屋顶的轮廓线、压顶线对我们的感官的影响非常大，所以希望把这个屋顶要素抽象出来做一个重构。就如吴冠中先生的画，他所有的画当中没有任何的细节，没有任何的斗拱或者花格窗，大白墙加上屋顶的轮廓线就能再现江南的气质。所以我们决定把屋顶这一要素作为切入点，提取、解析，并加以抽象，把这个屋顶打碎以后做了一些重构。组团内 6 户人家是独立的，但是他们屋顶之间是有一些走势关系的，是有连续感的。建完之后，建筑形态的关系都是比较现代，但是整个的色调，散发出的气质一看就是江南特有的。

在材料的选择上并没有采用乡土的材料，因为表面乡土的材料面临的是无法回避的高造价。我们选用的都是仿木纹金属格栅、白色涂料和灰面砖这种最商品化的材料。在结构选型上采用了砖混结构，砖混结构是最便宜的。在入口这些近人尺度位置采用手工感很强的传统木构工艺

图5　东梓关村民居（一）（图片由“GAD乡村实践工作室”提供）

图6　东梓关村民居（二）（图片由“GAD乡村实践工作室”提供）

建造，和工业化的做法形成对比。第一次的概预算出来是 1420 元 / 平方米，就是按照这个价格做一些控制。

三、项目落地与思考

前面谈的都是建筑师的理想，后面就是现实。开工以后这个项目也备受关注，在施工的过程中也遇到了很多问题。项目的施工队是一个造城市别墅的施工队，没有太多的新做法的经验，所以在这个过程中与他们有很多的磨合。在施工过程中担心造价会超，所以又开会对一些东西进行优化简化。有些村民觉得围墙太高了，需要降低。我们觉得在自家院落有一棵树是很好的，但是突然有一天工地上农民说不准景观施工的人种树，原因就是他家 10 米范围内都不准有树，会遮挡阳光。

我们希望通过传统要素做一个现代转化，但都是采用当代的一些建造方式，能够做一些本土化表达的探索，它是真正属于农民的一个村落。我们自己先做一个实践工作室，把一栋老房子做了改造，在里面做了一个展厅。这个展厅更多是像这个项目的一个展示，很多人去参观都会先到这里。

这个村子原来几乎没有人，这个项目做完了以后当地配套了一个乡村旅游地图，旅行社把它写入旅游路线当中，所以现在每天都有很多人去参观，也会有很多摄影师去拍照，这些现象其实更多地体现了村落的激活。现在村口会有很多的蔬菜水果摊，都是自发的，城市人去了以后都会买一些东西带回去。“十九大”期间，有个国外的导演在这里拍纪录片。前面的都不重要，更重要的是作为一个乡村复兴案例，通过一个回迁安置房引起了社会的关注，使得这个乡村有了与现代社会关联的机会，有了活力（图 7）。

最后，就是理想和现实之间的差距。首先建筑设计上有一个容错性，同时在公众的参与度上，他们参与度到底是多好还是少好，也是需要我们好好思考与拿捏的。然后就是我们的模式是自上而下政府主导好还是自下而上自发好，这些都是我们思考的问题。最后就是自由和权利，建筑师给他们设计了物理空间，但是如何使用是使用者的权利，所以这些都是我们未来在乡建中面临的问题，这也是做这个乡村项目两年来的一些感受。

图 7　东梓关村风貌（图片由“GAD 乡村实践工作室”提供）

民宿是乡村的孩子

戚山山
建筑师、艺术家
STUDIO QI 建筑事务所创始人

我是一名建筑师。一直以来，很多人找我做设计，当设计还未开始，他们就会问，我的设计做出来会长什么样？我会回答，得等十个月。因为设计如同十月怀胎，在孩子降落之前是没办法知道长什么样的。民宿建筑是乡村的孩子，如果说要的是一个负责任的设计，就需要时间去孕育和推敲，合适和合理的形式才会慢慢浮现。如果从一开始就知道它长什么样的话，这个民宿建筑一定是表象的，不经思考的。

为什么说民宿是乡村的孩子呢？因为民宿建筑是一个生命体，扎根生长在乡村，与乡村这个大的生命体融合共生。如何做乡村的民宿建筑呢？我经常说的一个字就是“隐”。在创作民宿建筑的过程中，我不希望有太多的个人符号，或者说是表面的风格，而是希望通过在村里的探访和几个月的设计，能够找到一个真正属于这个民宿建筑的基因。通过这个合适的基因，可以把这家民宿“隐”于周围的环境。它一定不能是突兀的，而且也不能是短暂的。随后，再通过建筑内外所产生关联的各个环节，一步一步寻找到真正属于那个地方的基因，将它播种，让建筑在那儿慢慢生长，即便多年以后里面的主人更替了，这个建筑和这家民宿仍然可以在乡村长久和富有生命力地存活。

乡村的类型有很多，比如古镇是乡村，田园是乡村，一些偏僻的原始村落也是乡村，下面我希望通过三个民宿建筑的案例，分享不同的乡村、不同的民宿建筑中关于“隐”的不同表达。

一、西塘九舍——“融”

我4年前回国，西塘九舍是我在国内乡村里建成的第一个项目。走进古镇，廊棚苍老，弄堂幽深。西塘自古以来就是丰衣足食、人丁兴旺的地方。这里房子紧挨着房子，每一户人家也都紧挨着另一户人家，所有居民仿佛都生活在一起。所以西塘的基因梳理归根于一个“融”字，“融”于市井之中。

很多地方在快速建造城市的同时，也在快速改造和建造乡村，包括古镇。许多古镇都在以非常快的速度进行翻新，摇身一变成了旅游开发项目。开发商批量化、模块式地建造这些项目，游客也可能认为有一些粉墙黛瓦，就是古镇了。但是，对我来说这只是一个假象，这种表象化的古镇更像是主题公园，是一个大家来游乐一时、消费一次的地方，它不能久存。

在设计九舍时，我花了近一年的时间，在西塘游走、写生、笔记、与当地居民交谈，才逐渐发现西塘“基因”的隐身之处。它不是建筑表面上的符号，也不只是“旧物”堆积就可以代表的含义。它其实是真实存在于一个“人的尺度”中的现象和关系。即使村子可能很古老、房子可能很破败、室内的格局可能很陈旧，但是这个活着的关系基因存在于古镇的每个角落，穿梭于所有的公共街巷，这些直接联系到人的尺度的空间关系保留了乡村最根本的记忆，而这也正是大规模开发模式下的城市和古镇所忽视和缺失的。

我们现在生活的城市，已被笔直的、宽大如海的马路划分。我们每天住在像鸟笼一样的公寓楼里，上面只写着门牌号和几单元、几层、几号，我们需要的只是一个号码，才能找到自己的家。曾经，就像西塘，我们住的老街老巷都不需要门牌，因为我们靠生动的街巷肌理辨识，靠巷子里各家各户的人和院子的装扮辨识。西塘的小街、窄巷就是居民最有安全感的一个尺度。居民可以在这里打牌，小孩子可以坐门槛上吃饭，不分里外。巷子一定不直，因为你的家我的家稍微错动一下就有一个角落，这便是我们小时候捉迷藏、小男孩吓唬小女孩的地方。诸如此类的建筑关系和城市肌理赋予了太多的人最熟悉的尺度，也激活了所有发生在这儿的有趣的生活故事。我们快乐的儿时嬉闹场景，就在这儿上演，这些建筑和街巷就是我们的玩具，也是我们玩耍的场所。在西塘古镇做设计就是寻回一个适合人的尺度——一个市井的尺度。

我从小生长在江南，但到了西塘才领悟到“小桥、流水、人家”原来是一个三维的动态关系——三样东西从不同的空间方位上相互对话着，从而激活了江南水乡源源不断的生命力。西塘虽小，但却可以溜达一整天，很可能你又转回到了刚开始的那一座桥，但也许因为看的角度不同，你可能早已忘却曾经来过。我试图把这种“带有人的尺度的三维互动关系”带入九舍之中，我希望九舍是西塘的一个延伸，来人可以不知不觉地走进九舍。虽然九舍非常小，面积还不到一亩地，只能塞下九间房间，但是它的千姿百态已经足够让人在这儿上演一部电影，成为之后最难忘的回忆，如同西塘的惟妙惟肖。漫步在九舍的街巷天井中，可以和周围的几户邻居打声招呼，可以通过交错的桥和屋子仰望天空，可以到窗台前观望九舍的市井画面，就如沉睡在西塘的一个倒影里。

很欣慰，九舍建成后已经被西塘接纳。为什么这么说？当地居民有在屋外晾晒衣物的习惯，所以家家都备着竹竿和衣架。每天清晨，古镇里的邻居会很自然地把晾衣杆子伸架在九舍墙上，等到日落收回去，他们早把九舍当成自己的好邻居。每每看到这些情景，我都觉得九舍已经是古镇的一部分了（图 1）。这也是说，作为一名建筑师，我的任务已经完成，九舍可以自个儿在那里生长了，古镇，这个乡村大家庭已经把它当成自己家人了。

图 1　九舍夜景（图片由“STUDIO QI”提供）

有一位借宿者曾经说：“九舍虽然没有古镇的影子，但它到处都是古镇的记忆与体验”，意思就是九舍不带刻意的古镇装饰或表面符号，而是真正可以和古镇肌理和状态串联在一起，形成通体和共鸣（图 2）。我希望每一位借宿者都能够在这里精彩起来，都能够上映一部能够给未来留下回忆的影片。

图2　九舍设计理念（图片由“STUDIO QI”提供）

二、宁夏中卫——“渺”

如果说西塘九舍是隐于“市”，那么何为隐于“野”？如果说要在一个广袤辽阔的土地上建造一家民宿，那又要如何来做设计呢？在特别具有辽阔的地理特性的宁夏中卫，我关注到的乡村基因是一个“渺”字。

如何理解“渺”？宁夏中卫的沙坡头是一个非常奇妙的地方，它的对面是一望无际的腾格里沙漠，它的三面被黄河水围绕，它的中间是一片果树林子，这样一个小小的荒漠绿洲就像一颗璀璨的绿色宝石。在这块小小绿洲上和黄河芦苇荡边，又该如何建民宿呢？我认为那一定应该是“小心轻放”的。

小心轻放，不长久占用和不破坏那儿的土地，我们决定采用一种比较先进和精确的模块化设计和临时建筑的性质去做“飞茑集”。这个建筑看上去一定是轻的，周围设置非常通透的视野，人们远远望去，看到建筑仿佛是漂浮在稻田上，悄悄地消失在整个场景中。这儿，总是让我回想起自己在杭州西湖边经常看到的熟悉景观，我想打造的建筑相对于整块绿洲和沙漠，就好比西湖上飘着的那些白色水雾，这便是一种“渺”的感觉。

在这里，我们探究的是人与自然的关系、人与建筑的组合、人和庭院的联系，所以我们整个设计团队花了几个月的时间，推敲筛选出了两百多种组合方式，然后再把这两百多种组合方式归纳为十大类，用一种典型的空间围合方法进行尝试。第一个必要案例是三个模块一字排开，这个具有“绝对性”的排布，能使建筑获取最大的18米横向景观面——前面就是浩浩荡荡的黄河，还有无边无际的腾格里沙漠，视野通透无边(图3)。第二个被筛选的方案，是一个非常典型的围合建筑形式，所产生的庭院中间有一棵枣树，有了这棵生机盎然的树，就有了依靠，有了家，有了家就有了安全感。第三个所展示的方案是一个三维式的庭院，我们把这个模块再次切分打破，使它可以飘出去。飘在稻田里喝茶，也是一件非常有趣的事儿。

图3 飞茑集（图片由“STUDIO QI”提供）

不同于西塘九舍的“隐”于市，宁夏中卫的设计理念是“隐”于野，一切都在探究人和自然如何在这片还没有触碰过的土地上“小心轻放”。

三、松赞然乌——“谦”

2017年起，有幸与松赞集团合作，助力设计接下来一系列的松赞山居和林卡。今年，我已往返318国道数十次。位于西藏八宿县的然乌山居是滇藏线上的一个点，也是海拔最高的一个点，4200米。然乌湖是西藏东部最大的湖泊，再往西就到了来古冰川，世界三大冰川之一，那儿有一个只有十几户人家的原始村落——来古村落。在那儿做民宿要讲究什么呢？一定是一个“谦”字，谦虚、谦卑、谦让。我们到达来古村时，生怕会打扰到他们宁静的生活，更不用说是造一栋建筑。然乌山居需要至少有二十间客房，加上餐厅、书吧、员工和后备用区，山居功能虽小，但这样的体量对于这片原始的土地和村民朴素的一层房屋来说，已经是一座巨型建筑了。如何将建筑小心翼翼地融入来古冰川和村落的整体环境呢？

我们把建筑嵌在了一个峭壁边（图4），利用原始地势，把将近一半的建筑都埋在了山体里面。这样从村子这边望去，酒店只露出的一只小小的“脑袋”，与村里房屋的体量形成了协调的关系。不经意间，人们是不会发现这儿还隐着一个松赞山居。这样的体验也会很对。一路奔波的人们，当他们找到这个安静藏着的山居，走入小而温馨的入口，迎接着的是一碗热乎乎的姜茶，这时的感觉一定就像回家一样亲切，让人可以在一个精神和体能恢复和放松的状态下，充分领略和吸收大自然的力量。而建筑的另一面，是人眼看不到且悬挂在山侧的那一面，则是四层叠加的全景景观客房，面朝冰川，表示对于大自然的敬畏。

图 4　松赞然乌透视图（图片由“STUDIO QI”提供）

从温暖如家的山居遥望壮丽的来古冰川可以称得上是一个极其难得且难忘的体验，但如何造就这一切一定是一个艰难的过程。在 4200 米海拔的场地上，建造任何东西都是相当困难的。我们的装修团队完全不能在那里的海拔上施工，只有利用模块预制的形式，在上海的工厂里把所有客房和餐厅、书吧区域都建造和装修完成，再运往藏区组合在建筑中（图 5）。这样的设计过程和建造过程是十分复杂和艰辛的。因为是从内到外的高端客房功能预制，所有的设计数据必须精准到不允许任何错误，再加上模块各部位都需要和建筑本体完全对位，并且在严寒高海拔地区所需的氧气系统和各种辅助设备系统均需要准确无误地连接，设计和制作过程则是一个全方位的挑战。运输和现场的施工则更是困难重重。任何材料和物品运到然乌都是不容易的，模块从上海经拉萨运到然乌则更不简单。因为担心云南和西藏部分桥洞有高度限制，我们装有模块的卡车过不去，所以在今年我走 318 滇藏线其中的两次时，就是正向和反向测量了所有路洞和隧道的高度——也就是说，我们每开到一个洞口，我就跳下车，跑到 318 国道中间，测量洞的实际高度和记录。其实也没想到，挺花絮的，作为建筑师的工作之一，还包括了测量山洞。

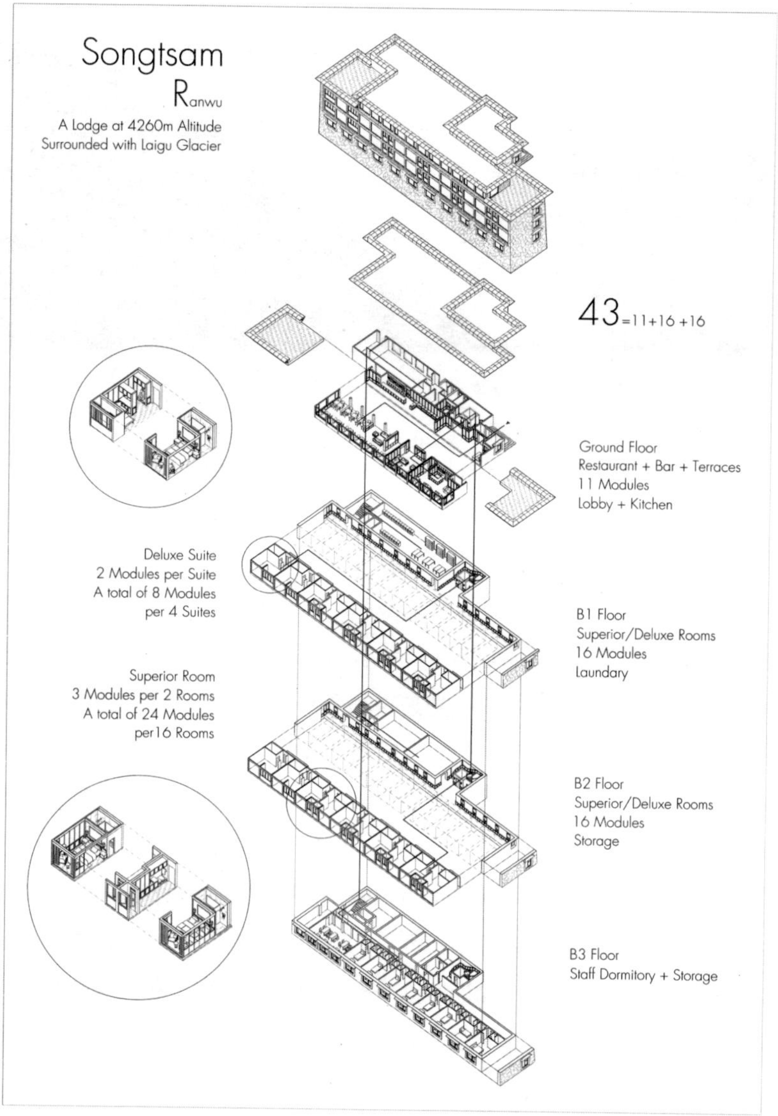

图 5　松赞然乌轴测图（图片由“STUDIO QI”提供）

经历了像这样一个“一波三折”且极具挑战的项目，我真正体会到一切都是如此的来之不易。我越来越希望客人也像我一样，可以反过来理解付出与得到之间的关系。在来古冰川地区这样恶劣的自然环境下，能够手捧一杯热茶，能够在暖暖的书吧里惬意、安静地眺望远处的壮丽景观，能够在滇藏线上美好地休息一下、重整身心，都是多么难得和值得感激的事情。我觉得我们需要带着一种对大自然的敬畏，对于乡村的谦卑，特别对民宿建造者的尊重来面对乡村、面对乡村民宿。

我在美国生活了 15 年，每次暑假回来我都会和父亲自驾出游。我们已经游遍了整个中国，到访过交通便捷的大都市，也到过很多偏远的乡村角落。每一次看到我们祖国的锦绣河山，或沙漠、或高原，我都会觉得我们都是幸运的孩子，能看到如此美丽的景观、如此具有能量的原始画面。所以我特别希望可以通过对于民宿的思考和设计，帮助所有的乡村找到属于自己最佳的基因，能够“小心轻放”地将建筑“隐”到周围的环境中，让它更长久，能够更多地带给未来。

乡建实践：关注传统侗寨的民生与复兴

王　斐
清华同衡规划院传统村落研究所

传统村落的民生与复兴是个大命题。本文以贵州省黔东南州黎平县黄岗村为研究对象，该村是清华同衡团队在探索遗产保护和诠释传统侗寨文化的明星项目。

黄岗村是国家文物局列入世界遗产预备名录的侗族村寨之一（图 1）。申遗工作从 2012 年便开始了摸底调查，得到贵州省政府的大力支持，目前贵州、湖南、广西三省近一百个侗寨正在整体打包联合申遗。黄岗村的另一个发展机遇是中国传统村落黔东南峰会即将召开第二届。得益于第一届的规模效应和成功经验，贵州省和黔东南州更进一步，明确了

图 1　黄岗村鸟瞰（图片由本文作者提供）

“开会是为了办事”的方针，前期考察了黎平、雷山、从江、台江、榕江等县的十几个村子，最后选定了其中的八个，作为峰会时要推出的试验和示范村。希望在会议期间推出一批可供观摩的具有示范意义的传统村落保护样本。会期已定，这也给了我们的建设实践一个倒计时牌，是压力，也是动力。

目前黄岗村建设实践现在正处于起步阶段，从总体规划到项目落地仅仅三个月时间，其中总规编制用了一个月时间，实际落地建设时间只有两个月。这两个月中，我们推进了村寨基础设施系统升级和小微建筑景观项目落地，所以建设周期还是十分紧张的。

一、顶层设计

黔东南州政府作为侗寨申遗工作的直接领导班子和峰会的执行方，对传统文化和遗产价值的理解特别深刻，整体操盘毫不务虚。为了推进工作实效，用心设计了峰会的国际遗产专家专场会议和遗产保护示范村落的观摩活动。成立了以州政府为背景的传统村落公司，负责统筹这八个村落地项目的规划、建设与运营。这两个动作打通了世界眼光的遗产价值观与符合实际的本土行动。

中国传统村落的贫穷与破败在目前仍是相当普遍的现象，乡村遗产与现代生活渐行渐远。村民对乡村遗产的保护普遍持消极甚至抵触的态度，乡村遗产的作用只是供人参观。国内目前的很多乡村遗产，连参观都是极为粗浅的，体验感差。游客不满意，村民没收益，多是双输局面。作为遗产保护的专业团队，我们一直在总结国际经验，调研国内先锋试验项目，开放思维，试图找到本土解决方案，形成并不断完善价值体系与落地方法。针对黄岗村，我们建议在做好村落整体保护工作的基础上，将现代生活引入传统空间，实现一些创意性的带有传播力和营销属性的文化和商业小微项目，改变乡村观念。挖掘文化的内生力，持续事件策划，放大声音，引流客源，增加村民农闲收入。强化村民共识，开展环境卫生整治、基础设施建设、民居改善景观改造工程。伴随着市场逐步成熟，不断完善精品民宿、手作馆、农产店、咖啡馆等乡村旅游服务设施，激活传统，强化现代体验。通过侗寨价值的重新梳理和再输出，打开格局。

在黄岗村总体规划的核心理念与操作步骤上，州政府很快与规划设计团队达成共识。

州政府为落地项目的顺利推进提供了紧密的协同制度。每个村作为一个项目整体，是设计师负责制。所以在建设现场，州、县、镇、村几乎每一级政府都会有负责人驻场，调度了全县各专业部门和设计、建设、监理相关方的资源，驻村干部与设计师每天都会主持现场会，村代表参会，实时解决冲突与明确次日任务。黔东南州姜州长、州住建局吴局长会定期巡查，黎平县石县长几乎三天下一次现场协调工作。一个愿意把村庄的建设全权放手给设计师的政府是十分难得的，在接下来的建设中设计师自然而然地发挥了极大的作用。

二、与村民对话

“说服”村民很重要。在法律层面上，村民是产权所有人，即遗产主体。在使用层面上，大部分村民已经或倾向于放弃乡村遗产（于村民，是破旧阴暗的老宅）。遗产专家要保，爱好者要保，有的政府要保，不是村民。这就出现了乡村遗产的主体错位。能否站在村民的立场替村民考虑，是衡量一个乡村工作者“好”“坏”的首要标准。

第一次与州里交流汇报的时候，总规初稿所表达出的理念得到了较好的反响和评价。我们在总规文本中列了张项目清单，项目清单将理念变成 30 余个项目，我们将其进行分解为村民诉求、产业发展、遗产保护、商业价值四个方面。这些项目不是一次完成的，是全盘长远规划。在峰会召开前的这段时间里，在遗产保护允许的范围内，到底哪几件事是需要的并且是可以做成的？州住建局吴局长非常认可我们的理念，汇报结束后，他说如果想要项目顺利落地，就要真正取得村民的认可，所以专家评审会将在村子里召开，由村民进行评审。评审会除了邀请村民和村干部，还有州、县各级领导、传统村落公司、建设、监理等上下游相关部门做旁听（图 2）。

图 2　村民评审会（图片由本文作者提供）

为村民汇报时，讲宪章、文件与准则是万万不可的，村民不喜欢学究。讲愿景、技术、路线也是行不通的，村民不喜欢虚的，也未必能完全听懂。这些都可以变成生动的图片，讲讲外面的世界，讲讲其他村子把老房子留下来后的致富新思路，所以村民评审会不应该仅仅是汇报会，还要成为统一村民价值观的调度会。会上我们彻底改变了汇报路线，把项目拆解，用直白的叙述和形象的效果图告诉他们农闲时可以开展什么产业（精准扶贫），还需要什么样的基础设施扶持（民生），怎么翻新房子（遗产保护原则），未来会获得怎样的居住条件，我们用什么样的方式提供帮助，村干部、妇女怎么发挥作用（乡村基层组织建设），谁家的房子用了钢筋水泥要公开批评（风貌协调）等。

黄岗村的村民评审会达到了预期效果，大会结束后，与村里的几个干部和代表又分头开了小会，我们则对确定下来的小项目重新做了一个时间、人员敲定，逐项向下分解，再把每个任务和每个步骤落实到具体的部门和负责人。

三、从0到1最难，怎么破？

我们对落地项目用阿拉伯数字编了号，沟通起来简单直接，协作更高效。萨坛是1号工程，将其作为1号工程原因有三：一是启动速度快。萨坛属于村里的公共空间，不会面临征地问题，也就不存在与村民交涉，无形中规避掉许多麻烦，面对紧张的工期，各级领导迫切看到工程破土动工，可以起到“稳定军心”的作用。二是萨坛在侗寨村民心中有着特殊的地位。萨坛是侗族人祭祀“萨岁”的场所，萨岁意为始祖母，是侗乡南部地区普遍崇拜的女性神，也是村寨的保护神。本届黄岗村的村支书不是本村人，而是由镇上委派的干部，村民对他持怀疑态度，并不信任，甚至有村民直言“他不是我们村的”。听说要重建十几年前坍塌的萨坛，村主任对我说，“我们村穷，没有资金，有些事都是在废墟外头搞，能重建真是太好了，你真是我们的大恩人啊”，萨坛在侗寨村民心中的地位可见一斑。如果能把萨坛这个万众期盼的工程建造起来，对树立村支书在当地村民中的威信会起到巨大的作用，直接改变当前人心涣散的状况，也为我们以后的工作铺路。三是我们团队刚刚进入村子投身建设，要协调的关系众多，除了州里配备的各级领导，还有村中的支书、寨老、干部代表。萨坛项目规模小，又不容易出错，非常适合作为驻场建筑师的热身，萨坛是当之无愧的头号工程。

萨坛的建设，功夫都在非图纸环节。最早我们对萨坛原址进行踏勘，发现仍有基址可寻，桁架腐朽倾斜。参考其他侗寨完好的萨坛资料，用两天时间深化图纸，拿出了有具体建筑形象、有严格尺寸还原的图纸。

请示寨老，最终确定方案。寻找建设过萨坛的本地施工队。请寨老定下良辰吉日，请萨岁神，破土立柱，建成还神。建设中途还有一段小插曲，寨老觉得按照原来的尺寸太小气，想要更大更气派，如果设计师坚持立场，恐怕要与村民对立，于是神坛没变，建筑尺度和基址都大了些，材料、形式、建造工艺都没变，尚在可容忍的范围内（图3）。这时，遗产的“真实性”原则服从于民众意志，这就是乡建工作的“真实性”吧。

于是，以这个小工程为开端，在街头村民七嘴八舌的议论中，在惊喜不断、热热闹闹气氛中，黄岗村的建设如火如荼地进行起来。

图3　萨坛复建（图片由本文作者提供）

四、禾仓之家

黄岗是侗族村寨。侗族人生活在森林茂密的山区，木材资源丰富，所以盖房子就地取材，整个寨子都是木材建造的，容易发生火灾。为了预防火灾，侗族人在房前屋后建水塘，水塘之上建一个专门用来存放粮食的建筑，就是禾仓，禾仓之下，兼养鱼鸭，形成独特的侗寨景观。在侗族人眼里，家不如禾仓重要，因为家要是烧了，还可以重建，反正山里木材多得是。粮食要是烧了，这一年可就要挨饿了，后果会非常严重，因为寨子里别家也没有余粮，而政府也很难从外头把救济粮运进去。因为每一家都建一个禾仓，在村旁就会有几十个禾仓，一起矗立在水塘之上。很多侗寨都有集中式的禾仓群，蔚为壮观。

黄岗村东隅，就有这样一片禾仓群，周围群山梯田环抱，与村寨的传统民居紧密相连又独立成群，小溪自北侧流过，安宁静谧。有些禾仓也有了年岁，加之干栏—穿斗木构的结构特点，穿枋、排架斗接，柱梁斜而不倒，用材较小，上下粗细不一，甚至保留原木材的弧度曲线，墙壁斑驳，颇具感染力。不得不说是设计师在实地实景中被原生态侗寨的传统农业生产氛围打动，才有了用禾仓作民宿的奇思妙想。

选择禾仓的另一个重要因素是切换成本低。禾仓重于家是古时的情况。在现代，粮食产量普遍提高，交通条件和社会救济大为改善，所以粮食不再像以前那么稀缺。随着外出打工的人逐年增加，有的家庭已经很少甚至没有种田的劳动力。这几个因素加起来，导致部分禾仓就废弃了。拿废弃的建筑来做改造，切换的成本就比较低。这里说的切换成本，包括产权人让渡使用权的谈判成本，也包括政府从村民手上购买或租用的经济成本，还包括设计落地实施的时间成本。即使前期村民答应了愿意把房子腾出来参与乡建，从答应搬家到真的动手收拾房屋，会是一个极漫长、极有风险的过程，就算全套设计图纸提供了出来，效果也令人满意，村民也可能会在最后一刻反悔。这时建筑师失去的就是时间成本和机会成本，乡建工作还没开展就失去了民众基础，起步困难，后续工作更举步维艰。明智的选择是村公产、闲置民居、废弃房屋。所以快速精准选定房屋、推进实施非常重要。体量小和切换成本低促成了禾仓之家迅速落地。

禾仓群的边缘处恰巧有一栋被改成大禾仓的传统民居，可用作接待、餐饮的公共服务功能，小禾仓群可作为独立住宿的小细胞单元。于是一个“禾仓之家”民宿群的概念产生（图4～图8）。

图4　禾仓试点外景（图片由本文作者提供）

图5　禾仓1号试点内部，远望香禾糯稻田（图片由本文作者提供）

图6　禾仓2号试点内部，窗外禾仓群（图片由本文作者提供）

图7　禾仓之家公共服务中心（图片由本文作者提供）

图8　禾仓周边（图片由本文作者提供）

作为申遗地，我们的初期改造比较谨慎，小禾仓仅选择了 2 栋做试点，未来视经营规模和景观容量增加，但一定保证每个民宿向外望去都是满眼禾稻。禾仓单层层高 1.65 米，原为晾晒和存储香禾糯稻的仓库，密封无窗，对功能更替后的居住使用有很大限制。设计的第一步是对民居和禾仓做建筑测绘，对传统建筑的历史信息记录留档，同时便于在设计、建造过程中随时查阅关照原始数据。禾仓之家民宿一层为客厅和盥洗间，二层为卧室和工作间，空间组合极尽节约高效之能事。面向优美的景观面开落地玻璃窗，延展室内空间尺度，传统与创新并置，视觉上产生了强烈的化学反应。

1、2 号试点是黄岗村也是黔东南州八个村的改造项目里最具轰动效果的。峰会召开时，正值村民收稻子，收割后的稻子捆成禾把束，挂在禾仓外墙的一层层横杆上。峰会组织方也配合这个时令人文景观，安排了扔禾把的体验项目。体验者要把捆好的一把把水稻，从地面扔到空中，并且让事先已经爬到禾仓晒排上的人接住。湿水稻是相当沉的，对臂力是个考验。而且，不但要扔得高，还要仍得准，要不然晒排上的人就接不住。其实接不住的时候更好玩，因为观众们会一阵起哄，更有乐趣。这是一个非常好的体验项目，值得推广。

因为这两个原因，我们选择了禾仓之家这个项目，而且在规划阶段就对这个项目寄予了比较大的期望，做了详细的方案设计。但是进到驻场阶段，我们突然发现，这事不归我们管了。怎么回事呢？原来，州政府把酒店设计、建设和运营的责任整体都划给了州传统村落公司，禾仓之家因为也属于酒店，也被纳入到这个范围。同一个项目，在不同的人眼里意义是不一样的。州传统村落公司对于禾仓之家可没我们那么上心，他们首先想做的事，是在村子外围找地方建几栋木制别墅。这是美国城市郊区常见的那种别墅，体量比较大，外观也比较规矩，待在里边也只是给人以普通家居的感觉，很难让人产生侗族特色的文化体验。

怎么办？难道就此放弃？我们趁姜州长有一次来现场开协调会，专门在私下里做了申请，希望把禾仓之家的设计和建造任务交还给我们。姜州长理解了我们的设计意义，同意了我们的申请。这件事回想起来，其实是有点后怕的。因为在驻场阶段，有太多施工上的问题要马上处理。这些问题会塞满大脑，导致设计师无暇自顾。禾仓之家也只是黄岗村峰会前要做的 10 个项目之一，少这么一项，在当时看来也挺正常。幸亏我们保持了足够清醒的头脑，没放弃争取机会。

我们还很幸运地遇到了一支好的施工队伍。黄岗村的施工队有两支，一支是州里本地的，另一支是从深圳请来的。本地的施工队，时不常会看错图纸，出一些意外状况，让设计师很头疼。深圳来的施工队，专业素质高，不但能理解图纸，还能根据经验，把图纸上表达不够的地方帮着给深化了。有了这样靠谱的施工队，禾仓之家才得以顺利建成，而且保证质量。

半山民宿同样是遵循切换成本低而进行的选址，是村子里改建的唯一民宅。房子内部空旷，景观视野非常好，除了村里原来的两个观景台，这是唯一一个可以鸟瞰全村的地方（图 9、图 10)。高程位置较高，也牺牲了很大的施工便利性。

禾仓之家和半山民宿的建设过程由设计师领衔，专业施工队伍组织管理，本地工匠全程参与。破土、起架、上梁等重大施工节点按照侗寨的传统习俗，除主体梁架结构需要更新外，壁板极尽可能使用老木料（图 11)。最大限度地采用本地工匠、传统材料、传统工艺，也确实为施工建造带来困难。民居建筑与官式建筑不同，民居建筑充满了随机性，比如柱子上下粗细不一，或者柱中线有一些倾角，我们在做玻璃幕墙的时候发现玻璃中间有许多缝隙，这样做确实不精细，但是面对世界

图 9　半山民宿内景（一）（图片由本文作者提供）

图 10 半山民宿内景（二）（图片由本文作者提供）

图 11 半山民宿旧木料再利用（图片由本文作者提供）

级的建筑文化遗产，这是基本的原则和必须有的尊重。室内艺术品来源于两部分，一些是在侗寨市集收集来的老绣片、老物件，一些是在村子里写生的艺术院校师生的作品，均来源于本土语汇。

五、碾房、标本民居、公厕与荷塘

通常，我们在村子里选两三处传统建筑做改造，一是为重新定义老房子的价值，改变村民观念；二是为补充单一农村经济产业结构，提高村民收入；三是为吸纳城市转移剩余劳动力，改善返乡青年和农村妇女的农闲生计，这是复兴传统村落的破局点。改造老房子，优先用来做文化设施和公共设施，如儿童图书馆、村民活动中心、农耕馆、手工艺馆等。还会有经营设施，如民宿、咖啡馆、茶馆、餐厅等。黄岗村目前的接待点是非常初级的农家乐形式，简易床铺和共用卫生间，条件好些的配套了餐饮，服务基本是村民居家过日子的水平，如此简陋的条件，再美的村庄也留不住人。除了在村子里做了禾仓之家和半山民宿，我们还改造或重建了萨坛、碾坊、标本民居（侗族传统居住方式馆、侗族蓝靛靛染民艺馆）、公厕、荷塘、给排水、电力电信等文化设施和公共设施。

碾坊的重建让我们意识到了文物保护迫在眉睫，我们在2012年的申遗材料调研的时候发现了关于磨坊的一张照片，那时建筑物还在，等到2016年我们现场踏勘的时候，房子已经没了，只留下依稀能看出建筑物曾存在过的痕迹。在这个项目中，贡献最大的不是设计师，而是当地的老工匠。整个磨坊的建造过程都是在老工匠的脑袋和手中，靠他们用墨线一笔一笔勾出，用传统工艺一手一手凿出。我们找到一个之前曾做过碾坊的工匠班子，一位老师傅带着四个人完成整个萨坛的项目（图12）。虽然我们还原出碾坊的原貌并绘制成图纸，但在实际的建设中，老工匠和我们重新做了沟通，对图纸进行了改动，我们也发现，萨坛所需要的构建图纸是做不出来的，去过侗寨的人都知道，侗寨最具感染力的鼓楼都在老工匠的脑海中，我们的设计师能做的只是将这个过程完整地记录下来。驻场期间，我每天往碾坊跑两遍，拍摄大量照片，但其实整个建造过程比我拍的还要复杂，最后根据实际建成的样子，再返图纸，这个过程是建筑师观察和学习的过程。对比 2012 年，我们很大程度上进行了复原，同时在此基础上也做了相应的提升，比如把树皮的屋顶改成瓦顶，让建筑更为坚固。当水接进来后，碾坊也转动起来了。

图 12　建造碾坊的老工匠（图片由本文作者提供）

寻找百年以上的老宅也是颇费周折。在村民眼中，废弃的老房子是没有价值的。经几次询访，直到我说“没用的”“前几辈人住过的”“快塌了的”，他们才用侗语嬉笑着引我去看了一个有“火塘”的摇摇欲坠的三百年古董。他们不理解，这样的房子用来干什么，都没人要了。老宅原来的主人是两位老人，他们相继去世后将宅子留给侄子，但他们的侄子常年打工在外，以致老宅至今无人居住。直到我穿过层层霉斑，躲过塌落的横梁，小心翼翼地爬上吱吱呀呀的楼梯，才发现了位于三层的火塘，欣喜若狂。火塘是传统侗族民居中最具代表性的符号。用土铺就的 1 米见方的坑槽，火炕终年烟火缭绕，白天煮饭，晚上烤火取暖，上方常年熏着腊肉。伴随着村民的经济条件的逐渐改善，现代化的厨具代替了古老的火塘，现在很少还有使用火塘的人家了，所以这个老宅太难得，可以算作是一个传统侗寨的居住标本。于是我们围绕老宅做了两件事，首先是坚持修缮文物的原则“可识别性”和“最小干预”对房子进行整体的修缮，然后每层按照原主人的生活方式还原了家什旧物和使用场景。仅对局部需要展示的物品进行了点位的照明，作为侗族传统居住

图 13　改造后的火塘（图片由本文作者提供）

方式展览馆。之后我们又选取了村中另一个百年老宅，采取同样的改造方式，做了文物修缮和展示设计，因为侗族的蓝靛染声名远扬，于是我们便将主题定位蓝靛靛染民艺展览馆。

这种标本式的保护方法，可以最大程度地保留历史信息。它的商业效益不高，但是文化效益很大。我们认为在做商业项目的同时，如果能成比例地配上相应的文化或公益性的项目，将会是一个比较稳妥的平衡策略。商业确实很重要，尤其是在近期，但是商业单极化的发展之后也会有很大风险。这种现象我们已经见得不少了，比如在丽江、大理和平遥。

六、结语

现在禾仓之家和半山民宿在专业运营团队的管理下进入了与全国乡村遗产旅游竞争的商业新阶段。

黄岗规划建设期的三点体会：第一，大而全是基本面，小而美是破局点。村寨整体的自然环境、人文体验和旅游设施是基本面，做到极致或尚且舒适都只能达到及格线。小小禾仓，虽然只有50平方米，但能够让所有参观的人真正记住，就是一个99分的满意答卷。第二，要敢于和各级领导“死磕”，既然是设计师负责制，设计师就要拿出操盘手的魄力，协调好各方关系。乡村建设基层利益错综复杂，设计师是局外人，更方便出面统筹协调，这是乡建值得借鉴的组织方式。第三是会议的放大、驱动作用，这也是清华同衡团队积极探索做乡村复兴论坛的意义，一次全国性会议对一个村庄的民生基础设施提升和社会影响力传播都有促进作用。

黄岗村之所以能在建设初期就备受瞩目，主要得益于黔东南峰会的迅速扩散，它的最大推动助力也正是黔东南峰会（图14、图15）。几百名会议代表和媒体记者来参观黄岗村。黄岗村有两件事给所有参会者留下了非常深刻的印象：一个是侗族男声大歌，另一个就是禾仓之家。在

图 14　峰会时聚在规划文本前的村民（图片由本文作者提供）

图 15　峰会时参观的各界人士（图片由本文作者提供）

每个禾仓，我们有意地选择了朝向比较开阔的一面，装上了面积比较大的玻璃，以便从里面向外看，可以看见周围挂满了金灿灿的稻穗。这种体验感是非常特殊的，也很有冲击力。所有到禾仓之家的人，不管是文化遗产的专业人士（有从联合国教科文组织请来的国际专家），还是见多识广的记者，抑或是普通的参会代表，他们几乎都表达了同一个感觉：让我多待一会，不想走了。这种评价，实在是对我们这些乡村设计者的最大鼓励。州委书记李飞跃在参观现场对我们说："给黄岗村再来50个民宿"，这个应该是玩笑之语，50个民宿要把黄岗变成丽江了，这不是李书记的本意，话语中他的认可与信心可见一斑。

这也让我们认识到，一个好的改造项目，最大的意义是制造了希望。有了希望，各方人马、各路资源才会汇集到一个方向。而有了共同的方向，我们的希望才最终得以实现。

由点到面

——从碾坊咖啡到交宫、红阳的村落复兴

李君洁
清华同衡规划院传统村落研究所所长助理

交宫、红阳两个村寨的建设项目，是一个跟中国乡村复兴论坛息息相关的项目，实际上也是一个刚刚起步的项目。虽然它的前期建设成果有限，但仍然有一些有趣的小故事和值得思考、总结的经验。

这两个村子都在贵州省的台江县。台江号称“天下苗族第一县”，这两个村子也是很有代表性的苗族村。从村落格局上看，交宫村位于山区河谷地带，同时具有水苗临水而居和深山苗依山而建的居住特征，而红阳村是典型深山苗的村落类型。

在我们参与之前，这两个村子在保护利用的进程上是有一定差别的。交宫村多年前曾经历过一个短暂的旅游发展阶段，好的影响是村民在保护利用观念上接受度比较高，村里基础设施也相对完善，对应的问题是村落的传统风貌也有一定的破坏，比如河道景观略偏城市化。红阳村基本上是一个与世隔绝的世外桃源，风景优美，传统资源保存得非常好，缺点是它作为山地村交通不便，同时村镇各级民众对待发展的问题在观念上会保守一些。

我们常规的工作内容一般包括从村落规划，到建筑设计、景观设计等专项设计，到落地实施，再到后期推广等一个系列的全周期服务。

2017 年 6 月，中国乡村复兴论坛的台江峰会在这两个村召开，我们因此多了一个非常明确的任务，就是在两个月的时间里让这两个村呈现出最佳的村落面貌。通常在时间紧、任务重的情况下，我们的经验就是列项目表，倒排工期，把所有我们在规划中想做的内容，挑出小而精的、在短期内能见效的以及村里最急需的项目，跟地方政府和施工方确认后，边设计边施工。这个项目中最终被确定下来并且实施的项目基本上可以分为景观、照明、建筑和基础设施四个大类。

我们在具体操作时做的第一件事，是去村里开动员会，让村民知道他们的村子有多好，"不识庐山真面目，只缘身在此山中"，这种情况在传统村落里很常见。同时，也告诉大家我们是谁，来干什么，以及未来村子的发展有哪些可能。在城市里做建设很少有这样的环节，但在村里是非常必要的。这不仅是一个相互认识的过程，也是一个给彼此信心、加油打气的过程。这样的前期工作做得越彻底，越利于建设工作的开展。

一、景观——还原村落本来的美

在村里做景观，短期内最容易开展的是景观整治工程，针对河边、路边、房前屋后、田间地头等环境空间逐项地去做整治提升（图 1）。落地项目的过程中，没有完整的设计图纸，也没有施工图，景观师先在村子里自己走几圈，把所有需要提升的地点和要点记下来，再带着施工方和组织起来的村民们在现场一处一处地说、一点一点地干。比如柴垛，随意散放在地上就是一堆垃圾，但堆好看了本身就是景观。院墙歪斜了就重砌，设计师提要求，而砌法按村民自己擅长的传统方法做，效果也很好。相似的办法也用在了路边，修些小矮墙，道路就整齐了很多，也很质朴。不适合矮墙的路边或菜园边又改做些木栅栏，带着树皮，看起来有点粗糙，却很有村子里土生土长的味道（图 2）。

图 1　交官村房前屋后的整治效果（摄影：李君洁）

图 2　村民在路边扎木栅栏（摄影：李君洁）

这个过程中也会有一些比较有趣的小故事，比如交宫村的河上有一座桥，桥上的护栏很现代，在村里很不协调，县里领导要求必须在峰会前换掉，但算起来时间是一定来不及的。我们绞尽脑汁，想到如果护栏“裸着”不好看，穿个“毛衣”总会好看些吧？于是请工头老杨买了好多麻绳给缠起来（图 3），后来发现效果果然不错！

图 3　村民在给现代的金属护栏“穿毛衣”（摄影：李君洁）

景观工程还做了一些河堤的修复，路面、水渠修复，或者就地取材改个洗手池等，其中简单的工程由工头申请，村领导组织，设计师交底，村民们就放手干了。稍微复杂一些的工程由小工头盯着做，村民们也能做得不错。景观整治工程在交宫村进行得很顺利，红阳村前期配合度不高，慢慢地也跟了上来。

上述的做法在实施阶段操作性强，效率也高，但是施工方的工程量如何结算是个问题。我们一开始是计划以整治前后的对比照片来做工程验收的依据，交宫村的工头老杨又发明了一种打板记录的方法。他买了五块小黑板，每做一处整治都像拍电影一样，很有意思。村民们干活也很有劲儿，工程记录得也很清晰。

回顾一下景观整治的过程，概括一句话：村落景观还是要还原村落本来的美。传统村落在自然环境、人文景观方面原本就有优势，直白说就是底子好，如同一个纯天然的美女，只是脸脏了，我们要做的就是给她洗把脸的事儿，千万不要搞得太复杂。另外，景观整治工程的实施看似简单，却能在短期内让村落环境有一个很大的提升，又能实实在在地把村民都调动起来。村民有了参与建设家乡的自豪感，也收到了工钱，这个过程中又加深了村民们与设计师的沟通交流，增强了彼此的信任感。所以最先启动景观工程，其实为后续其他项目的推动打好了群众基础。

二、照明——黑夜里的微光

传统村落里早年间室外肯定是没灯的，但无论是对于本村的村民，还是外来游客，在夜晚都有最基本的照明需求。因此，在村里做灯就需要更谨慎一些，要保持乡村的静谧的夜间环境。在这两个村子里，一期的照明都只做了比较重要的一部分。概括起来大致有两个方向，一是跟建筑或景观构筑物相关的部分，二是路边、水边等确实有照明需求的地段以及一些小节点。

我们在施工过程中的一个大原则是尽量做到看得见光、看不见灯，这样照明设施对白天村落景观的影响最低。所以为了藏灯大家也费了一番工夫。廊桥主要是内打光，突出建筑结构美，寨门也用了类似的手法。像交宫村踩鼓场这种苗族村民跳民族特色“广场舞”的地方，我们增加一个休息的长凳，也趁机藏了一条灯带。对于实在不好藏的灯，比如露地草坪灯，因为买不到造型理想的灯具，我们就跟照明施工方商量设计定做一个。交宫的照明施工方执行力很强，方案一出，马上带着设计草图和各项参数直奔广州，在灯具制造厂里蹲点盯着做调试，最后生产出了一批我们自己设计的树桩灯（图 4），两个村子一起用。

图 4　树桩灯与红阳村夜景（摄影：李青儒）

这期间也会有一些小困难，比如红阳村祭祀桥的照明设计。这里无论是交通需求还是节庆的需要都应该做，但是又不能用常规的投光灯，桥身上可发挥的空间也十分有限。后来我们也想到了办法，把灯带贴在木条做的遮光板上，再把木条固定在桥下的左右两侧，让左右的灯带对向打光。这样光源不会向下直射水面，也不会向上直射人眼，而是从木板桥的缝隙里幽幽地透出光，行人可以看清桥面，也巧妙地照亮了桥体。

乡村的夜间室外环境里本没有灯，灯的加入就不应该破坏乡村静谧的感觉，光线既要暗，但也要照顾现代人的光感受。设计上尽量看不到灯，必须看到时灯具的形象上也以尽量隐形为宜。选择在哪里做照明时，首先要满足村民的日常需求，同时还要满足特定的节日需求。

三、建筑改造——小惊喜的大示范

在传统村落的评选中，传统建筑比例是一项重要的指标，而在村落复兴的进程中，传统建筑的保护与利用也是要重要的工作之一，很多时候往往是整个项目的突破口。我们的工作重点是“织补传统，活化提升”。一般一个村里会有很多传统建筑需要修复，也会有一些不协调的建筑需要整治，这就是织补传统的部分。但是即使完成了这部分工作，也只能做到传统的延续，不能保证传统建筑有活力，“活”起来还是要靠改造，靠功能的活化提升。

在这次的项目中，我们没有时间做大量的民居修复工作，只能在两个村子都挑了些碾坊一类有生产实用性的破旧老房子，让他们恢复生产功能。在交宫村我们看到了一个比较特别的碾坊，它刚好在踩鼓场旁边，面向踩鼓场一侧是半开敞的，看起来很像个大亭子。当时它给大家的感觉就很适合坐在里面吹吹风、乘乘凉、看看踩鼓场上的表演或者打闹的孩童，会很惬意，如果刚好再有杯咖啡就更完美了。于是我们请人打开门进去看了一下空间，发现它比一般的碾坊更大，当场决定做一个小小的碾坊咖啡屋。

在设计上，考虑到它作为碾坊的传统功能，除了常规的拆吊顶、拆隔板、换瓦、开窗之类的改造的手法，这次设计最大的特点是遵循了最小干预、可恢复性原则，采用了灵活多变的空间组合方式。除了加入一排固定的能当书柜的长椅，其他家具都是可移动的，吧台板也可以放下来或者翻立在墙上。这样通过家具不同的摆放方式，在小小的空间里可以做到在咖啡吧和传统碾坊之间的自由切换（图 5、图 6）。

然而在改造初步完成后，我们又遇到了新的难题——无法在短时间内找到一个愿意经营它的人。当时我们心一横，决定先自己上，把改造示范做彻底，示范自己当老板！

图5　碾坊改造前室内（摄影：李君洁）

图6　碾坊改造后室内（摄影：李君洁）

从设计师转换为经营者的角色，会发现已有的改造成果距开业仍有很大的距离。于是我们又一步步做起来。软装采用了本村传统工艺之一的靛染做主题，但是时间太紧，很多布料都来不及染制，那时淘宝发挥了很大的作用，解决了大部分的软装难题。之后我们又设计了村落题材的明信片，既成为了吊挂装饰的一种，又成了咖啡屋里很受欢迎的纪念品。最后我们还设计了专属的咖啡杯来强化碾坊咖啡的IP。

在乡村复兴论坛的会议期间，碾坊咖啡第一次试营业便成了最受欢迎的场所，当日售卖咖啡与明信片的总销售额近3000元。我们把扣掉成本之后全部利润捐给了村委会，村民们开始意识到原来这个碾坊咖啡也是有可能活起来的，对于后续的运营便有了信心。

除了碾坊咖啡以外，我们还完成了其他的建筑改造工程，比如两个村子的村委会（图7、图8）。其中交宫村的村委会建筑结构非常好，二层是经常使用的会议室，所以没有对它进行改造。一层原来是杂货间和小卖部，我们把空间全部打通，建了一个吧台，重新订制了展台、货架和桌椅等家具，就变成了一个可展示、售卖，也可以办小型聚会的综合空间。

会前村领导把交宫三宝——大米、蜂蜜、青钱柳重新包装放在这里展示出售。蜂蜜当天抢购一空，其他特产会后仍然热销，并且已经开始接受来年的预定。

红阳村村委会的“动作”比较大，整体上做了落架重修，一层当展示空间，二层为书吧，会议期间也当茶室使用。

其他的建筑改造工程，比如一栋民居改造成民宿，另一栋民居改造为茶室，但由于种种原因，直到会议召开，都还只是半成品，没有完成改造。

对建筑部分的总结主要有以下三点：

图 7　改造后交官村村委会一层（摄影：李青儒）

图 8　改造后红阳村村委会二层（摄影：李青儒）

首先，在村里做建筑改造时如何选房子？推荐选切换成本（实施成本）最低的，比如村委会这样的公产，没有产权问题，政府愿意投资，后续盈利可并入集体收入。又比如废弃的小型生产性建筑，碾坊、禾仓都是这一类，不涉及居住功能，容易回收，同时体量小、投资少，见效快。会前由民居改造的民宿和茶室之所以没有完成，很大程度上是因为把很多时间花费在了房屋租赁的商讨阶段，以及为了适应村民能接受的改造力度而反复调整的方案阶段。

其次，一开始建筑改造的启动比较适合做得少而精——集中火力打造精品。我们经常遇到一些政府喜欢给村里统一换瓦、换窗、抹墙的情况，投入也不少，钱花出去没多少效果，有时候做不好反而破坏了风貌，得不偿失。

最后特别强调的是，小试点可以有很强大的示范效益。类似牛栏咖啡、猪栏茶吧，以及这个项目中的碾坊咖啡，本身能自带话题性，会给人带来小的惊喜，引发关注。更重要的是它能够极大地提高村民的自信心，村民们都说："牛住的、猪住的房子和放粮食的房子都已经能够改造好经营起来了，我们家里那么好的房子，肯定也能改好呀"。这份自信心对于传统村落复兴是非常重要的。

四、基础设施——最重要但不是最急迫

在这次的项目中，两个月的时间里不太可能完成任何一项从设计到施工的基础设施工程，所以最后我们只在需求最迫切的红阳村做了一个停车场。

但这并不妨碍我们在基础设施方面的探讨——基础设施的确是对一个村落的长远发展至关重要，但基本上每一项都是大工程。有些村子花大量资金投入基础设施之后，因为看不到直接效果，对建设活动失去了信心，结果没后续发展的情况也是有的。所以村落的建设项目中，基础设施的提升工程是一定要做的，但不一定要最先做。

五、项目的经验总结

通过这两个月里在两个村子中连续驻场的工作经历，虽然时间短暂，但无论是在各个专项设计的实施方法层面，还是对整个项目推进的策略方面都会有一些思考。第一，“大事件”（如中国乡村复兴论坛）很重要，它会促使项目形成一个倒逼机制，防止项目推进过程中各种可能出现的“拖延症”；第二，村落规划不一定是完整的成品，但事先一定要有规划，想清楚了才能把事情做好，这也是一种负责任的态度；第三，乡村是人情社会，要时刻关注村民的需求，从动员大会开始逐渐增加交流，努力跟他们打成一片，大家感情越好，工作开展越顺畅；第四，景观先行，景观是在短时间内最能呈现效果的项目，也是最能够调动全村参与的项目；第五，照明还是宜追求静谧，同时兼顾重大节日的需求。但设计师的姿态可以放得低一些，我们不是来创造光明，我们只是想借一点微光，让白天很漂亮的村子在夜晚一样漂亮；第六，建筑改造建议从最小切换成本的小项目入手。

在这个项目的一期建设结束之后，我们有一些意外的小收获。暑假期间这两个传统村落的旅游特别“火爆”，问游客来村子的主要原因是什么？是为了避暑。这就是市场对于村落发展的一个很好的反馈。什么项目最受欢迎？是风雨桥长桌宴。这也给了我们一个思路，只有在特定的场景，才有特定的体验，吃出来的味道才会感觉意犹未尽，这个体验感很重要。

所以，这个项目实践的后续效果依然验证了一个道理：由点到面，一次小的试水可以让项目以很少的成本迎接市场的检验，而市场的检验会帮助项目更好地延续下去。这个点，既指具体的点位建设，也指各项工程用力的程度。

最后，回到传统村落复兴本身。乡村从贫穷、衰败走向复兴的路上，需要重点解决的并不是贫穷的问题，从自然资源上、精神上、文化上，乡村甚至比城市富有。乡村缺乏的是什么？是自信心。村民不认为他们的传统文化能够被城市人接受，被时代接纳。很多村民说："我就害怕家里只有老房子会娶不到媳妇。"村民不敢相信延续传统也能够在这个时代有品质活下去。所以，不管是景观、照明、建筑，还是基础设施等，我们从小的点去挖掘，获取成功，最重要的作用是激活人心，让参与其中的村民看到希望，坚定信心。这样，我们才能作为设计师陪他们在乡村复兴的路上一直走下去。

第四章

乡村·文创

在路上

古村再生的文创策略

李永萍
台北市原副市长
台湾文化创意产业联盟协会荣誉理事长

我的背景与大家有点不同，因为我的文创经验和在政府部门的工作，都是在城市里的。在担任台北市副市长之前，我是做艺术工作的，是剧场导演。之后因为台湾的社会与体制变化，我在2000年的时候去参选并当选了立法委员。在担任立法委员的6年间，我推动了很多立法工作，其中有两个与“古村再生的文创策略”有关。一个是《文化资产保存法》，其中规定了古村、古迹的保护到底怎么做；一个是《文化创意发展法》，它描述了如何用文创的力量进行整个产业，还有城市或者是城乡的改造。在台北市担任文化局长和副市长的4年时间里，我做得最多的工作是如何利用文创园区和文创改造城市，用软件的思维、力量进行城市的再生。2007年之前大家喜欢叫做城市更新，2007年开始叫做再生。为何呢？因为叫“更新”会落入拆掉重建的概念，可是台湾也历经大拆大建的时代（在乡建方面，中国台湾的发展比大陆早了20多年），只是从20世纪90年代末到2000年的时候，台湾不再轻易把一个旧东西完全拆掉，而是进入一个内在的改造，让它重新活化，给它一些重生的机会，所以我们叫做再生。

虽然我的文创经验是城市的，但是它很多是从乡村中获得的反馈，或者是在乡村产生的。因为台湾有农业合作社体系（如果有兴趣去台湾的话，请关注一个名词叫做社体总体营造，这个名词我们用了快30年），再加上过去30年，让城市里的知识青年回乡参加乡村建设和改造再生。所以2016年的台湾，城乡差距是很小的。我们很多文创的经验和城市的团队，都在服务乡村，在乡村建设中获得的成熟经验，又丰富了城市的文创。

结合自身的经验，我觉得古村再生面临三个课题。第一个是硬件方面，就是修复跟新建到底怎么和谐？比重如何？是全拆，还是部分拆？你不处理，里面没有符合现代化的设备，可是拆掉了又没有“老”的东西。第二个是软件方面，也是我一直在思考的问题，如何将文创、商业和旅游适当地导入？导入中到底谁是主，谁是客？如果旅游跟商业反客为主，就要思考如何增强原来主人的力量，让他能够跟外来的商业运营团队和谐相处？如何让外来进去的商业团队接地气？如何配套？谁来做？第三个是农民、村民、原住民如何处置？具体指如何在改善村民经济条件的同时，保护村落与当地文化，进一步挖掘、深耕、创新，达到当代生活标准的古村文化再生。大陆的乡建虽然提出得比较晚，却有一个优势，即可以集结中国台湾30年的乡建发展经验和日本、韩国等世界各国的经验为中国大陆所用，可以达到后发先至的效果。

一、宝藏岩的故事

首先讲台北市宝藏岩的故事（图1、图2）。宝藏岩聚落依山而建的部分，因为不符合安全标准，缺少环保设施，属于违章建筑，政府希望全部拆掉。《文化资产保存法》修订后，我们用历史介入的方式把它保存了下来。当时村里的原始村民只剩下了1/3，政府用有限的资金做了简单的挡土结构、山坡地排水、防震及消防逃生等工作，剩下的我们把它做成了国际化的艺术村。我们引进了很多当代的艺术家进驻创作，给不太具备保存价值的老房子做了大化补，我们有各式各样尖端的艺术家的作品。对于原来居住的老人，村子给他进行了田野文史调查，把他们家族的故事全部做在标识牌上，让他们自己有认同感。传统的村民，经

图1　台北市宝藏岩(图片由杨玫提供)

图2　台北市宝藏岩(摄影:王海涛)

过与艺术家和创意者的合作，学习到了新的思维。比如说元宵节的时候，各个方面的人会一起参与大型的表演跟艺术创作。村民可以学习借鉴，提升文化能力。里面有一些空间变成了艺术家跟年轻创作者的工作室。周末、寒暑假的时候，还会有年轻人来做类似夏令营学习的活动，村民也可以从中学习。剩下1/3的空间，我们打造成了非常简单的、年轻背包客可以住的宿舍。当村民学习到新的理念以后，他们也开设了当代概念的饮食店，得到了新的经济生活的增长，村子里展现的是新与旧力量的结合氛围。宝藏岩虽然位于城市的边缘，在改造后却变成了一个非常国际化、地标性、具有观光价值的地方。这个例子跟福建嵩口镇的例子很相似。

二、嵩口镇的故事

福建嵩口镇的建设，是由刘国沧博士带领打开联合事务所团队所做的，后来成了福建省标杆性的案例。他们到地方去修复传统的古村时，发现没有传统的修复工法，就跟当地的村民一起对村古迹进行研究，用现代的思路，寻找传统的古法。当传统的古法找出来时，当地的村民也学会了这套方法，当古村重建完时，他们就变成了有技能的专业人员。所以后来福建其他地方的很多古村落都请他们去修复，这样一来他们的收入和生活全部都得到了改善。在原来团队的协作下，村民把一二十年前盖得很难看的建筑物，全部做了简单的处理，改善了景观。如电影庙，原是乡社，经改造变成了当地村民看电影、接受学习的地方。还有松口气客栈，原是村委办公室，改造成了咖啡馆、培训课堂、住宿的复合式空间。你怎么引进新的内容、新的运营概念，让传统村民得到新的技能、得到新的经济手段，这是乡建中需要思考的。

三、南投埔里“桃米生态村”

在台湾非常有名的南投埔里“桃米生态村”（图3），农民上了2年的“听青蛙，观察青蛙生态园”课程，2 年后他们可以辨别 100 多种青蛙的叫声，了解了周边的生态，变成了生态讲解员。因为有了关于青蛙和生态的专业知识，引进公共艺术家后，村民也可以参与到以青蛙为主题的民宿设计中来。还可以跟随艺术家学习绘画，夏天举办风筝节，小孩子进行表演，进行当地特色饮食的改造。最后民宿就成了一个附属设施，游客来桃米村不再简单地为了住民宿，观看“纸教堂”，更多是为了体验生态生活。

四、屏东的“彩稻生活节”

2016 年屏东的“彩稻生活节”，是全县开展的计划，这个计划跟大陆的乡村旅游概念很接近，是由一位叫程诗郁的策划者率领团队共同完成的。在设计中，程诗郁引入当代艺术概念，想到了运用种植不同颜色

图 3　桃米生态村（摄影：贺波）

的稻子，在一片稻田里面做出贴图的效果。为了确保能够实施，程诗郁提前 8 个月就去和种稻的农民沟通。最后这个计划成功了，我们在“彩稻生活节”上看到了用稻子写出来的“欢迎大家来屏东”等内容。这次活动对屏东县的旅游业起到了很大的带动效果。在大陆也有类似这种概念的活动，如大地生活节。我认为在乡村建设中，公共艺术家是不可以缺乏的。通过这些非常简单的做法，而且不要投入太多的钱，修建太侵入性、永久性的建筑，农村就变得很漂亮了。在收割了的稻田里面进行稻田餐桌计划，一上网开放预订，50 桌瞬间“秒杀”。还邀请两位主厨大师运用当地的特色食材和料理方法，进行厨艺 PK，活动吸引了许多的外地人的关注。还有一种做法，我也非常提倡，即大学生暑假时到农村打工换宿。有一位农村的大妈，将她家的房子借给几位年轻人住，不收住宿费，年轻人帮她做一件事就可以了。在和大妈沟通后，年轻人了解到她每天在路边铺垫一块油布卖菜，太热了。于是年轻人利用在当地找的木板，搭建了一个时尚、有创意的卖菜摊，这个卖菜摊还成了观光景点。我们还邀请艺术家用稻草将农村元素做成艺术品，请来台湾著名绘本画家几米为乡村打造亮点，让年轻人跟老人学习技艺，也不用担心古老的技艺没人传承，还将古仓改成年轻人的创意市集。

当文创元素走入农村的时候，创意特色是一个比较容易解决的问题。因为好的公共艺术家，到一个地方后，一定会去进行当地色彩与文化的调研，他不会像外来的设计师千篇一律地去做一个跟当地毫无关系的设计。台湾也会在稻田里面请最优秀的表演团队，融合大地做出精彩的演出。最理想的是小间蔬菜的概念，三个城市人到乡村变成新村民，在村里进行有机种植。后来开了一小间蔬菜书店，台子上面卖有机蔬菜，后面摆放与有机农业有关的书籍。现在在东海岸也变成了观光的景点，就是因为它是一个人文的地方。

文创成功的关键，像贵州要经营大的景点，得要创造小景点，你的小景点中要有令人感动的故事。像大妈菜摊的故事、小间蔬菜的故事，都非常令人感动。第二要植入高端创意的活动设计与公共艺术。第三是农民、村民参与的积极性与再教育。要想提高村民的参与积极性，最重要是让他们对自己的家乡有骄傲感。在台湾，硬件建设的投入基本上来自农民，政府的投入主要花在软件的建设上。如“彩稻生活节”，这些文化艺术植入的部分，全部都是政府出资。再教育部分，也是政府必须投入的。

五、乡村文创的运营模式思考

在台湾，乡创能够运营成功，第一点很重要的原因是，改造升级的乡村旅游得到了政府的支持。当时的客家村是全县倒数第二穷的农业村，这样的乡村在大陆很常见。什么都没有，找不到一个话题。客家村内常见的桐花树，每年 5 月开花后，花瓣掉落易腐烂黏稠，造成路面湿滑，造成村民的讨厌和困扰。但是引进设计师调研发现后，桐花纷纷飘落下来太浪漫了，就像下雪一样，可以弥补台北不下雪的缺憾。所以当地领导得到这个创意，引入了影视偶像剧拍摄，和设计师合作把桐花变成了品牌，把不起眼的豆腐干变成了高档礼盒。用塑料袋包装的客家肉饼，可以送领导，不仅符合八项规定，而且绝对不会超额。对于一个地方旅游伴手礼的建立，我认为客家桐花是经典，采取的是桐花恋人主题，礼盒上面将当地特产全部都介绍清楚了。还有樟脑油瓶装改造，经设计师包装后立刻成了高档产品。游客买了这个产品，经过口碑传播，会吸引越来越多的人来客家桐花节。以桐花为主题，设计师还做了一款客家温情桐花变色杯，杯子里是热水的时候是一个颜色，是冷水的时候又是一个颜色，温水的时候又换了一个颜色。设计师用这个概念告诉游客，到这个地方来，你会得到不同的温情体验。这个计划实在太成功了，使得关于吃的、穿的几百个小的传统品牌全部得到了提升，还把一个客家庶务的品牌，也打造起来了，叫做“哈客”品牌。这种模式在贵州遵义，甚至整个贵州省都适用。

通过打造一个主题品牌，把其他整个打包了以后，进行国际行销。依照这种模式，客家桐花节的产品在国际机场有专卖店，全部接受国际订单。旅游伴手礼，在台湾落实的结果，是透过设计跟创意的手段，“反客为主”，旅游伴手礼行销全世界，反过来产品也赚到了产值。

第二点是政府利用公共预算购买设计服务。因为设计服务，大企业和中小企业小农产品都不太愿意买单，所以只有政府投入。在设计服务中，政府不仅要打造品牌，进行包装，还要改造整个生产流程。比如要有绿色生产流程，就要考虑有机，要没有污染，要小包装，要小量。通过这种方法可以提升产品附加值，解决产品供给浪费、价值低廉的问题。

第三点我觉得是大陆的强项，即“互联网 +”的机遇。因为有阿里巴巴村淘工作站、腾讯为村，还有很多机制，可以通过订购再生产的方式控制产量。乡村旅游伴手礼的核心是里面的好故事，只要有好的故事，在大陆很容易打通生产线。再利用“互联网 +”的机遇，就可以激活一个乡村，而不需要投入很多资金，进行具有污染的大型建设。

另外一个我非常推荐的概念，是观光工厂。因为很多村子的所在地都会有一些小的产业，不管是手工业，还是生产业。在台湾，它们跟民宿、农业结合得非常好，发展出了农业观光模式，将农业体验和科普教育融为一体。广兴纸寮，是关于蔡伦造纸的一个小科普馆，大人、小孩都可以去里面体验造纸术。科普馆做了一个科技创新——做出可以吃的纸，把当地所有的农作物统统都变成可以吃的纸，有玫瑰花做的纸，辣椒做的纸。很多游客在 DIY 完了以后，疯狂体验可以吃的纸。纸是最好的旅游产品，因为完全不占位置，游客疯狂大采购。广兴纸寮跟京都合作，做出了一个五彩的健康养生火锅汤的纸，已经申请了专利，现在行销全世界，其中来自日本的订单最多。两个大学生为了将中药推广至全世界，他们得到广兴纸寮的支持，合作研发了救命纸的设想，把适合春夏秋冬四季喝的中药养生茶，变成了一片一片的纸，把它包装成一个个书签，然后整套包装一本书册。在很有文化概念的村落，出几款这种概念商品，通过这个商品能将当地的历史、文化很好地传达给游客。

高雄大树乡的1300艺术中心，是一个陶瓷观光工厂，真正的制造设计也都在里面。其创始人是陶瓷家沈亨荣老师，他可以做出365度供观赏的陶瓷。艺术中心开设了科普教育课程，大人、小孩都可以来体验陶瓷制作艺术。艺术中心里，有沈老师用高超的陶瓷技术做出的一个非常漂亮的陶瓷树，户外庭院是用陶瓷打造的。沈老师还给用当地食材做的料理餐宴设计了富贵牡丹盘，每个去的人都觉得很棒，物超所值。当艺术家到了一个地方，既把它当成他的生产基地，又把它当成观光工厂，艺术家会给整个地方带来非常大的效益。基于此，我认为观光工厂成功的要素有三点：第一，农产品深加工研发技术跟创意升级，这个部分是很重要的。第二,参访民众的DIY体验。第三是观光旅游的路线的配套规划。

中国台湾的民宿，不完全像日本那种形态，也不是像大陆做得如五星级酒店一样。比如金门早期破破烂烂的闽南式建筑，经过修复后很漂亮。虽然当地政府出资投入硬件修复，但装修后的房子并不奢华，反倒给人一种温馨感，里面每一个设计都有特色，配有现代化的服务设施。如何能做到兼具这两点？因为在台湾很强调一点，也是关键的一点，虽然这个事情是政府主导的，可是实际营运民宿的不是单一的一家酒店，而是让原来房子的主人和当地住民拥有经营这家民宿的第一优先权。村民要想经营民宿，除了必须自己投入以外，还要接受营运管理的课程。很多年轻人原本都在台湾求学工作，结果因为这个计划，他们很多回乡参与到民宿经营中来。课程上，专家会从铺床开始教起，教怎么销售，怎么营运，政府会帮着进行定价。在台湾只要有政府介入的部分，就会控制价格，不会让价格卖得过高，但也不会过低，让它破坏市场。所以根据台湾的体验民宿，大陆可依照台湾金门县这种价值跟服务倍数升级的农家乐来进行改造。我去过大陆一些农家乐，一晚只收 20 元，我觉得环境好到收 200 元都没有问题。为什么没有这样呢？因为它的女厕所没有门。以金门民宿为例，我们当时所谓的标准化，是提供基础的设施设备和设计师人才库，告诉村民如果要设计，就去请设计师，政府会协助你得到一个非常合理的价格。在这种情况下，做出的设计既有个性，又会得到大家的普遍认可，水平也不会太低落，可以达到一般的标准。在设计过程中，设计师、艺术家和村民互动，可以彼此激励学习。

所以中国台湾比较容易成功，不仅是因为有信用合作社，我认为最重要的原因是我们的体系不同，我们很多的发展并不是政府直接交给一个大国企。现在大陆在处理农村问题时，将它交给企业，就算国企也不愿意买单。所以比较好的模式，我的推介是台湾这个模式，政府编一些预算，这些预算并不是用于硬件的改造，而是用于专业软件的设计和各方面服务的购买。这些服务行政委托给公协会、企业、基金会等，他们有不同的专业，如设计、规划、运营、教育等，然后来做顶层设计、人才培养、产业孵化、公共服务四项事情。这些都做好后，再把当地的特色文化挖掘出来，那么农民也可以变成企业家，投资在镇上的小商业、企业，甚至大企业，因为他知道了怎么算投资报酬率。中国台湾过去二三十年的乡建取得成功就是靠这个。以前在服务部门工作的时候，我一年投入软件跟硬件的费用比是 1∶1，我每投资一元做硬件建设，就会投入一元做软件建设，如节庆活动、教育各方面。

我认为古村改造项目要成功，必须仰赖专家团队、活动策展、乡村创客，跟原住民的携手合作，透过政府政策扶持和财政引导才能达到真正的活化和再生。乡村古村的活化、地方文化的挖掘、文创产业的复兴就是重塑所有中国人、华人心灵的故乡。

农教文旅融合的乡村产业发展模式

要雁峥
田妈妈投资公司 CEO

农教文旅融合，即农业、教育、文化、旅游的融合。这次的中国乡村复兴论坛日照山海天峰会给我的感触特别深，于农教文旅而言，是一个非常好的交流机会。从场内四百名代表的参会状态，我强烈地感受到了中国乡村复兴论坛给乡村建设带来的活力、给乡建未来传递的信心。

一、反思：对情怀的成本没概念

现在有很多人关注乡村建设，关注乡村旅游，有做民宿的，有做农业景区开发的，还有做文创的等。我曾经在不同的场合分享过这样一个观点：在乡村建设领域，我们所谓的“大咖”、专家，可能只有赶上开会才意识到有大咖、专家头衔，开完会他们就远离了头顶光环，回到了田间地头，这与其他领域绝然不同。这就是乡建人的情怀。

乡建人大都有情怀，可有多少人真正思考过“情怀的成本”？当情怀投入之后，又有多少人想过它未来的结果是什么？很多人都是在没有这个概念的时候，一头扎进去，慢慢才发现，自己登上了情怀的头等舱，30 年以后可以到达终点，也许 30 年还算快的。原来理所当然以为情怀是有产出的，投入之后才发觉价值转化的过程如此漫长。比如日本、台湾有许多精品民宿，运作了二三十年，甚至更长时间，才积累沉淀下来。国内也有一些成功的民宿项目，大都是付出了长期艰辛、经历了数次阵痛之后的佼佼者。下一步有没有可能在短短的三五年内打造一个真正的精品项目？这是我们需要思考的问题。

二、情怀是一项伟大的事业

对于乡建人来说，不管是政府、企业，还是个人，要去尝试一件与土地、乡村休戚相关的事情，要去思考它未来的发展，寻找答案的过程是复杂而艰难的。我的观点是：要么不干，要么干了再说。

情怀是一张单程票，是一项伟大的事业，就看怎么去经营。我们现在做的事情，包括举办论坛，就是让更多人对情怀有一个理性的认识。否则，可能会走更多弯路。在耗费了大量时间、精力、成本去投入一项盈利不可知或者短期内看不到成果的一项事业的时候，其结果是尤其脆弱的。

不久前，有一家大型企业，计划在国内运作一个与自然教育相关的项目，我为他们分析了项目运作的优势和劣势。当时的原话是："你们的优势是太有钱了，劣势是除了钱能解决的事情，其他的都做不了。为什么？第一，人，你们没有，你们的团队都是眼睛里面"冒血"的，干不了我们这种情怀的事业。第二，现在到了一个什么时代？不是再去大肆圈地，不是再去搞大规模建设。我们需要的是团队，是运营，是品牌、IP、文化"。

乡村复兴需要的是品牌、IP、文化等所有点子的汇集，凝聚成情怀这项伟大的事业。这也是历届论坛成百上千名参会代表聚在一起，寻找乡村复兴之路的原因和目的。

三、"田妈妈"的情怀——亲子农业

通过微信或者其他渠道，一些人对"田妈妈"已经比较熟悉了。田妈妈是一个专业型亲子农业创新品牌，其实这个品牌打磨得还远远不够，只是大家很认同亲子农业这件事情。

我有一对双胞胎女儿。我做田妈妈亲子农业的初心，是为了让孩子们有一些可以去玩耍、去体验的地方，这就是我所谓的情怀的起点。2014年，我们在北京郊区租到了一块地，一块在北方任何农村都能看到的平常的土地。在这样一个地方，可以做什么样的事情？当我带着女儿到了这个毫无特色的地方，她们在地里玩了一整天。玩什么？就是捏泥巴。后来我问她们："如果下次还带你们来的话，你们来不来？"她们特别兴奋地说还要来。我曾经带孩子到过国内外很多地方，带她们体验过很多所谓"高大上"的亲子产品，其结果远没有带她们在荒郊野地玩泥巴令我震惊。我深深地感受到了自然土壤与亲子教育的紧密关联，这也进一步激励了我最初的想法。

为什么提出"亲子农业"概念？为什么要让自己的孩子和土地亲密接触？原因在于，城市发展不可避免地导致"自然缺失症"加剧，下一代的"指征"已经非常明显了，在未来我们将面临更多这样的问题。让孩子们真正回归土地、回归自然，就是最好的"治疗"方案和成长状态。

有了想法，就要去做。当然，理想很丰满，现实却很残酷。在一块贫瘠的土地上怎么创造出我们想要的价值？按照以往十年的旅游规划运营经验，我习惯性地以为这件事情很简单，比如要在沙滩上开发度假村，做得轰轰烈烈，这个很简单，因为我们都看过范例。但是这块土地没有建设用地指标，没有任何参考样本，不能按照惯性思维做项目，我们遇到了很多问题。我们当时在地里搭了三个帐篷，一段时间内这三个帐篷就给孩子们提供了活动空间。后来我们发现不管是帐篷，还是木屋，或是石屋，都不重要，重要的是整体环境给孩子们创造了什么样的内容和体验。

1. 稻草垛

田妈妈亲子农业的第一个尝试，就是做一个草垛。我们这代人小时候大都经历过在草垛上、麦田里奔跑，这个看似普通的草垛给人一种怀旧的感觉，连家长们都愿意和孩子一起攀爬体验（图 1）。

图 1　稻草山上"妖怪"多（图片由"田妈妈"提供）

这么一个广受欢迎的草垛，制作过程却经历了一番挫折。首先面临的难题就是用什么草来堆垒。我们尝试过麦草，硬度不够。后来从山东拉了一车干稻草，卸到地里就是一摞摞零乱的草堆，而且每摞都很大，抬不动，还不能打开，一打开就散了。怎么把这些干稻草堆砌成草垛呢？要堆砌得结实，要修剪得安全，要处理每两摞稻草之间的缝隙等，我们几个人不断开会，绞尽脑汁想着怎么解决这些难题。

草垛实现后，孩子们都非常喜欢，效果特别突出。有家长来了以后说这个草垛扎人，却从来没有听孩子说过，他们的第一反应是光着脚丫不顾一切地冲上去。对于孩子来说，他们需要在自然的环境里自由自在地奔跑，而我们这一代人已经脱离自然太久，思想被禁锢的时间太长，已经到了需要被改造的时候。

2. 玉米帐篷

举一个玉米帐篷的例子。赶上玉米收割的时节，想象中我们可以搭一个很可爱的小帐篷，让孩子在里面过家家、捉迷藏（图 2）。

图 2　玉米帐篷里捉迷藏（图片由“田妈妈”提供）

这个想象中的玉米帐篷简单吗？只有开始搭了，才知道困难在哪儿。刚收割的玉米秆很软，怎么把它围合成一个帐篷的模样，结果两个成年人足足干了一天才搭建起来。当我们没去做的时候，不免觉得简单。当开始做了之后，才会真正面对方方面面的问题，要考虑安全，要考虑舒适等很多因素。当然，我们最后还是做了，效果非常好。

玉米帐篷是就地取材的案例，之后我们创作了大量的 DIY 产品，思考怎么利用土地上一些简单的素材，挖掘出它们的价值。

3. 合影墙

再举一个合影墙的例子。田妈妈最初的场地很简单，没有专门为孩子搭设一个可供停留、合影的背景或舞台，因此计划做一个自己的合影墙。当时也做了一些方案，成本预算最低的是七万元。这笔钱最后没有花，是因为我们的员工主动扛着铲子做了一个想象中的主题景观——搭设了一个半高不高的台面，“田妈妈”三个字是用玉米拼起来的，在台面摆放了许多丰收的瓜瓜果果（图3）。所有孩子和家长每一次到这个地方，都会留影。这是一幕特别精彩的场景，我觉得这是触动心灵的珍贵片段。

图2　田妈妈的合影墙（图片由“田妈妈”提供）

因此，我们最早的项目就围绕玉米为主题，做了许多与玉米有关的产品和服务，比如玉米沙滩、玉米迷宫等。当我们去做跟孩子相关的事情的时候，先是转化自己的思维，将惯性思维和固定想法放空，改用孩子的视角，考虑孩子的需求，结果才能受到孩子欢迎。

四、亲子农业升级版——农教文旅的融合

2014年的各种尝试应该是我放飞情怀的最佳状态。整日泡在农场里，晒得特别黑，我坚信自己找到了想做的一些事情。虽然我至今仍在不断

地去尝试，但现在是另外一个多元角度。我相信农业、教育、文化和旅游的融合是乡村旅游和休闲农业很好的一个出路，它不是唯一的出路，但它是有效的出路。

我们看到了太多的项目。为什么现在70%的特色小镇都是旅游小镇？旅游是一个综合能力最强、整合能力最强的产业，旅游的带动性也是最大的。在大批的特色小镇项目中，想要快速地落地和催熟一个产业可能很难，但是围绕旅游并在此基础上做增项是一个快捷的途径。当然，现在的旅游已经不是传统意义上的旅游了，如果没有优越的自然资源，怎么打造一个旅游目的地？如果在一个贫瘠的土地上，在一个没有任何特色的地方，怎么植入它的业态？教育是一个优选方式（图4）。

在美丽乡村建设的大趋势下，乡土、乡情教育未来将成为小学、中学到大学的必修课。这意味着什么？意味着每一个地级城市都会有几十万甚至几百万人的受众。在这个群体里，我们找到了一个市场，找到

图4 蘑法森林，一片废弃的林地通过田妈妈的创意焕发生机（摄影：杨洋）

了一个方向。能不能把这些受众对于乡土教育的需求，在我们的项目里面消化掉？这里所谓的项目可以包括农业教育、一些创新 IP 的打造、特色农产品、农业文创产品等其他元素，如果往这个方向再延伸，还会有更多丰富的形式。比如中国乡村复兴论坛日照山海天会场的露营地，是不是可以在现有的产业基础上，将海洋科普、营地教育之类的概念装进来，以此它可以很快地和教育市场、家庭市场形成紧密衔接。家庭市场是未来所有旅游、文创项目中最大的抓手，得家庭消费者得天下。那么家庭消费中又有 60% 都是要带孩子的，不管是什么样的需求，孩子会形成家庭消费的一个巨大牵引力。

1. 围绕家庭消费的农教文旅融合

有这么一个真实的故事。我的一位朋友，小两口要买一辆车，已经订好了奥迪，结果孩子说喜欢沃尔沃，最后就真换成了沃尔沃。这就是孩子的牵引力，孩子可以决定家庭消费的很多因素。

我们大概调查了北京地区的一些消费现象：以带孩子的家庭市场为例，短距离的外出消费至少二三百元，其中仅用餐这一项可能就一二百元。如果是郊区活动，有亲子度假住宿功能的消费项目，在北京周边至少上千元。有一些主题性更强亲子住宿，需要两三千元。再以学生市场为例，以前学校很少组织学生参加校外活动，现在慢慢开始鼓励学生外出，进行社会实践活动。

国内有很多地方，投资了很多大景区、大项目，硬件设施已经具备，怎么引人关注？怎么让这些关注的人有一个愿意消费的理由？从教育融合的角度，围绕家庭消费、亲子度假等多元化体验，将原有项目的内容充实起来，形式丰富起来，实现的最终效果一定要好得多（图 5）。因为，融合了农教文旅的创新型项目，与传统开发型项目最大的不同，就在于项目更具备实现的可能性。

图 5　探秘森林中的蘑法小屋，原来是为宝宝们准备的绘本世界（摄影：杨洋）

2. 创新 IP 拉动农教文旅的融合

再举一个湖南某产业园的案例。当地的一个标志性农产品是花猪，我们以小花猪为主题形象，深度挖掘了这个园区的 IP，让小花猪撬动了整个园区的产业升级。

2016 年开业的时候，我们做了一场亲子农业峰会。三个月的时间，将原来以一产和少量二产为主的一个园区，做了四个板块的调整，做了一次更新，增加了一个小猪运动会、小猪广播学院、小猪餐厅和小猪乐园。比如与小猪共进午餐、看小猪赛跑等项目（图 6、图 7），很多孩子就是为了这样一顿饭而来，愿意这礼拜来了下礼拜还要来。经过两年的运营，这个园区已经变成了一个花猪小镇，正朝着特色小镇的方向健康运转。

目前国内的农业是低端消费的行业，乡村的概念大多是贫穷和落后。乡村固有的农业资源能不能转化成为一种消费价值？怎么转化这种消费

图 6　和小猪共进午餐（图片由“田妈妈”提供）

图 7　看小猪赛跑（图片由“田妈妈”提供）

价值？它不是一步到位的，资源转化越来越缓慢且艰难。如果没有世界瞩目的顶级资源，怎么实现资源转化？方式可以是从资源到内容的一种转换。那么，内容是什么？就是创新的IP，是如何通过创意，将原来看似没有前景、没有价值、很普通的一些资源打造出亮点，让它“活”起来。比如山东有很多地方，原来的果树不种了，原来的田地统统刨掉，跟风造项目，这些十年二十年前的做法，如果今天还这么做，以后再这么做，那就是彻底失败了。

我们正处于一个信息爆棚的时代，看到别人都在做什么，首先要考虑自己有什么。如果自己什么都没有，就盲目跟风，那肯定是不接地气的。但如果有类似的元素，就一定能创造价值。换一种说法，没有猪可以做羊，没有蔬菜可以做水果。台湾有些项目种草莓、种大葱都能做出品牌，我们为什么做不了？农业的空间非常大，所有的元素都可以做成一个IP，拉动农教文旅的融合（图8）。

图8　田妈妈的小工匠课程，和妈妈一起体验小小木工（摄影：杨洋）

五、农教文旅融合的乡村产业发展

在做农教文旅融合的项目时，真正要做的事情，一个是了解固有的资源，不管这个资源是优质的还是看似劣质的，都要考虑怎么转化这个资源，解决功能需求等问题。另一个是“强 IP 快启动”，在未来的投资属性里面，IP 研发一定会起到非常关键的转变作用。

田妈妈农教文旅融合的发展理念是：轻设施重运营，浅开发深研发。对于到底怎么去落地、怎么让它产生实际运营价值的问题，实际上，落地很简单，运营也不难，但是从运营到盈利，绝不是一件简单的事情。也就是说，这个产业不但要落地，而且要可持续发展。

总而言之，农教文旅产业的融合，不管出于什么目的来做这样一件事情，都是有意义的。首先，从文化、教育、旅游的角度，它是乡村建设的最佳切入点，它与土地资源的不可复制性有着密切关系。其次，它是家庭友好型目的地，未来谁能够抓住家庭用户，谁能够做家庭用户的二次转化和消费，谁就最容易成功。再者，它是产业内容标配，即一个农教文旅，或是体验教育的项目，必将成为未来特色小镇、美丽乡村开发的一项内容，一定是标配。最后，农教文旅融合的产业轻重结合，风险可控。

农教文旅融合的乡村产业发展不是一堆大道理、不是一摞大数据，它是一个趋势、一个方向，它是一个很大的话题。

当情怀落地

——薰衣草森林的乡村实践之路

王村煌
台湾薰衣草森林集团执行长

薰衣草森林是一家文创公司，16 年来在台湾进行乡村实践。通常大家都知道搞文创的应该有很多很深的情怀，可是情怀终究要落地。我们在台湾与日本有 8 個品牌，分属不同的业态，这些业态刚好又紧扣乡村实践的各个可能，70% 的业态是落在各个乡村的角落，我们如何活下去，如何创造更大的一个影响力，这就是我要跟大家分享的内容。

在国小课本中有这样一个故事，说的是薰衣草森林创始人——两个女孩，一位是花旗银行的职员，一位是钢琴老师，离开了原来的工作岗位,回到乡下开启了薰衣草森林的事业。这个故事之所以在台湾家喻户晓，大概有两个原因。第一个原因是当时的台湾刚好开始了周休两日。台湾的经济发展到 20 世纪 90 年代末到达了一个高峰，人们心中有一个想要过更好生活的渴望，更好的生活并不是在都市丛林的高楼大厦里面可以过的。每个人心中都有一个桃花源的梦想，但是大家都会觉得这个桃花源的梦想要等到退休之后才能实现。突然间有两个女孩放弃了外商银行和钢琴教师的工作，走到乡下开始种薰衣草，开始田园生活，这个故事让大家非常感动，也造就了薰衣草森林不错的基础。16 年的努力让我们累积了 8 个品牌，开创了 20 多个据点。接下来我就一一介绍这些品牌。

一、薰衣草森林

创业最初我们是在山上种薰衣草森林。它需要高海拔、远离城市，所以交通非常不便。之后我们也做了有关农业、农产品加工，形成了一个品牌叫“森林岛屿”。我们也尝试把在台湾也算是保存得相当不错的客家文化融入餐饮，用文化把餐饮带到一个比较高的体验境界，而不只是美味，不只是空间，这个品牌叫“桐花村”。接下来我们又展开了民宿的板块，正如罗德胤教授提到的，民宿可能是目前在具体实现乡村复兴中做得最好的一个方面。台湾的民宿发展得非常蓬勃，整个台湾 3.6 万平方公里，大概有 1 万家左右的民宿。一家民宿其实就代表了一个美好的梦想。如果中国乡村每个地方都有民宿，其实就代表着每个地方都能够有一个美好的角落。因为民宿关照的不只是房间之内，还有环境、文化和顾客的体验。文创在乡村最终打造的其实是田园之梦，以及每个人心中的桃花源梦想，这种梦无非就是一个最幸福的状态，所以我们也在乡村展开了婚庆产业的可能性，于是产生了“心之芳庭”这个品牌。我们唯一设在城市里面的独立的品牌叫“好好”，薰衣草森林是一个“乡下人”，我们走入城市的时候，如何把这种在乡村里面的美好传递进来。我们希望抓紧两个好，一个好是生活里面的美好，生活里面的美好还不是真正的幸福，真正的幸福是我们过得很好，也要与周围的人、事物也一起过得好，这两个好就是我们好好的含义。我们从这些经验开始进入到旅馆这样的一个产业，这是整个薰衣草森林的紫色梦想。

可是，我们并不是真的是要卖一间房、卖一杯咖啡或者是一瓶薰衣草的精油，我们最重要的是通过这些外在的形式去传递我们认为非常好的普世价值，我们称之为品牌的精神。所以薰衣草森林不是卖一片薰衣草田、不是卖一杯薰衣草咖啡，最终是想卖给大家一个梦想和勇气的普世价值（图 1）。我们做民宿也并不是卖一个美好的风景、美景里面的一个房间、房间里面的一张床，而是希望通过传递人过中年以后，对于慢生活的渴望，人能够慢下来，心能够静下来的这样的一种美好感受。我们的薰衣草森林创始店在新社，位于台湾中部海拔 800 米的一个地方，这一整片森林是在没有拿到任何资助之下独立种出来的。大陆最近几年非常热衷在乡下种一大片薰衣草，一大片花海，但是花海的经营有一个比较危险的状况是花开有人、花谢无人。最重要不是种一大片的花海，而是通过经营、品牌与服务在所有来店的客户心中种下薰衣草，只要种下一株薰衣草人就会不断再回来，因为再美丽的风景可能一次就够了。我在台湾经常讲一个故事，台湾最美丽的风景之一——阿里山的日出，基本上去一次就够了，因为再漂亮的风景一次就够了，再吸引人的一定是风景以外的因素。第二家薰衣草森林是在明德，是台湾中北部一个有着传统农业的乡村，位于一个很漂亮的水库边。

图 1　薰衣草森林卖的不只是一片薰衣草田、一杯咖啡，而是希望在客人心中种下一株薰衣草，找回梦想和勇气（图片由“台湾薰衣草森林集团”提供）

二、森林岛屿

第二个品牌是森林岛屿。每个人对故乡都有一个很憧憬的梦想，希望自己的故乡变得更好，我们的梦想是让台湾的美能够融入日常。台湾是一个 3.6 万平方公里的小岛，整体的面积可能只是贵州的四分之一，而且台湾 3000 米以上的高峰有 268 座，台湾 70% 都是山地，而且山高水急，2 个小时之内就能够从海平面开车上到 3500 米的高度，可以说台湾是一个有着特殊地质和珍贵地形的地方。在这样的环境里面孕育了非常多的设计能量，所以最近 10 年来在德国的设计大赛中，包括红点奖和 IF 设计大奖，中国台湾都是全世界拿到最多设计奖的地区。台湾有丰沛的设计能量，有丰沛的制造能力。我们从工业起家，制造业非常发达。同时我们也发现，有这么强的设计能力和制造能力，但是台湾却没有生产出非常厉害的世界品牌。有没有办法通过一个品牌，将设计师的设计与制造能量结合，这是我们对于台湾的未来的一个期许。第二个期许是希望通过环境，通过植被，通过不断的努力，有一天台湾会成为中国、亚洲乃至全世界的一个森林岛屿，整个岛屿就是一片森林，这是我们的期待，也森林岛屿品牌的用心。

三、桐花村

我们的创始人詹慧君小姐是客家人，从小在传统的客家聚落长大。她的母亲就是在当地市场卖传统的客家美食。当她有能力创建薰衣草森林的时候，她很想告诉她的母亲，我们的客家文化非常深厚，我们的文化可以站上世界，所以这是她自己的一个梦想，我们也帮她实现了，把客家文化变成一个非常棒的餐饮元素。

四、心之芳庭

接下来这个品牌是“心之芳庭”。我一直记得我们的老祖宗 2000 年前在黄河流域这样唱："桃之夭夭，灼灼其华，之子于归，宜其室家。"意思是说女儿要出嫁了，长得像桃花一样灿烂，出嫁以后定能兴旺夫家，这是一种美好的祝福。可是经过 2000 年的努力，中国人的婚宴还是有点落后，在台湾也是这样，我们会吃得很好，吃得很饱，吃得胆固醇过高。一个美好的婚礼，两个人因爱结合，可是如果因此造成生灵涂炭是非常不可思议的事情。婚礼是一件最幸福的事，薰衣草森林也是一个幸福的品牌，我们能不能把两者结合？于是在 7 年前，在一个乡村的小山上我们开启了心之芳庭这样一个事业（图 2）。我们是亚洲第一个拿到碳足迹认证的婚礼、台湾第一个坚持不卖鱼翅燕窝的宴会场所。这几年我们大概保护了 1 万多条的鲨鱼，因为没有需求就没有杀戮。在台湾平均一场婚礼的碳排放是 14.5 吨，通过上下游的整合与设计，我们推出了亚洲第

图 2 "心之芳庭"相信婚礼不只是吃一顿饭，而是承诺与祝福的美好。以食的初衷，将亲友对新人的祝福，转化成对大地的祝福（图片由"台湾薰衣草森林集团"提供）

一个绿色婚礼，碳排放只有传统婚礼的 1/16，850 公斤。心之芳庭是我们想通过一个最浪漫的品牌，用最漂亮的糖衣引领消费朝一个更好的方向走。这个也是我们目前非常重要的一个品牌，郊区可以办婚礼，而且人潮络绎不绝。

五、好好

因为我们的一位创始人在 5 年前过世，所以我们希望用这个品牌来纪念她。因为一个好是一个女子，两位创始人就是好好，代表着生活的美好以及与周围人事物的共好，所以这是一个专注于让这些努力的人能够看到的品牌。在台湾有一个地方生产稻米非常有名，就是横跨花莲和台东的花东纵谷，那里的农夫非常骄傲，这是乡村复兴里面非常特殊的直接通过产业而没有通过观光旅游而达到很好收益的地方。因为收入很好，比在城市工作更好，所以成为台湾最有魅力的乡村，收入最好的乡村。林怀民的云门舞集每 2 年会在稻田里跳一支舞，全世界的人来这里观赏，这是时尚。蒋勋老师长期住在这个地方，希望把这个地方打造成类似法国的 Barbizon 艺术村，直接从最传统农业的生产跨足国际化的艺术村落。所以在市区里面，我们把这种精神带入，好好谈的是艺术空间、微型的策展以及美好的生活，看起来像小小的城市咖啡馆，不断地诉说生产者的故事，这些努力人的故事，通过这些展览不断地述说出来。

六、民宿

我们的民宿叫缓慢，英文叫 adagio，是音乐中的慢板，唯有慢下来才能看到自己的内心渴望，这个地方是被大家所熟知的台湾一个非常亮眼的景点九份的隔壁，叫“金瓜石”。它处于一个落寞的矿区，依山面海，是一个工业遗址，非常安静，也很有特色，这是我们的第一个“缓慢”。第二个“缓慢”是位于太平洋一个面朝大海、春暖花开的地方“花莲石梯坪”，这个地方是全台湾气候最严苛的地方（图3），每年夏季会遭受多次台风的侵袭，风力常常达到16级、18级，雨量一天可以降1000毫米以上。中国台湾的历史非常短，真正的开发才150年左右，所以我们很羡慕在中国大陆有这么多的古村落，有这么多历史文化的遗迹。在花莲我们改造了一间日本统治时期留下的木造房子，日式民居变成了民宿。我们在北海道美瑛开了一家非常漂亮的民宿，是在一个4000人的小村落里，这个地方在日本被誉为“全日本最美丽的村庄”。我们直接切入了全世界服务业最难进去的日本，也非常荣幸在2012—2014年评选的全日本JALAN民宿前20的排名中，我们位居全北海道第四。在民宿的领域除了“缓慢”之外，还有一个比较轻盈的“石梯湾118”，这是台湾知名的建筑师陈冠华设计的，像一个男子汉非常苍凉地站在大海边的民宿。陈冠华大家可能不知道，他是五月天乐团主唱阿信的老师，我们现

图3　缓慢石梯坪正处全台气候最严峻的地方，仿若遗世独立的男子汉，面朝大海，勇敢地屹立（图片由“台湾薰衣草森林集团”提供）

在正和陈冠华与蒋勋老师在这个地方做一个策展，希望能把游客拉到全台湾最偏僻的地方。在台湾中部的一个森林里面，我们有一家民宿叫“绿波浪”，这是我们切入老房子改建的第一个项目。在老房子或者历史建筑的保护方面，政府真的只能做一小部分，民间如果要开始主动尝试保护利用这些历史建筑遗产或者是老房子，最重要的是如何能够把它的经济价值做出来。如果老房子比新房子有价值，老房子的民宿、旅馆比新房子更贵，消费者是比较愿意接受的，如果能够做到一个良好的示范，就能够推动广大的消费者去相信这个观念，并接受这个产品。

刚才提到台湾70%是山地和丘陵，那我们的据点大概是散布在台湾各个角落，所以我讲整个台湾是薰衣草森林的一个文创园区。我想讲三个故事来讲述我们如何在乡村实践，三个故事分别发生在三个不同的地方，这三个地方都非常的偏僻。第一个故事，小芳写了一段话说想买小房子给全家人住。小芳的女儿读小学四年级，叫刘欣宜。小学四年级应该是天真烂漫的年纪，可是她的梦想是当发型设计师，这个不太像小学四年级的梦想。她的妹妹叫婷婷，小学二年级，她的梦想是开一家冰激凌店，因为对一个小女孩来讲，冰激凌应该是一个最甜蜜最好吃的东西。他们的妈妈是一个从越南远嫁到台湾的单亲妈妈，先生过世了，在一个小村落独自抚养两个小孩，外籍新娘在台湾也是一个弱势群体。另一段话是一位不会写字的老奶奶，她请画画的人帮她写下愿望，她的愿望是希望两个孙子早点长大，乖乖读书，长大后好好做人，可以为社会服务。她只会用不太漂亮的字签上她的名字，老奶奶叫王鄂碧绣。这个故事不是想表达单亲家庭或者隔代教养问题。这个故事发生在台湾南部的一个山上，8年前莫拉克台风侵袭台湾，这个地方一天之内降下了2000多毫米的雨量，这个数据是某些地区一年或者两年甚至三年的雨量，在24小时之内降下来。有一个村庄叫小林村，500多人全部被土石淹没。

台湾很进步，台湾的乡村也很棒，但是台湾也有很多的自然灾害。我们跟一个艺术学院刚毕业的一个女生，我们请她用半年的时间帮村民画了500张画像，写下他们的愿望，然后作出的展览。这个女生说她只会画画，她希望通过她的画看到新的力量，希望灾区这些小村庄，能够用这个力量一步一步地把它走出来。甲仙是台湾受自然灾害破坏完全被摧毁的村落，我们在这个村落也开了一家店，陪伴他们五年。这五年他们一步一步走出来，这个村落小学只剩下100个学生，整个村落只剩下1000个人。原来的年轻人、有能力的人都离开这个地方，里面所有的产业都断掉了，留下离不开的老人、小孩还有以上提到的外籍新娘，在这边养育我们的下一代。有能力的人都放弃了，都到城市里面来了。只有一群人不放弃，那就是小朋友。甲仙国小的拔河队连续五年拿到全台湾的拔河冠军，因为拔河只有一个道理，就是把绳子抓紧，绝对不放松，就有机会赢，只要手一松开就会输。一个复苏的社会也一样，遇到困难的乡村仍然有机会有能力再站起来。

第二个故事是在我们的创始店——薰衣草森林的新社店。这是在一个海拔800米的乡村，整个村落只有20户人家，传统的农业聚落。如今薰衣草森林一年可以引进30万名游客。我们在16年前开启了薰衣草森林，13年前我们把原有的槟榔树砍下来，直接种上新的森林（图4）。我父亲是一名农夫，我跟父亲讲，我們这两代人把环境搞砸了，但是土地不会记恨，我们重新在这个土地种上树木，好好地养护，10年以后这块土地曾经的美丽会回来。我们在这个森林里面做自然农法，它是最严苛的农业，甚至连有机肥除虫剂都不用。我们希望村里的小伙伴们自己耕耘种菜，我们的伙伴大部分都是比较弱势的小孩子，从大学就开始半工半读，留在乡下工作，这些小孩子如果相信善意会变得非常好。“心之芳庭”的处长，是一个传统的半工半读的女孩子，我上个礼拜刚参加完她的研究所毕业典礼。她40多岁才从研究所毕业，证明一个传统乡村的实践不只是商业、环境，还有关于人的价值的重建。

图4　十几年前，薰衣草森林在新社砍掉槟榔树，种下8000棵树，包括柳杉、油桐、乌心石等，成功复育整片森林，找回梦想和勇气（图片由“台湾薰衣草森林集团”提供）

缓慢都是在偏僻的角落，偏僻的角落都会有很多问题。另外一个故事发生在台湾阿美族的一个传统聚落里。30年前村民们因为交通不便，开始在海边种稻米。30年后这些稻米都荒废了，因为村里的年轻人都到城市里当建筑工人，去求职就业。但随着产业结构的转换，他们失去了城里的工作回到家乡，重新种植荒废的稻田。可是怎么销售？一间民宿就会帮助几十公顷的稻米的振兴，因为客人们来到这里需要吃饭就餐。我们在这儿民宿有15个房间，每天可以接纳30位客人。回到城市的时候，他们可以想起曾经住过的一个地方，那里有人非常认真地种稻米，所以通过一个民宿的努力能够给稻米做销售。夏雨清老师也提到，通过民宿带动的不只是住宿旅游，还有农产品跟产业的振兴。台湾的阿美族是一个非常有艺术气息的地方，所以我们邀请了阿美族的艺术家，包括连续3年在英国爱丁堡艺术节被入选的艺术家优席夫，回到乡村，告诉小朋友拥抱我们自己的文化，有一天你站上世界的舞台，你就是世界的中心。这是由农业、艺术民宿所做的一个故事。

第三个就是甲仙的故事。5年前我们到一个只有1000人的小村落开一家一定会亏损的店。我们遇见的第一个情况就是有没有人愿意回到自己的家乡，所以我们邀请年轻人，寻找归乡人回到自己的家乡去耕耘。做的东西不只是卖咖啡，不只是做一间小小的店，而是让小朋友知道你在这里努力是有贡献的，有帮助的。所以我们办了志工假期，上个礼拜我们派了10位伙伴陪他们毕业典礼三天。让他们相信即便是在台湾号称最不幸福的地方，依然有一个幸福的企业，愿意陪他们走很久。

为什么是这样想？因为下一个阶段我们要把这个地区结合全世界最大的Air B&B以及我们的品牌“好好”，做一个甲仙光点计划。没有政府的经费，我们通过群众募资，邀请了Air b&b，用全球的视野与观点推荐讲英文的人到台湾旅行。有时候把梦做大一点，就能够找到一个更好的平台。如果说能够把这个地方变成不只是中国人，还有全世界的人都可以来的地方，即便是每一千人只有一个人喜欢，全世界70亿人，千分之一也是一个多么大的市场。

整体的实践也是我们对于商业上的理解，从外表看这是一个集旅馆民宿酒店餐厅的企业。要在乡村做事情，其实更困难的情况就是，我们要会经营民宿、餐厅、咖啡馆，还要会经营特色商店、农业产品，这是硬实力。可是除了硬实力，最重要的是有没有软实力。把故事讲好、把美学设计好、把文化诠释好、把感动讲够、讲透，这是所谓的软实力。

所有的旅游业有一个非常大的问题，就是顾客没有忠诚度，很多事情来一次就好，供给太多，所以我们希望去更多、更远、更漂亮的地方，可是在商业逻辑上不能这样。在商业模式上如何建立一个高回客率，这是在乡村产业里非常重要的一件事情。虽然我们在追求更好更快的刺激，但其实每个人心里都有一个很软、很温暖的地方，那就是善意。乡村产业最终其实是一个社会意义与价值传递的事情（图5），旅人、客人来到这里不是一个刺激见闻增广的旅行，其实心中都留有一个善意，如何把客人心中的善良诱导出来？我们谈善意旅行，通过与在地共好，这样才能把第二层的软实力发挥出来。所以说，乡村实践其实需要具备这两种能力。

图5　薰衣草森林2001年创业至今，始终感谢天地的给予、人们的祝福，并带着初衷，继续成为更好的人（图片由“台湾薰衣草森林集团”提供）

七、结语

有没有一种企业，不只能够获利，也可以成为地方的骄傲；有没有一份工作，不只可以养活自己，也可以创造生命的热情；有没有一种心念，从善良出发，历经时间考验，依然闪耀光芒。这是我们一直在走的。用我们创始人的一句话做总结：“我只是一个钢琴老师，我从来没有想成为一个企业的经营者或者一个集团的拥有者，今天拥有的一点点成就，都是天地的给予和人们的祝福。”

电子商务让乡村更美好

陈民利

合肥半汤商学院院长

美丽乡村建设有三个愿景：一个是生态修复，让鸟儿回来；另一个是文化回归，让民俗回来；还有一个非常重要的就是人的回归，让年轻人回来。人永远是社会发展进程中的目的。乡村环境美化实现的是宜居宜游，产业发展实现的是宜业，最终让乡村实现“宜居宜游宜业宜享”的目标。围绕这样一种价值追求，我们在乡村建设过程中，需要研究如何打通乡建与电商之间的链接，从而构造乡村重建的系统工程，通过电子商务让乡村的产业重塑、产业复兴，实现乐业安居的理想。

一、当乡建遇上互联网

今天的乡村建设中，有一种现象不能回避，那就是乡建遇上了互联网。2017 年，我国网民数量超过了 7 亿，2016 年网络零售规模 5.16 万亿，占社会消费品零售总额 12.6%。人们日常购物的方式、交流沟通、工作互动的方式已经离不开互联网，甚至连偏远的乡村都可以通过网络与外部世界链接，这就是今天的网络化生活。所以说：当乡建遇上互联网，电子商务成为标配。下面分享几个案例。

江苏省沭阳县主要种植花木，有一些资源优势，以往都是靠经纪人销售。2013 年开始通过网络平台，将盆景、花卉等花木销售到全国各地，同时大力开展网络创业培训，推行“花农上网”和“农产品网上直销”

等模式，2016 年该县网上销售额达 40 亿元，花木销售额占半数。当地村民还将稻草、竹子等原生态的产品加工售卖，迎合城市人、远端客人的需要。老年人在家里做手工生产，年轻人在网络上发布产品信息、推广销售，形成一种非常和谐的产业链关系。另外，随着乡村旅游逐渐成为乡村复兴中非常重要的一个产业，很多好的食材、农特产品、风景区等开始吸引城里人，这种原生态的美好材料与乡村的美丽场景形成一种和谐关系，吸引城里人进村消费，从而带动村民致富。

安徽省砀山县是砀山酥梨和黄桃主要产区。2014 年这两种水果的年交易额仅 2.8 亿元，受益于电商的巨大推动作用，2015 年网上交易额达 11.3 亿元，2016 年迅速蹿升到 31 亿元。家家户户、男女老幼都出力，形成了从“县委书记到普通村民”的全民电商现象。

山西省武乡县有一个贫困村，2016 年 12 月半汤乡学院汪老师冒着大雪去考察。发现村里一位 57 岁的大姐，通过手机客户端将自家吃不了的红豆、小米等一些特产卖到了深圳。原来这些产品在当地的集市交易只能卖到六七百块钱，但通过网络售卖的价格翻了一番。这样一位贫困村妇女，从事电商不仅让她增收了，更重要的是改变了她的生存方式，使她焕发了对生活的热情和自信。武乡县有很多五六十岁的大叔大妈做微商，今年 5 月份他们在半汤乡学院学习之后，生活状态、聊天话题以及对自我价值的认知都非常不一样了。

可以说，美丽乡村建设的主体是庄稼汉、资源是庄稼地、商品是农产品、钥匙是网络店。电商是乡村的一个转基因工程，不仅让老百姓增加了收入，更重要的是提升了自信，能够借助互联网与社会同步。大量的留守老人学会了开微店之后，就能把自家房前屋后吃不完的好产品，通过视频，通过朋友圈，让远端城市的消费者与他们沟通聊天，然后把产品寄出去，自食其力，增收致富，为政府解决了很多后顾之忧。

借用北京大学光华管理学院张国有教授说过的一段话：互联网改变了角落边沿村落和外部世界之间信息不对称状态。产品流通，包括农产品流通，首先是需求问题。不知道需求在哪里，再好的产品只能窝在地里。互联网的互联互通的功能，将封闭、落后、边远、需求范围不大的乡村，和全国和世界连接起来。互联网互需互惠的功效，让农民的生产经营有的放矢，收入增多，增添了新的经济活力。对于农村，尤其是边边角角的村落，林区、海岛、草原、高原山野、沙漠绿洲等，都可以用互联互通、互需互惠的机制，为闭塞的资源寻求机会，为闭塞的农村引来活力。信息的打通让乡村与全国、与世界各地、与时代同步，这是我们已然看到的今天的乡建背景。

二、电子商务驱动美丽乡村的产业重塑

关于电子商务驱动美丽乡村的产业重塑的典型案例，就是“乡建+电商，农旅融合”的三瓜公社探索。三瓜公社由三个村庄组成(图1、图2)，这个项目的总设计师是孙君老师。与很多乡村建设的主体不太一样，这个项目是由安徽淮商集团投资的一个美丽乡村项目。三个村庄分别是冬瓜民俗村、南瓜电商村、西瓜美食村。三瓜公社希望通过电子商务驱动美丽乡村的产业复兴。

2015年9月以前，这个村庄没有路，剩下零星的一些留守村民。合肥巢湖经济开发区领导非常关心怎么让村庄的老百姓致富。三瓜公社项目启动后，对原来的三个自然村进行了产业规划，一个是玩在冬瓜——民俗文化村，一个是购在南瓜——农特电商村，一个是吃住在西瓜——美食民宿村。在孙君老师的理念引导下，第一阶段是对村庄进行改造和修复，不拆房，不砍树，注重保持村庄的肌理（图3）。第二阶段是规划建设美丽乡村和田园，对三个村庄之外的林地、荒地进行复垦，通过种植油菜形成田园风光，恢复原始的地理风貌，通过发展休闲农业和观光

图 1　南瓜村烤茶坊（图片由“三瓜公社”提供）

图 2　南瓜村烤酒坊（图片由“三瓜公社”提供）

农业形成方圆十公里的田园综合体。第三阶段是引入淘宝、京东、甲骨文科技、淘客电商、傻瓜网及微创联盟等多家电子商务企业进驻南瓜村，通过电商驱动互联网＋一二三产融合，打造特色的农特产品交易中心(图4)。

图3　汤山书院（图片由“三瓜公社”提供）

图4　甲骨文科技（图片由“三瓜公社”提供）

三瓜公社是一个乡村建设的投资运营主体，也是一个美丽乡村建设与农旅项目，同时它又是一个农特产品的品牌。由公司成立的电商部门来挖掘地本地优质的产品，如巢湖当地的银鱼丝、花生等农特产品进行二次开发加工，包括文创包装设计、产品分检、产品包装等，然后通过网络渠道，如淘宝、京东、微信公众号、微商城等授权分销的方式进行品牌推广。同时，由于村庄美化和田园打造引来了大量的游客，有条件在村庄的路边小店放上产品作为线下体验店，形成线上线下销售渠道的融合。通过这样的方式，让本地的产品有了标准，有了品牌，可以通过互联网对接远端的市场，打开销路，倒逼生产跟进。所以三瓜公社在生产端成立了合作社，让村民做最擅长的生产工作，公司根据一定的要求进行生产管理和品质管控，比如如何规范合理使用农药化肥，培育土壤等以保证产品能够达到一定的品质要求。以目前开发的农特产品花生为例，公司将花生统购包装以后，通过网络销售，花生销量增加了，价格提高了，村民通过合作社的方式获益了，以此带动了产业链的发展（图 5）。未来将开发更多系列产品，有待更多的合作者共同挖掘培育。

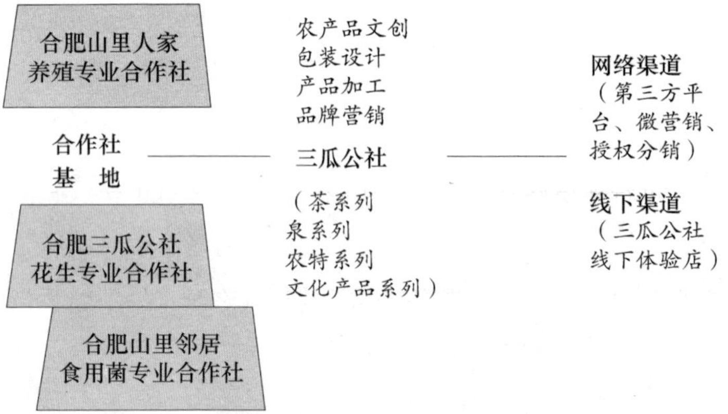

图 5 三瓜公社探索模式

简而言之，三瓜公社采用线上网络店结合线下体验店的方式拉动农特产品销售，解决村庄产业发展问题，其目的就是解决人的问题，我们称之为乡创带动农创，“特色双创，让年轻人回家”。在乡村复兴的道路上，通过吸引一批新农人入乡创业，搭建产业平台，引导本地的年轻人和在外打工的年轻人返乡创业，由这两批人共同搭建的平台衍生产业链，让本地村民参与到产业链中，发挥他们所长，从事农业生产、产品加工以及乡村旅游等工作。这些工作，解决了年轻人回乡的问题。

三、农旅融合实现产品电商到场景电商的转化

三瓜公社的案例让我们看到了乡建系统工程中发展电子商务的重要性及其前景，而在乡村场景中发展电子商务，正是从农产品电商到场景电商的转化。城市人需要精神上的乡村，美丽乡村营造了一个非常好的场景，从城市走向乡村的过程中，游客来到好山好水好村寨，体验好山好水好人家，在乡村感受有温度的产品和故事，形成了对产品的信任。这种信任与网络上简简单单地卖一个图片是不一样的，而这正是今天消费者最需要的。那么，如何去满足消费者的需要？如如何实现产品电商到场景电商的转化？农旅融合是路径（图 6、图 7）。

农旅融合首先是让美丽乡村成为旅游的场景和观光点。保持村庄肌理，进行环境修复，还原村庄脉络，恢复乡村生活，保持自然的调性，便使村庄具备了最佳旅游目的地的特质。农民自然而然形成了一种跨界，从原来从事农业的生产者，跨界为从事旅游业的服务者，以待亲戚之道迎接游客，成为村庄里最好的导游和管家。各种采摘、体验农事活动，让农业成为旅游者的体验点。在乡村，农旅融合为一体。

从三瓜公社的发展来看乡村产业重塑，互联网＋一二三产融合实现

图 6　南瓜村场景（一）（图片由“三瓜公社”提供）

图 7　南瓜村场景（二）（图片由“三瓜公社”提供）

的途径是这样的：三产是驱动器，包括了电子商务的交易、服务以及农旅、商旅与文旅，由这个发动机带动产品的生产加工、品牌化，然后带动一产的种养殖等生产。具体需要两个系统，一个是硬件系统，即乡村要接入互联网的硬件设备；另一个是构造互联网的软件系统，即智慧系统、大数据系统，由此来实现一个整体循环（图 8）。

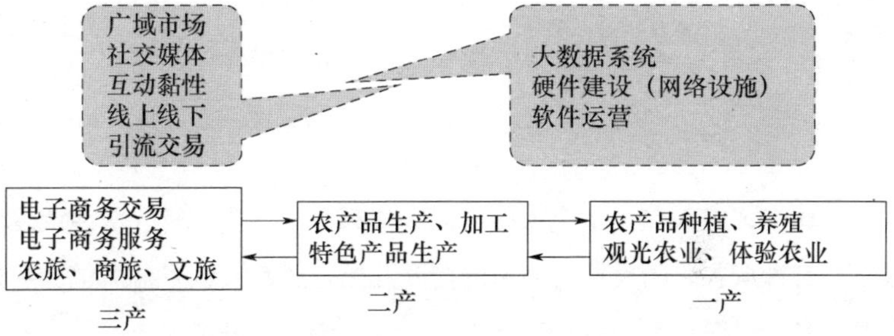

图 8　互联网 + 一二三产融合

电子商务何以让乡村更美好？第一，消费升级，今天的旅游正从大巴经济转向小车经济，从观光旅游转向深度体验，人们渴望到乡村呼吸新鲜的空气，放松心情，回归自然。第二，在自媒体时代，分享就是营销，分享就是渠道，分享就是流量入口。一个朋友圈的分享，就能不断地进行裂变式的传播，高点赞率和频繁互动所带来的其实是非常成功的营销，简单自然地把生意和生活融为一体。第三，乡村重建实际上是需要“村庄建设、产业建设以及人的建设”的三大体系，而电商这种新兴的方式方法可以带给乡村人一种新的理念、新的思路、新的方法以及新的自信，可以驱动产业链的发展；农旅融合可以通过系统的建设来实现物化产品与精神产品的双重增值，通过民宿、农家乐，可以增加农民的财产性收入；通过四季不同的活动，与消费者进行互动，延长产业链条，增加农民的工资性收入。最终可以实现“与农民共富裕，与农业共发展，与农村共美好”的愿望。

旅游乡建中的后乡土生活营造

李　霞
大地乡居品牌创始人、总经理
大地风景文旅集团副总经理

乡建有许多入口，每个人接触的端口都不太一样。有人从传统建筑开始，有人从农业改良和附加值的提升开始，还有人从乡村文化、乡村艺术、乡村组织制度、乡村工艺等入手，而旅游也是其中必不可少的一个端口。我之前主要从事旅游规划，致力于帮助政府或开发商为旅游产业或旅游区开发做前端的规划设计，进入到乡建领域便和这个背景有关。

一、旅游与乡村的关系

对于越来越多的乡村来说，乡村旅游已经不单单是乡建的入口，更是其出口。旅游和乡村的紧密关系从近年来逐渐递增的数字可以看出。2015 年，国务院办公厅提出如下目标：到 2020 年形成 10 万个休闲农业和乡村旅游特色村，同时乡村旅游年接待游客超过 20 亿人次，收入超过 1 万亿元，每年带动 200 万农民脱贫致富，由此可见乡村旅游的发展潜力。近年来，乡村旅游的接待量稳步提升，从 2011 年的 6 亿人次，增长到 2014 年的 12 亿人次。虽然 2015 年国家旅游局没有公布准确的数字，但有说法乡村旅游人次已经超过国内旅游人次总数的 1/3，达到 14 亿人次，所以 2020 年突破 20 亿的目标是很容易的。

中国旅游的增长也是显而易见的，2015 年中国的旅游总人数接待量达到41亿人次以上，庞大的接待量给各种景区造成非常大的压力，例如西湖、长城、故宫，站在景区里面，往往发生只能看到人而无法看到景的尴尬局面。相对于各大景区人山人海、拥挤嘈杂的状况，乡村显得更为静谧舒缓，如果有选择的机会，相信会有许多人选择将旅游的目的地落在乡村，而不是奔向景区去数人头。从现状可以看出，我国的旅游供给是存在问题的，景区的数量虽然很多，但质量非常差，除了世界级遗产和绝大多数5A景区及部分4A景区能满足游客观体验的需要之外，大部分景区只是低效的建设，所以乡村是非常重要的出口。国家旅游局提出要建设全域旅游，其中关键的一点，就是把景区游客输送到非景区地区，作为城市人当然是不愿意待在城市里的，那么在如今中产阶级崛起、全民休闲时代来临的背景下，乡村的优势就凸显出来了。

所以我们找到了旅游与乡村的关系，乡村有着山水秀丽的自然环境、健康有机的丰富物产和乡愁情怀的寄托所在，这些众多的优势足以令乡村成为下一阶段投资商开发相关产品和游客度假的优秀选择。

作为旅游消费新兴主力军的中产阶级，具有高学历、收入稳定、注重生活品质、幸福指数高等特点，他们的度假追求一定不是在拥挤的景区挤来挤去。中产阶级往往把休闲旅游当做放松身心及开展亲子教育的方式，最好还能满足圈层社交的需要。从乡村休闲旅游产品供给的现状来看，其中80%甚至更高比重的农产品集中在低端化产品，例如人均消费100～200元的农家乐和采摘园，同质化严重，且供应过剩，从事休闲产品供应的农民,无法取得可观收入。其中仅有15%的产品以品质型民宿、营地、乡村酒店为代表面向中产阶级等中高端消费群体。但就中国目前2亿中产阶级群体的需求和配比来说，这里的消费缺口无疑是巨大的。除以上产品供给之外，还有5%是奢侈产品，其中包括高尔夫球场、私人会所、度假别墅等，它们在乡村出现时间间较早，需求有限，供求相对平衡。

乡村旅游在中国已有30年的发展历史，这30年间，市场内部发生许多变化，经过总结归纳，发现共有五种。首先是形态上的变化，自1987年四川徐家大院做农家乐接待开始，三十年来除了仅仅提供吃住的农家乐外，有一些民俗村已经不满足形态上的单一，开始寻求变化，从单纯地供吃供住，发展为特色艺术村、美食村、度假区、乡村公园等。从业态上讲，由最初的农家乐、采摘园开始向更精致、更时尚的乡村休闲过渡。民宿、度假酒店等高端度假设施出现了，汽车营地、户外运动基地等休闲活动空间也出现了。从体验上讲，单纯的“住农家院、吃农家饭、干农家活”变成了体验手作、认识自然与乡土、参与乡村节日活动等更具深度、与乡村关联方式更强的体验方式。从服务上讲，“互联网+”的理念开始逐步渗透，与乡村旅游的关系愈发紧密。执行主体也从政府、村民扩大到企业、创客、艺术家等群体。多元主体的参与，成为乡村旅游模式创新最大的动因。

回到旅游与乡村的关系，我认为群众是很需要乡村的，游客厌倦了传统的旅游方式，希望能有一个自然、开放并兼具亲情的环境来放松身心。什么样的村子适合发展乡村旅游？什么样的村子需要进行旅游乡建？我们将北京密云县选为样本，经过2014年到2015年的调研，对当地乡村旅游的形态、潜力都做了调查与了解。石城镇位于密云西部，这里的旅游之所以发展得好，是因为云蒙山附近七八个景点都在周围，围绕景点发展服务是乡村旅游发展的最便捷方式。而位于东北部的古北口村，是整个密云地区发展最好的，其原因是大量资金地介入，使乡村旅游的格局发生了很大变化。通过对密云地区的调研来看，确实有一些村庄比较适合发展旅游产品和项目。

二、发展乡村旅游的条件

我们认为一个村子是否适合发展乡村旅游，需要满足两个条件，即外在条件和内在条件。外在条件有几个要求，比如良好的交通导入，能够把大城市的客源引入进来。如果靠近大型景区或者成熟的旅游项目，便能把交通导入的优势最大化；内在条件方面，即使村子不具备突出的外在条件，但由于它拥有独特的文化传统、保存完好的文化遗产、良好的经济基础以及村民的发展意识，那么也能构成很好的乡村旅游发展基础。

在内外条件配合的基础上，我们判断有几类村子是适合以旅游的方式发展推进的。一是景区依托型，即大景区附近的村子，它们需要承担一部分景区无法满足的旅游功能，因此乡村本身的旅游功能可以被挖掘出来；二是文化遗产型，例如重点文物保护单位、世界文化遗产等，自然而然地就会成为乡村旅游的目标；三是城市依托型，虽然没有好的风貌或生态，但由于离大城市距离较近，适合发展体验度及参与度较好的乡村活动；四是产业依托型，例如密云的一个地区，由于葡萄产业发达，可以依托这个特色产业开展不一样的乡村体验；五是生态依托型，例如桐梓，由于出色的避暑条件，能够发展出独特的旅游形态；六是资本依托型，即一些村子并不具备发展的条件，但由于资本的驱动，也变成了很有意思的地方。

针对目前碎片化的乡村休闲旅游方式，我们认为应该向系统化的乡村生活体验升级——营造后乡土生活方式。升级方式要区别于原有功能的构建，例如农家乐应该退出舞台，或者找到更好的方式替代它。乡村里高端的别墅和度假村也不是我们想要的，它是功能性的，和农家乐一样，仅仅满足吃、住和部分娱乐功能，没有办法给人回归田园的愉悦及更多的精神价值，而精神价值更多是通过一种生活方式得到。因此，从概念的梳理上，我们认为，后乡土生活是未来乡村能提供的最优化价值，后乡土生活方式是一种融入乡村之美的诗意栖息生活，是创意与设计再造的时尚乡土生活。

三、营造后乡土生活方式的乡村实践

大地乡居是我们的实践项目（图 1 ～图 3），我们希望塑造一个小而

美的生活空间方式，并为此有意识地培育了几个互为补充的功能板块。第一个是乡创社交中心，我们觉得实施乡村项目，不仅仅是让游客在乡村单纯地游玩，更要让大家融入到乡村本身，进入到新老乡民交流互动的空间当中。这样的空间本来是存在的，老树、古井、池塘、庙宇都是传统的公共文化空间，但随着城镇化的推进和大家生活方式的变化，这些空间又渐渐消失了，我们在塑造新的乡村项目时，还是要为乡村找到一个新的社交中心。第二个是乡村文创民宿，无论是概念还是形态上的诸多讨论，都普遍认为民宿与乡村的联系是紧密的。要在乡村做有意思、有文化性的住宿空间，我想不能脱离开乡村的乡土性，围绕着乡土性开展文创，开展体验。第三个是田园有机餐饮，是对传统农家乐的升级，除了满足舌尖的需要，还要具备健康、生态的概念。第四个是风物农礼市集，即关于乡村产业如何振兴，农业如何提供更高的附加值，让乡土的生态能够永续发展下去。这一方面中国台湾的文创和伴手礼给了我们许多启发，每个乡村都该有各自不同优势的产物。最后一个是儿童乡土教育基地，中产阶级一个很重要的诉求便是亲子教育，亲子家庭来到乡村做什么，孩子能否得到乡村教育，都是需要考虑的部分。所以在乡村做旅游项目，乡土性一定是重中之重。大家之所以愿意回到乡村，我想并不仅仅是乡村民宿提供了比农家乐更好的居住环境，更重要的是蕴含在民宿之中的文化。

张泉位于密云水库东南角，当地有养蜂传统，蜂蜜品质非常好。村中的赵大叔家中世代养蜂，我们对他的蜂蜜重新设计包装（图 4），将乡土文化融入其中，然后沿着赵大叔家蜜蜂飞行的路线，设计了一条主题徒步线，让来自城里的大人和孩子能够跟随蜜蜂，去认知自然，感受乡土。当我们找到一个文化元素之后，需要用不同形式反复强化，让人处于连贯的体验中，真正感知乡土的特性。

图 1　大地乡居香坊（山东省滨州市，摄影：孙进松）

图 2　大地乡居龙船调（湖北省利川市，摄影：马磊）

图 3　大地乡居龙船调（湖北省利川市，摄影：马磊）

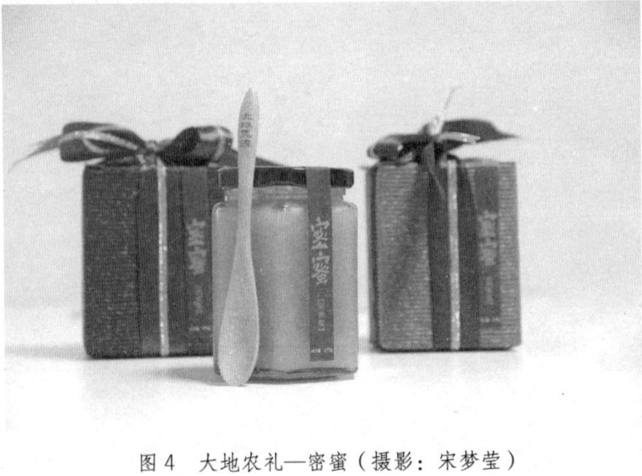

图 4　大地农礼—密蜜（摄影：宋梦莹）

基于融合和分享的乡村休闲体验，单向、强势的项目开发思路正转向城与乡、主与客双向互动的有机融合。我们认为乡村旅游最重要的是软件和人，乡村的旅游服务不应该是一种服务，如果不能打破酒店式的服务，创造新的形态，那乡村的体验很难构建起来，因为我们不能要求乡村体验的主体人——村民能像五星级酒店那样提供高品质、标准化的酒店式服务，所以服务要变为分享，让主客形成双向互动，重现乡亲邻里般的关怀照顾，建立有温度的关系。我们还认为城乡文化是等值的，城市人回到乡村，希望能得到独特的乡土文化体验，那么设计上就要融入乡土，尊重乡村风貌和格局，坚持设计的乡土性，慎重引用外来元素，用设计展示、升华乡土之美，用乡土的素材讲述乡土的故事。

文创同样也要融入风物，用产品去讲述风物背后的文化和故事，传达尊重劳动、珍视乡土的情怀，以此推动乡村手艺的复兴与传承，进而用文创撬动乡村里的特色产业。

所以，后乡土生活方式是需要很多努力才能去实现的概念，需要对乡土进行解读，也需要乡土景观进行创造，需要非常有趣的乡村活动，有吸引力的乡村商品，才能吸引大家停下来，住下来，共同感受和创造后乡土生活，这条道路还很长。

明月村，文创·公益·新乡村

陈　奇
四川省蒲江县甘溪镇明月村荣誉村长
明月乡村研究社社长

有些地方可能你从来没有见过，却觉得自己曾经来过，这种似曾相识的感觉像回家一样的亲切。耳边响起阵阵蝉鸣，眼前是逆光下飞扬的蓝色染布，喝着泉水浸泡的明月茶，触摸到倾注了时间和情感的陶土，吃着洒满阳光的农家菜，品尝自家酿的花果酒，心生莫名的欢喜和愉悦。这就是游客感受到的明月村（图 1、图 2）。

图 1　明月窑（摄影：何异）

图 2　远远的阳光房蓝染（摄影：张小喜）

经过三年的发展，从曾经的市级贫困村到现在有越来越多的年轻人回到这片代代传承的土地上干事业，使得明月村充满了活力，我也是其中的参与者之一。下面分享关于明月村的三个部分：第一部分介绍明月村，第二部分关于明月村的乡村建设，第三部分是关于明月村的发展模式。

一、关于明月村

明月村位于国道 108 线成都与雅安的交汇处，是距离成都市区 90 公里的一个非常普通的村子，在 2009 年还是成都市的市级贫困村。明月村没有得天独厚的自然资源，也没有承载着厚重历史文化的古迹遗产，甚至没有一条河流，它就是一个普通得不能再普通的村子。2012 年底，我们从一口有着三百年历史的民间古窑改造开始，对全村进行统一规划和培育。2015 年 1 月，明月村正式开启了文创乡村复兴之路。直至 2017 年，在不到三年的时间里，我们取得了一些成绩：引进了来自全国各地的文创项目 41 个，带动了本地村民发展文创和乡村旅游项目 30 多个，明月村被评为中国乡村旅游创客示范基地、四川省文化产业示范园区、四川省成都市重大旅游项目。但实际上，在 2015 年 10 月 1 日之前，明月村甚至都没有一家餐馆，也没有一家客栈，甚至没有游客来过。我们选择了这样一个普通村庄，从尊重它的农耕文化、尊重它的自然肌理开始，从一口古窑的修复带动了整个村子的发展。

明月村的定位是以陶为主的手工创意聚落和文化创客聚落。明月村有原住民 727 户共 2300 人，没有一个人因为村子重新规划设计而被迁出去，大家依然在这个村子里面，与全国引进的艺术家、建筑师和文化创客一起，新老村民互助融合、共创共享幸福美丽新乡村。

在做总面积 6.78 平方公里的明月村整体规划时，并没有把村子里的某一个区域规划成一个传统意义上的文创园区，给它设一个围墙。而是对全村进行了一次保护自然肌理的规划，完好地保存了马尾松林，规划了陶艺、手工艺的文创园区共 187 亩，把一个个不同艺术类别的建筑（剧场、美术馆、学堂等）散落在田间地头。明月村只有一条主干道，两旁散落着不同的文创工作室，如工作室、扎染坊等。所有这些项目都是从外引进的，而不是政府投资的。我们引进文化创客，将农户家里很多年没有住的闲置旧房屋改造成一间间文创工作室，注入了新的产业，使这些老房子焕发了新的活力，成为乡村艺术博物馆、工作室等（图 3、图 4）。

图 3　改造后的阳光房外墙（摄影：李耀）

图 4　明月窑展厅（摄影：何异）

二、明月村乡村建设

明月村的乡村建设包括三部分内容：乡村产业、乡村建造和社区营造。

第一，乡村产业。这是非常重要的部分，只有通过一三产互融互动，即传统农业、精致农业、文化创意、精深加工与休闲旅游有效融合，才可以构建多层次的生态产业圈，通过产业支撑乡村来实现可持续发展。

首先是农业，在乡村做事情，我们应始终把农业放在最重要的位置上。在坚持传统农业的基础上，注入文创以及农业衍生品的元素。明月村依托 7000 亩的生态竹林和 2000 亩的生态茶园（图 5），在农业的基础上逐渐发展出休闲农业，继而进行深加工。2016 年开始推出明月村品牌的手工茶和用村里花果酿造的花果酒，都取得了良好的市场销售业绩。同时，明月村正在大力促进传统农业生产方式转型，预计在五年内，实现整村有机种植。

图 5　采茶的村民（摄影：李耀）

其次是文创，明月村的文创依托于当地特色文化传统——陶艺，在明月村可以欣赏到不同风格的陶艺文化和不同的生活美器。除了本地陶艺之外，明月村引进了众多品牌的陶艺工作室，邀请了许多国家级的美术大师进行授课。篆刻等传统的非物质文化遗产，被做成了用于日常生活的工艺衍生品；还推出了用天然植物染料染制的服装、鞋品。

然后是旅游，乡村旅游对于明月村来说是一个附加值。我们首先要做好自己的事情，过好自己的日子。在有产业支持、创作内容和生活情趣的基础上，把美好的生活体验分享给外来的游客。明月村的乡村旅游目标，是带给游客一种新乡村田园生活方式的体验，比如，将四川的火锅放到了松林茶田（图6），在这样一个环境里，客人可以体验到从未有过的吃火锅的感觉。游客还可以在明月村为自己染一件衣服，为自己做一件陶艺，感受传统文化的意境。乡村旅游带动了农家乐的发展，在明月村，我们鼓励村民把自己家的房间整理得干净整洁，推出环境优美、内饰别出心裁的餐馆和民宿，而不是大量投资做基础的硬件建设。明月村的很多民宿都是在竹林里和花丛中，试想清风徐来、在阵阵蝉鸣和花香中醒来是一种多么美好的体验。

图6　乡村旅游松林火锅（摄影：张小喜）

第二，乡村建造。乡村建造由乡村设计和乡土建造两个部分构成，明月村现有的设计和建造是在三年的时间里，不断地实践和总结而完成的。比如，在土坯房子的阴暗部分做了亮瓦和防潮；厨房保留了原有的土灶，在这个基础上增添了便捷的现代化设施；将一个快要倒塌的猪圈改造成深受游客欢迎的漂亮客房等（图 7）。我们一直在考虑如何提升村民的居住条件和经营品质，如何节约成本，如何让村民提高收入。所以在设计中紧紧围绕三点：一是植根于乡土文化与乡土生活的多元设计，二是乡村生活品质的提高与乡村产业空间的创造，三是建造的成本控制和实施的易操作性。村子里许多七零后八零后的建筑师、设计师，他们与村民一起用最简单、最高效的方式来设计并建造明月村，使得很多的老房子花费不高，却获得了重生，当地工匠的技能也由此得到了培养和提升。经过三年的实践，明月村的工匠已经能够服务于成都市周边的区县市。越来越多的年轻游客愿意到明月村游玩，他们也在这里留下了非常丰富的具有艺术气息的影像，这些影像通过网络不断传播、发酵，推动了明月村从一个普通的乡村转变为一个网红村。

图 7　素舍风雨廊（摄影：杨鹏飞）

第三，社区营造。明月村的乡村文化和社区营造重点是如何解决人的问题，如何与村民共创共享幸福美丽新乡村社区。明月村从一开始就做了很多的“小”事，并且把这些“小”事坚持了下来：首先是办明月讲堂，专注于乡村建设和乡村文化研究。通过讲堂我们发现村民对于乡村和产业的认识有了非常大的提升。2016 年我们还把明月讲堂带到了北京 798 艺术区，让更多城市人了解明月村了解新乡村。明月讲堂每个月 1 期，截至目前（编者注：2017 年 9 月）已经做了 22 期，成为了明月村的一个品牌。其次是开明月夜校（图 8），关注村民创业与理念意识。明月夜校每个月会办 2 ～ 4 期，利用晚上的时间给村民讲解日本、韩国、英国的乡村发展现状，讲解明月村未来规划和发展方向。2017 年，明月村邀请了相关行业的专家给村民传授生态农业、民宿经营、餐饮经营等方面的知识。再有就是关注儿童教育（图 9），这是非常关键的。我们开设了明月画室，为当地的儿童免费培训书画，从专注儿童教育开始，继而带动整个村子对发展理念与规划的认同感。2015 年开始，我们每隔一周进行培训，内容包括陶艺、篆刻、草木染等方方面面（图 10）。通过培训，很多村民成为了各个工作室的工作人员，有的村民还独自开设了工作室创业。

2017年，明月村将重心放在了农业与文创旅游结合上，举办了“雷竹春笋艺术月”，吸引了全国各地的文化爱好者和手工艺爱好者进村品尝鲜美的竹笋，学习竹文化。明月村的良好发展态势吸引了越来越多的年轻人投身到乡村建设中，很多大学生在村子里有了出色的成果，实现了人生目标，使得整个村子变得年轻起来。在这个过程中，明月村也有很多意想不到的收获：一座座的老宅子被重新唤醒；守望家园的老人盼回了他们的儿女；传统手工技艺传承受到了越来越广泛的关注，同时也获得了非常可观的销售收入；明月村的社区营造被评为 2016 年成都市

图 8　明月夜校（摄影：李耀）

图 9　明月村儿童合唱团（摄影：李耀）

图 10　村民草木染培训（摄影：张小喜）

社区营造优秀案例，明月村被评为全国文明村。随着更多的外来项目涌入明月村，2017 年明月村启动了污水治理、水系梳理和垃圾分类等工程，为明月村生态环境的良性循环提供了基础保障。

三、明月村发展模式

归纳而言，明月村是各方力量共同参与、协同发展的案例。政府负责整体的规划，搭建平台、建设配套的基础设施，引进 41 个文创项目激活明月村，形成文创产业并带动生态农业及乡村旅游发展。3 + 2 读书荟、夏寂书苑等公益组织协同营造和谐社区助推项目发展，很多充满热情、充满活力的年轻人参与进来，与村民一起共创共享，实现明月村的可持续发展。在发展经济的同时，我们也不忘初心，把获得的一切回报乡村、回馈社会。通过在全国及在互联网上分享明月村的建设经验，我们认识了更多志同道合的朋友，对明月村未来的发展也有了全新的思索。

明月村是我们安居乐业的家园，自然环境生态友好，一三产业良好互动、可持续发展，文化根基趋同，村民友善和谐，与外界良性连接。实现生态、生产、生活、生命的融合共生，这是明月村的愿景，也是所有明月村民共同努力的目标。

第五章

乡村·民宿

乡村复兴背后的逻辑

夏雨清
借宿 CEO

18 年前，我初到莫干山。那时的莫干山就如现在的很多乡村一样，衰败不堪，鲜有游客，房子都是破烂、漏水、东倒西歪的。我租下了一栋 1930 年的老房子，与民国时期政治风云人物黄郛成为邻居，就此开启了我的乡建之旅。

一、莫干山乡建第一人

提到莫干山，不免要先介绍我的邻居黄郛先生（1880—1936 年）。

为什么说一个中华民国的人物是邻居呢？因为他于 20 世纪 30 年代建造的那栋房子尚在，而我这 18 年来所居的颐园也在山上，和它毗邻。房子相邻，自是邻居。

1928 年，日军在济南的暴行引发抗日热潮，也导致时任南京政府外交部长黄郛被迫辞职，退隐莫干山，过起了隐者的生活。在隐居莫干山的几年里，黄郛和夫人沈亦云一起创办了私立莫干山小学，并以此为中心，开始了他一系列的乡建活动，像兴修白云池水库，开设农民夜校，创办蚕种场，兴建莫干山第一座公共图书馆"文治藏书楼"。他当年创办的蚕种场，现在变成了莫干山一处文创园。

年长的乡人，有见过黄郛的，还会亲切地呼他为"黄部"，大约是因为他做过外交部长吧。有人记得，黄郛常骑一匹高头大马出现在莫干山下的庾村，这也是当年前往莫干山的要道，他的乡建就由此起步。

黄郛先生在莫干山做了一些今时今日都很难做到的事情，尽管他在1936年就去世了，我依然视他为投身乡建的榜样。

18年前，当我路过黄郛先生的白云山馆，遥想那个时代的莫干山——满眼充斥着潮湿、阴暗、随时可能倒塌的土房子，破破烂烂的乡村，我不能不地敬仰这位乡建先贤，是他在莫干山做了“乡建”这件大事，推动了民国时期的乡建风潮。

二、最后的江南秘境

在莫干山，我开了第一家民宿“颐园”（图1、图2），一路见证了莫干山民宿的发展。5年前，我去了浙西北小城松阳，这里被《中国国家地理》称为“最后的江南秘境”。在松阳的明清老街，我开了一家有点格格不入的杂货铺“山中杂记”（图3、图4）。

图1　莫干山颐园全景（图片由“借宿”提供）

图 2　莫干山颐园（图片由“借宿”提供）

这是一家由“书店＋杂货＋茶室”组成的杂货铺。一楼是书店和杂货，书店以人文书籍为主，杂货则是通过那两年对在地文化的挖掘，将松阳本地食材、土特产进行重新包装的产品，我们发掘了几近湮没的番薯寮古法红糖。二楼则是简约风的三间茶室，有专人泡茶，可以品鉴荒弃山野的当地高山红茶。

这家由百年汀屋改造的杂货铺，用媒体报道的话说，就该出现在台北，而不是在上海杭州，当然更不可能在松阳。这句话乍听是在赞杂货铺的品位，实则是在评判这一乡村业态水土不服。

确实，这家叫“山中杂记”的杂货铺几年来一直在亏本。要撑起一家有格调的杂货铺，需要客流，而整个松阳也许一天都没几个游客。一年前，我在杂货铺百米之外的民国小学旧址，开了一家民宿“茑舍”（图 5），就用茑舍的盈利来维护杂货铺的运营。

图3 山中杂记内景（摄影：王宁）

图4 山中杂记（摄影：王宁）

图5　茑舍（摄影：王宁）

让我欣慰的是，杂货铺虽亏，却带活了一条老街。杂货铺开之前，这条街几乎没有外来的人，走过路过的大多都是附近的老人，两边的店铺，也都是乡村实用的打铁铺、草药铺和理发店。杂货铺开了后，老街上许多的业态也随之风生水起。在杂货铺旁边有家开了一百多年的“百仙面馆”，从几年前的濒临倒闭，变成了今天的“网红”，凡是来松阳的，大多会去排队吃一碗大肠水牵面。

也许这是“山中杂记”杂货铺最有意思的地方。

因为一家店，今天的松阳老街俨然成为当地的一个标志，甚至可以说，正是这家不起眼的、水土不服的杂货铺，改变了一条街，乃至一座城。

从莫干山开第一家民宿，到松阳再掀文创民宿热，我想让更多的年轻人回到乡村，撬动整个乡村的复兴。

三、从乡村复兴回看乡村衰败

为什么提乡村复兴？乡村只有衰败了才谈复兴。在晚清以前，乡村并不是贫穷落后的代名词，反倒是最兴旺宜居的地方。当年有一种不成文的官员退休制度：告老还乡。早年在京城、省城或者外地当官，到了晚年一定会回归故里，将一生的积蓄投入乡村，造房子、修道路、架桥梁，做各种与乡村相关的事情。

这无形中推动着乡村的持续发展。

支撑告老还乡的，是中国儒家的叶落归根思想，这两者结合，就形成了良性的乡村建设循环。这一点是以前的城市无法比拟的，城市会因为战乱而荒废，而乡村在经历一次次的战乱之后，还可以一次次的复原，因为总是会有告老还乡和叶落归根的乡人。这些人在外面做官、做生意赚了钱，就会把家产带到乡村，回馈乡村。

那么，当年的人为什么可以告老还乡、叶落归根呢？教育和医疗体系是两大根本保障。教育方面，一个乡村秀才可以教出状元、进士、举人，到了晚清民国时期，新思想启蒙，乡村秀才已经教不了新学生。想要接受良好的教育，就注定背井离乡，投奔城市。医疗方面，乡村郎中的中草药可以治病救人，一张偏方可能胜过御医。民国以后，西医逐渐盛行，中医被取代，乡村郎中也逐渐消亡。人们对城市的依赖性越来越强，因为只有在城市生活，才可能享受到良好的教育和医疗资源，再加上就业问题，从民国演变到今天，乡村不可避免地衰败了。

乡村衰败是全球性的通病，因为全球都面临着教育、医疗和就业集中的问题。比如日本的一些乡村，尽管看着漂亮、干净，哪怕走进任何一间公共厕所，都比样板房里的厕所还要干净，但也不得不背负衰败的难题。

我曾经去日本一个非常偏远的山村，寻找元朝和尚一山一宁的后人。到了才发觉，他们非常穷，我甚至没有想到日本会有这么贫困的乡村。我们找到的那位老太太，是一山一宁后裔，一辈子没结婚，就住在几百年的祖宅里，家里摆放了一台 12 英寸的黑白电视机，已经不能播放了，唯一可用的电器是冰箱。她很热情地招待了一顿午餐，全是山野里的菜，很好吃。也许想款待远方的客人，她做了一道海鲜，食材是一只大虾，估计已经冰了三五年，舍不得吃，就一直藏着。

事实上，即便是在日本这样的高福利国家，也无法摆脱乡村空心化和衰败带来的困扰。

四、空心村破局

在乡村，比如在松阳见到的那些乡村，虽然有袅袅炊烟，远看非常美丽，但深入乡村腹地，很少见到年轻人的身影。早几年的乡村，还有老人和小孩，现在小孩都很少见到了，只有老人。

最近我又走了很多的乡村，在村里都没有碰到年轻人。在贵州的赤水，我碰到了一名从杭州临时返乡的外出务工人员，他们家的自然环境非常美，紧挨着一个瀑布，但他们在那个地方没法生存，即便是去大城市务工，也很难获得比较稳定的经济保障，只能早出晚归、奔波忙碌，他们整个家族都只有到过年那几天才回乡相聚。

因为年轻人和小孩的缺失，乡村也就没有了希望。

空心村如何破局？

回看莫干山乡村，18 年前没留住一个年轻人，而现在到处都是年轻人。为什么？因为年轻人可以回到乡村开民宿、做管家。现在莫干山有一千多家民宿，当管家的收入，好一点的一年差不多有八万十万，包吃包住，不用开销。而且家就在附近，随时可以回家。

空心村破局的关键，是年轻人回归。在黄郛生活的那个年代，他用养蚕来让村民致富，但是现在乡村已经没有劳动力了，留下的都是六七十岁的老人，他们大多承担不了任何事情，没有一种方式可以让这些村民致富。

作为乡村复兴的一个入口，民宿虽然解决不了更多问题，但通过这样一种业态，能吸引更多年轻人回乡。

昔年外出务工的年轻人，可以回乡做民宿管家，收入不一定都像莫干山的管家那么多，但至少也有三五万。如果年轻人回乡了，再加上民宿吸引来的城市年轻人，那么乡村建设才有机会，才谈得上乡村复兴。

将民宿视作乡村复兴的入口，台湾南投县的桃米村就是一个佐证。桃米村是台湾震后重建的，致力于社区营造的廖嘉展一开始试验了很多项目，发现效果不佳，虽然有一定的人气，但是很少有人愿意留下来。比如“农家乐”。农家乐为什么不能提升地方经济，或者带动新的产业发展？因为农家乐只是吸引周边的人来解决一顿饭而已，看过吃过就离开了，不会跟这个乡村发生更多关系，更不会参与当地的发展。后来廖嘉展在桃米村改开了民宿，才让桃米村复活。

与农家乐类似的还有景区，政府和投资方可能为了开发景区，把里面的村民全迁走。以牺牲村民的利益为前提，换来的只是一车车的观光客，支付一张门票，也难以为继。

很多景区管理者与村民关系势同水火。莫干山就有一则实例，有一位台湾人经营了一处景区，一辆辆大巴车把游客拉过来，然后再拉走，村民一点收益都没有。村民与这位台湾人的关系非常紧张，几乎到了拔刀相见的地步。最后没有解决办法，政府不得不把投资款退还给投资人，废掉售票处。几年后，这里开了一家叫“大乐之野”的民宿，一下子带火了村子，村民做管家做阿姨或者自己开农家乐开民宿，现在到处都是年轻人。

五、民宿，如何复兴乡村

在日本新潟县，东京《自游人》杂志主编岩佐十良率先开了一家民宿“里山十帖”，改造了当地的温泉旅馆，并以此为基础，开发有机农业、夏布产业，以这样一种方式投入乡村建设，带热了乡村。

在台湾南投县竹山小镇，医学系毕业的何培均开了一家民宿“天空的院子”，没有厨房，何妈妈就在家里做好便当带给客人吃。从便当开始，何培均逐渐推出小镇文创、点子换宿、路跑、青年论坛、竹巢学堂等产品和服务，使竹山以民宿为切入口，带动了小镇发展，现在是台湾最有名的文创小镇了。

在四川理县通化乡西山村，有一家“浮云牧场”，这是在“开始吧”平台众筹非常成功的民宿。“浮云牧场”所在地是古老的羌寨，最初跟村民的关系也有些微妙，因为只租用了几家村民的房子，没租房子的那几家偶有刁难。

村里种了很多樱桃，用拖拉机从山里运到县城需六个小时，卖完樱桃再开回来又要六个小时，基本上一车樱桃有半车都耗在路上了。后来浮云牧场的主人余勇帮这些村民在网上卖樱桃，微信一转发，整个村的樱桃两天就卖光了。紧接着又帮村民卖土豆，这样一来，浮云牧场与整个村庄的关系就很融洽了，村民再也不愁土特产销路了。

在温州永嘉茗岙村，北京大学高材生、律师出身的小熊开了一家民宿“墟里”，在这个遥远的山村里，她致力于分享美好的乡村生活，和村民关系处理得很好，甚至有一些村民原意把房子免费租给她，因为她让整个村庄都有了参与感。

因此说，乡村复兴实质上是从与乡村互动开始的。

怎么互动呢？民宿是一个最好的切入口。

六、民宿是乡村复兴最佳载体

在整个乡村复兴背后的逻辑关系中，最关键的是如何让年轻人回到乡村，只有年轻人扎根乡村，乡村才有希望。

短时间内，显然无法解决乡村教育与乡村医疗的问题，但年轻人回乡就业的问题肯定是需要解决的。让合适的年轻人，在他们还不需要考虑教育和医疗问题的时候，回到乡村、服务乡村、建设乡村。从这个角度而言，民宿是最好的切入口。

民宿是兼具情怀与商业的生意。因为有情怀支撑，民宿参与者会尽可能将产品和服务做到极致，可以溢价来售卖乡村的特产、发展当地的传统产业，会尽力保留当地自然风景、特色建筑、风土人情、手工艺和饮食文化。比如我在松阳的那家杂货铺“山中杂记”，售卖的特产普遍比当地人贵，因为我们都经过了精挑细选，有品质保障，更有设计，能够满足城里人寻找原汁原味乡村记忆的体验需求，这一点非常重要。因为有商业运作，会让城里人愿意去乡村，让年轻人回乡有发展，也让村里人有认同感和参与感。从这个角度而言，民宿是乡村复兴的最佳载体。

借宿是一个民宿服务平台。我们想让最好的民宿去到最美好的地方，比如大漠、黄河、秦岭乃至边陲。

对民宿来说，地理偏远不重要，而是资源是否稀缺。借宿准备一年内在全国山水佳处，落地 50 个民宿集群。

第一个民宿集群“黄河 · 宿集”（图 6）在宁夏中卫黄河边，那个村庄已经废弃了很多年，房子都没有了。我们在那个地方引进了五六家民宿、一家书店、一个美术馆、几家餐厅、一个咖啡馆、一个面包房，开发了黄河羊皮筏漂流、大漠冲沙、骑骆驼或徒步，大漠星光晚餐等，挖掘了枸杞、红枣和冻梨等特色产品和服务。

图 6　借宿第一个民宿集群“黄河 · 宿集”入驻品牌飞茑集

（图片由“借宿”提供）

在广西壮族自治区崇左，靠近越南的一个地方，今年 9 月份，我们和政府一起举办了一场民宿大会，现在已经谈好几家民宿，选好了三四个村庄，一起落地。崇左有跨国德天瀑布、白头叶猴、喀斯特地貌、田园风光，我觉得就是人间天堂的模板。

在陕西留坝，秦岭深处，我们联手三位新锐建筑师戚山山、孟凡浩和青山周平，一起营造一个理想的微型旅行目的地——秦岭 · 宿集。在这里，会有西坡、飞茑集、大乐之野、过云山居等一些民宿品牌，也有一家美术馆民宿，还会引入国内最好的出版机构“理想国”，开设一家“理想国书房”。

接下来，我们会在全国最偏远的地方，可能也是最贫穷的地方落户很多民宿集群。这个集群可以是三五家民宿，也可能是一家。一家为什么是集群呢？我们会为这家民宿配备其他的业态，像理想国书房、咖啡馆等，所以它是以一个群落的形式落地，让每一位旅行者都能在遥远的地方获得不一样的体验。以民宿为入口，共同关注乡村建设，推动乡村复兴。

这就是“借宿”这个民宿服务平台在做的事情。这也是我们在做的乡村复兴实践。

民宿引领乡村复兴

夏雨清
借宿 CEO

从新县开始，我就跟着罗德胤老师，跟着中国乡村复兴论坛，一路走到现在。2017 年初，借宿也成了论坛联合主办方。这样的合作，我们还会继续下去。

因为，我和罗老师都想让乡村真正复兴。

《民宿引领乡村复兴》标题有点大，在我看来，民宿只是乡建的一个入口，乡村复兴全靠民宿可能是没希望的，但这个入口可以吸引一些年轻人回来，只有年轻人回来了，乡村才有希望，借宿也一直致力于让年轻人回到乡村。

我们有两个平台，其中一个是开始吧，这是国内首家生活风格型消费投资平台，主要做众筹，涉及民宿、新餐饮、新农业和新休闲四大版块。在众筹过程中，我们发现民宿不仅有融资需求，还面临扩张、入住率和人才匮乏等一系列难题。

如何助力民宿，让它们跑得更快？我们就把民宿业务独立出来，成立了借宿，这是一个专门为民宿提供服务的平台，同时也为地方政府提供民宿解决方案。

民宿是当下的热点。

如果追溯不远的往事，中国民宿的兴起还和“老外”有关，这个

“老外”不是贬义词。中国高端民宿起于浙江莫干山，始作俑者，是英国人马克。

2005 年我住到了莫干山，次年来了一个外国邻居：前英国皇家卫队上尉马克。他原来在上海一家英文杂志做总编辑，被中国合伙人“踢”出来，来到莫干山上开了家叫 The Lodge 的咖啡馆。

很多人把马克视为莫干山的隐者。后来我们熟络了，他跟我说不是什么隐居，那一会身边只有几万元钱，走投无路，就用这点钱在莫干山开了家咖啡馆，以此养家糊口。

谋生所需，马克发动了当年在上海的人脉资源，将一些外国人吸引过来，到 The Lodge 来喝一杯咖啡，吃一顿他亲手做的简餐。人来了之后，却找不到可以住的地方，所以后面那个人就出场了，他就是南非人高天成——裸心谷创始人。

高天成是 2007 年来的莫干山，他在山上山下找了很多地方，终于在半山腰找到了几栋房子。高天成以不到万元一年的房租，租了几套房子，花十几万元改造成民宿，一栋楼三四个房间，卖一万元一晚，两个月不到就收回了投资。很多中国人来参观的时候，都看傻了，发现民宿原来这么容易赚钱。

可以说莫干山的民宿，就是从高天成开始的。后来他做了裸心谷，现在又有了裸心堡，这是莫干山最重要的民宿人物，尽管他从裸心谷开始转向了度假村。

莫干山开民宿的“老外”，不止一个高天成。有个法国人叫司徒夫，出生在塔希提，在日本和上海待过很长时间。他在莫干山开了家法国山居，因为最贵，也成了莫干山民宿的标杆。它的标杆作用还表现在可以让莫干山民宿随便定价，因为你再怎么定价都不可能超过法国山居（图 1）。

图 1　莫干山法国山居（摄影：陈杰）

法国山居一般是 6000 元一晚，旺季节假日基本是上万元一晚。现在又新开了二期，8 个房间，1.2 万元一间，不单租，要全包，一个晚上就 10 万元钱了。

大家都在问为什么民宿这么贵？我觉得民宿一般只有到了 1000 元以上才可能有服务，1000 元以下的民宿，以现在的平均入住率是很难做好服务的。

莫干山就是因为有这些个“老外”，有了示范效应，慢慢形成如今这样一个庞大的民宿聚落。

把莫干山整个民宿又往前推进了一步的，是吉晓祥、杨默涵和他们的大乐之野（图 2）。

2013 年冬天，他们开了家民宿叫大乐之野。在当时的莫干山，这是属于奔走相告的那种民宿。在所有人都跟风老外，搞乡野风情时，它给莫干山带来了一股文艺小清新风。现在再看 2013 年的大乐之野一号楼，

图 2　大乐之野一号楼（图片由“借宿”提供）

会感觉有点陈旧了，也不过如此，但在当年它确实彻底颠覆了莫干山的民宿。今年夏天，大乐之野在莫干山新开的“小镇姑娘”，再一次用设计给莫干山民宿树立了新坐标。

莫干山就是因为这些“老外”，这些来自上海、杭州等地的城市人，慢慢聚集，形成了一个天然的民宿集群。

相信很多人都去过莫干山。我陪同一些地方领导在莫干山参观过（图 3），看完后，他们就笑了：莫干山这地方，要山水没山水，要美景没美景，民宿也能搞起来，我们那里那么好，肯定能超过莫干山。

有人超过莫干山么？有出现过第二个莫干山么？

没有。

为什么没有？天时、地利、人和，缺一不可，莫干山民宿不是地方政府造就的，恰恰是政府的“无作为”才成就了莫干山。

2009—2013 年，莫干山所在的德清县停止了民宿的工商登记，连个体户执照也不发了，为什么？可能国家政策不明确，地方政府就睁一只眼闭一只眼，让他们先去开。所以当时民宿盛行，也没有人查。

到 2013 年成规模了，政府就来告诉你，你现在应该登记注册了，办理工商、卫生、税务、消防，乃至特种行业许可证。因为前面留了几

图 3　莫干山景（摄景：陈杰）

年的空档期，才让民宿有了破土而出的机会。这个机会是非常难得的。如果当时派出所天天去民宿查，莫干山就不是今天的莫干山了。首先，“老外”肯定被赶跑了。

借宿现在做的，也是这样的事情：慢慢培养一个民宿集群。我们把借宿定义为民宿方案解决者，或者是民宿解决方案提供者。因为我们知道，现在一个地方靠单家民宿“成名”，如过云山居对浙江松阳的贡献一样，越来越难了。2015 年，过云山居出来的时候，让松阳一下成为全国的焦点。

我们希望能够通过借宿这个平台的力量，将全国的好民宿聚集起来，以集群的形式落在一个地方。我们现在做的有宁夏“黄河 · 宿集”，以及秦岭、崇左等地。每一个“宿集”，我们会引进三五家民宿，十几个文创品牌，甚至可能还包括一个小小的动物园，打造一个小小的民宿集群。

最近比较流行文旅小镇。规模这么大的小镇，最后会不会都变成了房地产呢？这两天看到的报告都是融创、绿城、碧桂园在拿地，要和地方政府一起“打造”文旅小镇。

在偏僻的山村，地产商做什么文旅小镇？我想顶多也就绿城“桃李春风”那种小院别墅房产项目吧。靠乡村房产来支撑起日后庞大的文旅市场，我觉得有点难。

因为缺内容。

借宿的“宿集”恰恰是文旅中不可或缺的内容，还是有温度的内容，自己生长的内容。“宿集”引进的民宿与文创品牌，都是全国最有影响力的，都是自带流量的，像大乐之野、西坡、过云山居、墟里、飞茑集，还有林登的喜林苑。像书店，我们联手国内非常好的出版机构“理想国”，把“理想国书房”开遍每一个山水佳处。

我们把这些美好的品牌落在某一个地方，使得这个地方在短时间内形成一个民宿集群，而不是像莫干山那样慢慢生长。自然地慢慢生长在这个时代越来越难了。

借宿为什么可以做到这一点？

我们是对民宿这个行业了解最深的，从选址、建设、融资、推广、销售每一个方面，我们都能协助民宿品牌前行。

开始吧 & 借宿的民宿众筹占了全国市场的 95%，已经众筹了将近 400 家民宿，认筹了超过 20 亿，实际筹资约 10 亿，帮助很多民宿很好地解决了资金、种子用户和品牌推广的问题。像王功权的青普 · 扬州行馆、松赞、千岛湖西坡、过云山居等一次次刷新众筹纪录。众筹是解决民宿资金和品牌最好的途径，因为众筹我们聚集了大量的民宿头部品牌，我们与这些品牌一起成长。

我们还做了莫干山民宿学院。莫干山民宿学院最初由几个莫干山民宿主发起，牵头人是大乐之野的吉晓祥，他也是莫干山民宿学院院长。

去年，借宿入股了莫干山民宿学院，我们希望把莫干山民宿学院做成中国民宿管家培训的一个基地。现在整个民宿行业服务人员极缺，管家非常难找，所以我们用莫干山民宿学院这样的形式为整个行业提供行业认知教育和人员培训。

接下来，借宿还会和浙江旅游职业技术学院这样的院校联手开设全日制大学“民宿方向班”，从根本上解决民宿的痛点。

在 2016 年 4 月 28 日之前，民宿从来就不是一个行业，因为民宿都很小，大家都是几间房，无人关注。

我们在杭州做了一场民宿盛会，这也是国内第一场民宿大会。在华东最大的摄影棚里搭了一个舞台，1500 人的场地，在这儿民宿主人享受到了聚光灯和掌声。我们把民宿主人邀请到台上，让他们分享梦想和成功、酸甜和苦辣。这样的活动，我们去年做了十几场，今年有 40 多场，有大有小，1500 多人规模的有几场，大量的是三五百人的生活美学分享会，都是关于民宿生活方式的（图 4）。

图 4　2017 年 4 月 28 日，中国美宿风格大奖颁奖盛典（摄影：王宁）

为什么现在大家觉得开民宿很难？因为旺季的时候很旺，淡季的时候很淡。淡季的时候会淡到让你根本不觉得自己是在开民宿，没有一个客人，甚至可能把一些管家阿姨都送回家了。于是我们推出了“借宿严选”，就是希望能够打破这个规律，我们用预充值的方式引导消费者淡季来消费。

民宿房间跟酒店一样，今天不住，就一文不值。所以我们希望用预充值的方式把这些客户吸引过来，再在合适的时间引导他们消费，这个跟携程不一样。携程是解决你当下的需求，民宿从来不是当下的事情，它是度假，是放松式的，所以是可以预先排好时间的。只有解决了淡季的客房问题，一家民宿才有价值。

借宿就是这样全方位解决民宿的一个个痛点。我到台江之前去了海南，可能后期与海南会有一些合作。大家都知道海南有三亚，但是除了三亚是光鲜的以外，海南整个地方都非常贫穷，到处都是贫困村。我到当地问了一个村民，他是贫困户，每个月能拿到政府200元的补贴，他家里什么都没有，这就是海南贫穷的现状。但是海南也有非常好的东西，海岸线就不说了，他们的山林果园也是非常不错的。

我们可以和这样一些地方合作，帮助他们去解决贫困问题，尤其像那种十几户人家的小山村，我觉得借宿或者我们的民宿集群“宿集”完全可以解决他们的贫困问题，从这个角度来说，“宿集”还是一种非常好的扶贫方式。如果在一个十几户人家的小山村开一家或几家民宿，既解决了农民的就业，他们家的农作物也会被消费掉，这样就可以带来收入，现在他们的农产品根本卖不出去，大量的水果烂在地上。

无论是从民宿还是从乡村出发，我们要做的就是解决他们的痛点，民宿的痛点，乡村的痛点，地方政府发展乡村时遇到的一系列痛点。所以，我们把自己定义为民宿解决方案提供者，在我们的背后，是那些中国最优秀的民宿和最优秀的文创品牌。

山野与梦想

吉晓祥
大乐之野联合创始人
莫干山民宿学院院长

来到中国乡村复兴论坛是应清华大学建筑学院罗德胤教授之邀。乡村复兴可能是罗老师一辈子的事业，我们其实是一个商业团体，做的是民宿这个商业项目。我觉得民宿仅仅是乡村复兴中一个很小的入口，它不可能解决乡村的问题，但是民宿可以从某个角度给乡村带来一点活力。目前莫干山也正是在往这个方向做，但是莫干山是一个非典型的案例，可以肯定的是莫干山一定不能复制。全国有很多美丽的乡村，比如今天我们来到的这个村（编者注：交宫村）。这是我第二次来贵州了，第一次是到榕江县，那时我就被贵州的少数民族文化深深吸引了，但是从商人的角度来看，类似这样的文化产品对我们做民宿的来说也许只可以远观，如果要真正做好，可能会破坏当地很多传统文化的遗留。下面简单介绍我们做民宿所经历的一些事情，以及莫干山民宿这几年发展的过程。

一、关于“莫干山”

四年前我们去了莫干山，当时确实是冲着梦想去的。莫干山是距离长三角最近的山野，往西走也有很多很美的大山大水，但由于交通原因，我们止步于莫干山（图 1、图 2）。在百度热词中搜索，发现了很多关于

图1　莫干山风景区（一）（摄影：吕正生）

图2　莫干山风景区（二）（摄影：吕正生）

莫干山的热搜词汇，包括：一部多彩的民国别墅的编年史、纽约时报报道的全球最值得去的 45 个地方、猪圈 1500 元一晚……这些词汇曾在长三角引起了广告效应，吸引了很多人想去莫干山看看到底是怎么回事，也正是这些广告宣传，才促成了莫干山现在如此火爆的局面。在四年前，可能全中国大部分人都不知道莫干山这个地方，甚至很多上海人也不知道它的存在。关于莫干山，我们要感谢一百年前曾经在莫干山建造别墅的前辈们，包括黄郛、蒋介石等一批在莫干山建造别墅的人，他们是莫干山的先行者，也要感谢 2000 年之后像裸心谷的高天成等人。继裸心谷之后，莫干山逐渐发展了一批又一批的民宿，有一些是比较“火”的，如法国山居、西坡、莫梵等。这些大大小小的民宿构成了莫干山的品牌效应。据统计，2015 年德清县乡村旅游接待游客达到 461.5 万人次，主要客户群来自江浙沪、广东一带，也有部分是从北上广慕名而来，年龄层在 25～45 岁，以中产阶级为主。当时的平均房价在 1200 元以上，人均消费达到 2000 元。2015 年莫干山的民宿有 400 多家，2017 年已经有上千家了。很多人都会问，莫干山为什么会这么火？这也是此次中国乡村复兴论坛主办方给我的一个命题，这个问题很难回答，我觉得总结有以下几点。

首先是消费升级时代的到来。裸心谷在莫干山已经做了 10 多年了，夏雨清老师之前做的颐园也已经有非常久的时间，但是直到 2010 年莫干山才一下子火爆起来，这要归结于消费升级时代的到来。因为消费升级时代的到来，一批高收入的中产阶级，对于大城市繁忙的工作感到非常有压力，产生了一种要暂时远离城市放松自我的需求，山野便成了他们最理想的选择，当时来莫干山的大部分就是这群人。他们每过两个月就有一种欲望，希望回归山野，与工作彻底断绝联系，希望忘记压力与烦恼，来到山野享受自然休闲的时光。

第二个原因是自媒体平台的快速崛起与发展。大乐之野是 2013 年开始做的，正好是微信开始流行的时候，在这之前是微博，这些都是自媒体时代诞生的产物。自媒体时代对于莫干山民宿是一个非常重要的时间窗口，不仅是莫干山民宿，还包括墟里小熊、过云山居等，这些民宿的共同特点就是没有在传统营销上花过一分钱，全都是依靠微博、微信公众号和朋友圈等自媒体平台进行推广。我们相信，只要产品做得美，只要服务能以客户为中心，用心地为客户服务，大家就会感受到我们的诚意。比如说墟里小熊，只有 3 间客房，但是为客户做的事情都是非常有感染力的。如果在传统媒体时代，人们是很难知道的，哪怕上 CCTV 也不能从这短短的一两分钟广告里感到这个产品带来的温度。而在自媒体时代，我们可以把产品最好最擅长的部分、客户体验最好的产品细节通过自媒体平台快速展示给大家。所以说，自媒体平台是一个很重要的时代窗口。

第三个原因是时间机遇，时处乡村旅游（民宿）风口。民宿恰恰在这个时间点非常火爆，关于这点我就不展开了。

第四个重要的原因是区域位置。前面讲到了消费升级的时代来临，而所谓的消费升级是有时间段的。第一批升级的是谁？从全中国来看，第一批升级的是在长三角大城市圈的中产阶级白领，以上海、杭州、苏州等大城市为核心的、年龄在 25 ~ 40 岁的一群人。他们在周末想要离开工作，带着家人来到乡村享受休闲时光，最重要的出行方式就是自驾游。3 个小时以内是最适合的一个自驾路程。莫干山距离上海、杭州等整个长三角排名前十的大城市的距离基本都是 3 个小时之内，这就是莫干山的区位优势。超过 3 个小时以上的自驾是身心疲劳的事情，我们要的是放松，而不是自虐。

最后一点是政府的政策支持。在莫干山的发展前期，政府的确以旁观者为主，但是随着发展的深入，政府的政策支持就变得尤为重要了，这点我是有切身体会的。刚开始的时候我们办不了证照，原因是地方政府和开发商有一些纠纷。后来政府觉得我们的产品还不错，也的确是想做一些事情，于是就给予了很多支持和帮助，后文我会详细地讲述德清县政府具体做的事情，这里就不赘述了。

二、关于“乡村”与“大乐之野”

前面讲的是莫干山大致的发展历程，接下来谈谈“乡村”与“大乐之野”。“大乐之野”一词来自《山海经》，隐喻被人遗忘的美好之地。2013 年，我们到碧坞村（图 3）找到了几栋老房子，觉得“大乐之野”这个名字和我们想做的产品非常契合，于是我们就把民宿取名为“大乐之野”。我们在 2013 年改造了第一栋房子，称之为一号楼，这栋民宿只有 4 间客房，但是它有温泉和咖啡馆，一家小小的民宿有这样的配套在当时还是蛮奇特的（图 4）。由于我们是设计师出身，所以设计的产品在当时的莫干山还是比较脱颖而出的。在一号楼旁边有一个咖啡馆，它在改造之前是一个猪圈，猪圈改咖啡馆这也成了一个比较有趣的媒体爆点。在碧坞村，我们总共拿到了 7 栋别墅，经过四年的发展，我们改造完成了一个有 24 间客房、1 间咖啡馆、1 间餐厅和若干温泉小泡池的民宿酒店（图 5）。因为有着城市规划设计的经历，我们特别关注乡村土地和自然环境的关系。到乡村做民宿，不能粗暴强制性地去改变乡村的面貌，我们做的事情对乡村的改变越小越合适，这也是我们产品的一个设计理念。“大乐之野”正是将一种比较现代简洁的风格融入乡村的肌理，最大限度地减少了对乡村肌理的干预。

在这 4 年中，我们并不是一开始就想清楚了我们想干什么，最开始我们只是为了山野和梦想来到莫干山，然后意外地发现我们做了一些好事情，这些好事情就是：吸引了部分村民返乡，引来了来自五湖四海的

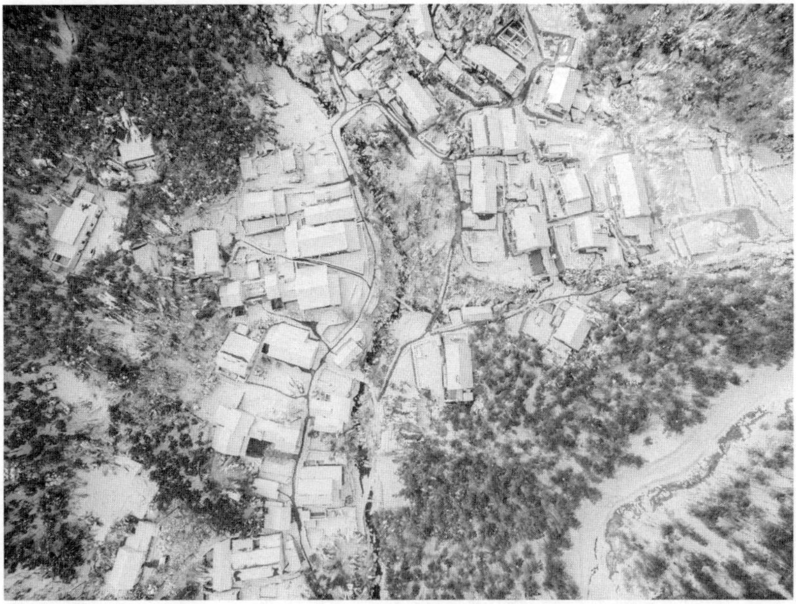
图 3　莫干山南路碧坞村全景俯拍图（摄影：唐徐国）

图 4　大乐之野碧坞店一号楼温泉泡池（摄影：唐徐国）

图 5　大乐之野碧坞店六号楼外景（摄影：唐徐国）

年轻人，给村子注入了新鲜血液，带来了活力，并且解决了当地家庭的就业，提高了家庭收入。我们刚到这个村的时候这里基本上是一个空心村，42 户人家只有 20 个人，大部分是老人，刚来的时候他们都是用异样的眼神看我们。当时他们的年收入是 3 ~ 4 万，在长三角他们只有这么低的收入，他们靠什么生活？砍毛竹、采茶叶、做临时工。经常看到很多 60 岁的老人还在山上山下每天运四趟毛竹，非常辛苦。因为收入很低，他们的房子放在那儿也空着，我们就用便宜的价格租下来，我们把房东请过来做管家，请村民阿姨来做保洁，一年给她们支付 2 ~ 3 万的收入，村民阿姨光靠做清洁卫生就可以达到以前一个家庭一年的收入。之后慢慢有许多年轻人返乡加入我们，我们现在的店长是隔壁村的小伙子，他在杭州读大学，按照正常的生活轨迹应该是留在城市工作生活，当他发现老家有这么美的民宿，有这么一群人在做这样的事情，他就回来了。我们还吸引了一群五湖四海的外来人员，我们的第一个管家是香港人，她是香港理工大学酒店管理专业毕业的，因为跟我们有同样的理想，所以来到这儿。我们在这个山里面待了整整一年，就我、她和另外一个合伙人，当时招不到年轻人，因为年轻人首先考虑的是比较实际的问题，比如有没有社保、有没有职业发展空间等。经过四年的努力和发展，大乐之野整个团队已经壮大到 80 个人，都是年轻人，而且都是几乎都是大学本科学历以上，这些人对山村是非常憧憬的。因为我们做这个事情吸引了这么多年轻人，我觉得乡村要复兴，至少在莫干山乡村的建设离不开这些年轻人。现在这个村子非常热闹，这些年轻人也能和当地的老人打成一片。正因为这些年轻人，正因为看到了这个村子四年来发生的点点滴滴的变化，我们决心继续把这件事情做下去，把大乐之野这个品牌带到其他的地方。

也许很多人会奇怪我们为什么有 80 个人？我们只有 40 间房，如果这 80 个人都是服务民宿的话是肯定不能盈利的。我先介绍一下大乐之野这个品牌的构成，除了民宿以外，在大乐之野旗下有各种各样的配套品牌。我们还有 2 间名为野有食的餐厅，现在由莫干山镇上一个非常专业的团队运营，他们以前是在城里开餐饮的，之所以聚在一起，也是因为山野与梦想。有一个品牌名为野有酒，起源是我的一个发小，他在日本留学了七年，有着深厚的日本居酒屋的操作经验。虽然说莫干山现在住宿很好了，但是餐饮这部分我个人觉得还不是特别好。我们希望把莫干山的餐饮做得更好一点，更富有多样性一点。更好在哪里？食材和烹饪方式。因为过于追求当地的食材和美食，所以以前莫干山几乎都是千篇一律的笋、红烧肉和土鸡，形式过于单一。现在在莫干山这么一个小镇里面开了一家居酒屋，还是很有氛围的，在这里不仅可以体验新鲜的食材，还可以品尝美味的小酒。目前我们已经拥有了野有食、野有咖（图 6）、野有酒以及莫干山民宿学院（图 7、图 8），后续还有野有

图 6　大乐之野碧坞店野有咖（摄影：唐徐国）

图 7　莫干山民宿学校（图片由“大乐之野”提供）

图8　莫干山民宿学校内部（图片由“大乐之野”提供）

田、野有书两个品牌陆续推出。既然这么多年轻人来到了乡村，我们就需要为乡村做点事情，我们做的事情不是吃喝玩乐、围炉夜话，我们希望做更多的事情为乡村带来更多的活力。

比如，农田的体验就是一个可以将乡村和民宿很好结合的产品。能够把乡村土地带给客人，对客人来说是非常欢喜的，还包括正在进行的图书馆计划等。我以前做过乡村规划也做过大城市的规划，规划是自上而下的行为，能够把乡村或者城市的未来终极状态理性清晰地梳理出来，但却无法给出从现实状态到终极状态的具体路径。就如经常说的心灵鸡汤，心灵鸡汤就是给了汤但是没有勺子，有了勺子的鸡汤才有意义。莫干山这么“火”的原因跟这些自下而上的发起人息息相关，也许这些业态并不符合规划，但是这些人确实给莫干山的乡村业态带来了很大的改变，包括朱胜萱老师创建的1932文创园、Discovery极限基地探索、骑行户外和莫干山民宿学院等。正是有了这些独特的人，才使许多的年轻人在莫干山扎根，为莫干山业态的丰富性和推广做了很多实实在在的事情，我觉得这些看不见的努力是最重要的。乡村生态圈的完善一定是需要在地多方利益的贡献，在地多方利益不仅包括政府、开发商，还有村民和许多的个体。村民很重要，我们在这个村子里改造了7栋房子，每栋都会接触不同的村民，3年来和村民之间有融合也有摩擦，但我发现，只有把所有人共同绑在一个利益圈往前走才能做得更好。

三、关于"政策"

关于政策，我想讲讲关于莫干山政府做的事情。现在莫干山有69家五证齐全的民宿，据我了解，全国也就只有这69家。五证中包括特殊行业许可证，民宿取得特殊行业许可证应该是很少，为什么取不到？因为消防不过关。为了解决经营的问题，莫干山政府单独出台了一套民宿管理办法，相应地降低了标准，为达到标准的民宿颁发证照。这就给我们提供一个很好的机会和平台，让我们更顺利地做经营，把所有的精力和心思花在为客户服务上。第二个就是契约性。做民宿的人大都会有体会，契约精神的缺失现象比较普遍，今年租房明年毁约涨房租的情况时有发生。这种契约关系不仅是针对当地村民，还包括政府。在这方面，莫干山政府做了非常好的表率，因为他们知道契约精神就是地方商业市场成熟度的表现。我们之前也遇过涨租的事情，但是政府第一时间出来协调，要求按照合同履行，这一点是非常重要的保障。第三个就是理性。做过规划设计的人，应该非常清楚乡村环境的承载力是有限的，因此我不推崇大量的民宿进入乡村。大理洱海的环境问题就是因为过量开发引起的，当然这个开发不仅指民宿与商业，还包括农业、大型的房地产项目等，所以理性很重要，"度"非常关键。中国有这么多乡村，没必要看一个地方“火”，所有的大项目都到那里去。据我了解，德清县政府至今都没有批准过特别大型的房地产开发项目。目前莫干山有 1000 多家民宿，总共客房数也就 4000 多间，这样的模式是环境所能承载的，但是一旦有大型的开发商介入，就会呈现另外一种局面，不仅民宿本身有冲击，对环境的承载力也是有很大冲击的。

取之乡村　用之乡村

寒　玉
猪栏酒吧创始人

为了赴约中国乡村复兴论坛大会，我从一个村子来到另一个村子，第一次来到了美丽的日照。原以为山东都是电影镜头里的厚棉袄、高粱地、黄沙漫天，殊不知日照是藏在深闺中不被人所知的一方美景，每一天我都沉浸在大自然所赐的各种惊喜之中。就像我原来不知道日照一样，我所在的那个村子曾经也很少人知道。

13 年前，我从上海到了安徽黄山的一个小村子，它叫碧山，一个再普通不过的村子，还保持着农耕传统的生活方式，不是什么景点也不是什么旅游区。我在村子里，开了一家猪栏酒吧乡村客栈（图 1）。当很多客人慕名而来的时候，都以为找错了片场，甚至质疑媒体报道的真实性，一个晚上最低房价 980 元、最高房价 2800 元的房子，怎么会是连招牌都没有的一排土房子？进门之后却倍感庆幸，因为找回了故乡的影子，留住了童年的记忆。

一、故乡是什么

不论外面在流行着什么，我们依然按照我们的方式去做。不论都市无论如何繁华，我们依然生活在小地方！

“不管是天光还是落昏，放下筷子都需要敬时间一杯”。

图 1　猪栏酒吧乡村客栈外景（图片由“猪栏酒吧”提供）

很多人说，现在回家找不到故乡的样子了。故乡是什么呢？故乡的小路已经变成笔直的大马路了，小时候洗澡的水塘已经不见了，上学路过的小桥已经没有了。曾经有人问我，离开上海来到了徽州，是因为不喜欢上海吗？这不是我的答案。最近一次回到上海，清晨的时候，忽然听到楼下卖花的声音，我就顺着声音下了楼，看到一个外来务工的小伙子，悠闲地蹬着三轮车，车上堆满了各式各样的鲜花，三轮车前面挂了一个录音机，正放着邓丽君的歌曲，缓缓地飘过街道每一家的门口，清晨的一缕阳光透过路旁的梧桐树，懒懒地洒在他的身上，不紧也不慢。那一刹那，我猛然发现，他的远方是上海，他的故乡也是上海，而我却像一个局外人。我深深地意识到，真正的乡村复兴应该是留住记忆里的故乡。

二、留住故乡的记忆

1. 老油坊变身客栈

废弃的油坊曾经做过人民公社、竹针场，现在改成了客栈。这里只有 10% 是客房，90% 都是公共空间。在改造过程中，公共空间保留了很多旧的物件，没有一件是值钱的，有旧保温瓶，有老式搪瓷缸，有带着灰渍的烟灰缸，甚至还有小时候骑过的三轮车，一辆小小的三轮车上，木板的座位有可能就是父亲用手工削出来的。这一件件的老旧物件，犹如一幕幕的生活片段，唤醒了我们童年的很多记忆，这就是时间留给我们的温度。

慢慢的，我们距离二十世纪七八十年代越来越远，父母留给我们的痕迹，妈妈身上雪花膏的味道也已经渐渐消散。一个没有记忆的民族是可怕的，一个没有记忆的乡村也是可怕的。这个改造后的老油坊，不仅仅是留宿一晚的地方，更是一次穿越记忆和心灵的收获。在这里，可以回到当初捉迷藏的打谷场，重温旧时与父母兄弟姊妹在一起的点滴美好。在这里，能够重拾昔日的时光，找回乡村的记忆。

2. 释放灵魂的道场

客栈就像一个小小的道场，亲近自然，寻找到寂静安宁之美。这里有习禅打坐的禅房（图 2），可以静坐，重新找到真实的自己，在小河边，有用一些木头搭的一个的“鸟巢”，可以一个人看远方，看水，自己和自己对话。还有看瓜的小茅棚，可以回首小时候一望无际的瓜田，天马行空的武侠想象，让消失的记忆漫延（图 3 ～图 5）。

在碧山村周边有很多景区，也有很多民宿，却有大约 70% 的老顾客在猪栏酒吧住了一次又住二次，甚至一年中六七次、七八次往返。为什么呢？他们后来已经不逛什么景点了，在这里就是为了释放灵魂，找到一个真正的自我。故乡是什么？一半是妈妈做菜的味道，一半是记忆里的那个故乡。

图 2　禅房（图片由“猪栏酒吧”提供）

图 3　茅棚外景（图片由“猪栏酒吧”提供）

图 4　禅房二（一）（图片由“猪栏酒吧”提供）

图 5　禅房二（二）（图片由“猪栏酒吧”提供）

3. 糊裱泥土的房间

在这里，每个房间里都没有电视，很多人会问："这里收费那么贵，怎么连电视都没有？"这里就是没有电视，但是有书房，有田野，有自行车。如果很久没有享受安静了，在这里可以放弃电视，拿起一本书独自找清静。如果很久没有亲近家人了，在这里可以与家人一起看一场露天电影。这里没有烛光晚餐，但可以享受煤油灯的家宴。

这里的房间改造是本着穷则思变的心态，将物件变废为宝，既省钱又环保。当地的黄泥是最不值钱的，房间里所有的墙壁都是用黄泥糊的。选购的老家具有的脱漆了，也没有刻意补漆。躺椅是本村大伯编织的，旧沙发是从旧家具市场淘来的，还是二三十年前的样式，重新设计改造以后，很多人还误以为是当下最时髦的款式。在这些夹杂着泥土气息的房间里，我深深地感受到，真正的美是不输于时间的，因为记忆所以深情（图 6 ~图 8）。

图 6　客房（一）（图片由"猪栏酒吧"提供）

图7　客房（二）（图片由“猪栏酒吧”提供）

图8　客房（三）（图片由“猪栏酒吧”提供）

4. 透着乡土味的餐厨

餐厅后面的墙壁保留了原来的土墙，几乎没有动过。这间餐厅曾经为一位个人财富排行世界前五十位的客人举办了一次宴会，当他驾着私人飞机下榻猪栏酒吧的时候，我们没有布置成套的、昂贵的瓷器，而是把漂亮的桌布撤掉了，换成了最乡土的没有桌布的餐桌，摆上了平常农民工在工地用的饭盆，搭配了一个刀叉、一双中式筷子。就是这样一种最本土、最乡村的搭配，让他们所有的人为之惊诧，甚至疯狂。他们在上海外滩包下了整层楼就餐，结果是不太满意，想着能不能去“必胜客”再吃一次。但在我们的餐厅，随行飞机带来的三个私人厨师没有下厨，是我们的厨师为他们准备了一顿有滋有味的家宴，让他们倍感欣喜。

或许有人会问，这里的厨师是从哪里请的？薪酬多高？其实，我们的大厨是从村里请的，我们的大厨是村里不识字的大妈，我们的管家也是村里的下岗女工。在这里，为这些一晚消费两千多的客人服务的所有员工，没有一位是从外地请来的，没有一位是英国式的管家。在这里，全部都是村里的“亲”人。因为这些年来，我与他们相处得非常融洽，很多人都说我是一个甩手掌柜，从支出到进账，我的店几乎不需要我管理，因为我们相互感恩、相互珍惜。

5. 织补记忆的生活点滴

大妈大婶手工包的饺子重新装盘以后是不是很好看？春卷重新装盘以后是不是很想吃？山里的野花野草晾成干花插在瓶瓶罐罐是不是很有格调？所有这一切都是取之于自然、用之于自然。禅房的灯是当地大伯手工编织的；凉棚里的屏风是用牛栏拆下来的木头改造而成的；插花是店里一位不识字的大婶在上班路上采摘过来，交给店长一起摆弄的自然造型；入口处的台灯是花 50 元淘来的废品，缺了一个罩子，就拿草帽给这个台灯盖上了，就这么一个不起眼的台灯，却“光荣”地登上了很多杂志头条。冬天的时候，我们会跟客人一起打米果。摆上村里一种艾叶做的果，还有一种用芝麻做的糖果，招待远方的客人。

珍惜与时光接轨，更像是一个自己与另外一个自己在光阴里重逢，让生活简单一点，回归本来的面目。

6. 重拾乡村精神

所有这一切织补记忆的生活点滴，都不仅仅是吸引客人来住一宿，一家客栈的意义在于引导乡村精神的回归。因为有了这家客栈，乡村的精神和文化能够逐渐振兴，在外的游子能够落叶归根、回到广大的农村。我倍感欣慰的，就是没有将客栈扩充、复制，做更赚钱的事，而是为碧山做了更多精神文化方面的推广。

猪栏酒吧今年做了两次画展，将一些画作的复制品架在田头、溪边，装点在乡野之中，田间还扎了许多艺术家设计的稻草人（图 9），让在田间劳作的村民可以看到，让回乡的外出务工人员可以看到，让外来观光

图 9　碧山通往三吧路边的稻草人（图片由“猪栏酒吧”提供）

度假的游客可以看到，原来我们的乡村、我们的故乡可以这么美。不用去巴黎，不用去上海，也不用去北京；不用坐火车，不用乘飞机，搭个便车就可以到村子里欣赏艺术。这件事情在当地的反响特别强烈，画展期间，碧山村人来人往，络绎不绝，很多客人住在村子里，吃着农家饭，尽管他们的故乡并不在碧山，但因为看到这种种，找到了回乡的感觉，这就是一次精神的大回归。

三、打造没有招牌的品牌

真正的回归是对生命的包容和珍惜，保护自然，不侵略，没有功利，找到自己的坐标，遇到最真实的自己。对这一点我特别有感触，做农家乐或者做景区，挂着一个又一个的巨幅招牌，大都争抢最大最好的招牌位置，怀疑客人看不见，担心客人找不着。但是猪栏酒吧没有任何一个招牌，不是不屑于做招牌，也不是懒得做招牌，而是不能用招牌破坏了风景，也不能用招牌妨碍了村里的小路，更不能用招牌遮挡了邻近的村民家。

万物不是我们的私有财产，要懂得让，要懂得舍，舍去虚伪得到真实，只有舍去的时候才能真正拥有。就像我们每天生活在村子里，我们的阳光是免费的，我们的水是免费的，我们得到的一切能量都是免费的，但我们没有给环境任何赠予。因此在碧山，我特别感恩，我应该对这个村子有所回报。

我们在村里开了一家小酒吧，在这里可以与年轻人一起喝咖啡，村民家里来了客人不再是去搓麻将或者喝大酒，而是带着来酒吧喝杯咖啡，看看每天都路过酒吧的一群鸭子，侃侃村里的各种八卦趣味，充满了无限的生活乐趣。我们手工酿造了两款名为“落昏”和“天光”的啤酒，这是碧山村自酿的啤酒。我们做了啤酒节，请的广告模特是村里的大叔大婶（图 10），他们成了全村的明星，也成了网络媒体的大明星。取之于乡村、用之于乡村，我们以种种力所能及的方式回馈所有与我一起做事的村民，回馈碧山村。

图 10　“落昏”和“天光”属于碧山村自酿的精酿啤酒（图片由“猪栏酒吧”提供）

为什么奥斯卡最佳女主角朱丽叶 · 比诺什、诺贝尔文学奖终身评委以及国内外各路明星都会住在碧山这个无名的小村子里？为什么国内外的媒体争相追捧猪栏酒吧？或许是因为猪栏酒吧在 2014 年获得 TripAdvisor 全球最高奖卓越奖；或许是因为上海旅游局颁发的长江三角洲最具魅力奖“他乡遇故乡”；或许是因为猪栏酒吧被写入全球最权威旅游圣经 lonely planet，多次被法国费加罗杂志、法国 HUGmagazine、美国纽约时报、英国 Timeout 等以及国内各大媒体专访；又或许是因为美国 Discover 频道、台湾东森频道、中央电视台旅游频道、香港亚洲电视台、韩国 KPS 国家电视台等各大电视媒体的访问报道，集 2016 年最佳酒店的金口碑奖、2017 年中国最具价值的十大民宿品牌之一、2017 年第 12 届中国旅游金榜等各种荣誉于一身；或许是以上种种，但最重要的原因是，猪栏酒吧保住了乡村的样子，让远方的游子找到了故乡。

在中国乡村复兴的道路上，猪栏酒吧还将继续耕耘，只为更多人能够看到乡野的星星、看到引路回家的萤火虫，只为更多的村庄、更多的记忆不会被现代污染，只为乡村的复兴之路能够让我们的精神回归自己的故乡。

乡村的四季与四时之美

小　熊
墟里民宿创始人

中国有3000年的古诗词，所有的文人墨客都为我们的美丽乡村做广告，“墟里”这个名字就出自陶渊明的《归园田居》这首诗中的“暧暧远人村，依依墟里烟”。“墟里壹号”（图1）旁边有个村庄，远远看很美，美的是大自然的部分。走进这个村庄，你就会发现它是新和旧、美与丑交织在一起的。这个村子只有老人和孩子，且并不太宜居，是那种村民一旦有机会离开就会离开的地方。这就是中国乡村的现状。而我们试图回到这样一个现实中的乡村，在我们力所能及的范围内做出一点努力和改变。我们用两年半的时间打造了两家店，每家店面都很小，总共有6个房间。我们的选址是远离景区，在偏远的乡村，现在团队一线的六个员工都是当地的原住民，后方团队是5个年轻人，他们都是在城市里面接受过良好教育，带着各自对于城市的反思回到乡村的年轻人。

墟里很小。与墟里的小引起的强烈反差和对比是：在这两年半内可以发现所有的媒体，无论是传统的媒体还是自媒体，都对墟里进行了大量的报道和传播。在行业内，我们也拿了很多的奖项，虽然地处偏远，但我们的入住率也不低。虽然我们在推广和营销上都是零预算，到现在为止也没花过一分钱，我们的启动资金一共是120万，让我们特别骄傲的是，两年半的时间我们没有再往里面投过一分钱，更不存在烧钱，就是在这样的环境下，用这样的方式似乎也走出了墟里自己的一条路。我们的客人来自全国各大城市，有些客人来过了数次，每次带着不同的亲人和朋友，有的客人只为了来墟里待上两天，甚至开了 15 个小时的车。所以我们一直觉得自己很荣幸，因为赶上了好的时代。

图 1　墟里壹号（图片由“墟里”提供）

一、墟里模式

我们也一直在思考，对比我们取得的成绩，难道真的是我们的设计有多么完美或者服务有多么完善，还是说有一些部分是真正打动人心的？我想真正的原因是我们回到了乡村。为什么这样说呢？有句话讲得挺好的：对于每个中国人而言，我们的身体可能都是被城市讨好的，因为城市有各种便利，有发展的机会。但其实我们的骨子里，我们的心灵是需要被乡村讨好的，因为乡村是我们每个人的精神家园。所以我们觉得应该把乡村的美和价值重新挖掘出来，试着和更多的人分享。

一开始我们是带着脑海里或者是想象中的那样的一个理想来开始我们的乡村小事业。可能我们的目标很宏大，但是我们必须要脚踏实地，从第一步，从最小的事情开始。所以我们的第一步是试图挖掘乡村本土最具独特性的内容，它可以是住宿，也可以是其他的方面，通过新媒体的方式去传播，所以它一定是小而美的生活方式品牌。现在是一个互联网的时代，我们在线上会得到广泛的关注，在这样的情况下，当我们线上的品牌关注量或者说它的势能（流量、阅读量、粉丝）累积到一定程度的时候，我们试图把线上品牌的关注延伸到线下空间的体验和购买，通过低成本引流产生消费，并进一步形成粉丝群，从而把互联网的入口和现实的物理入口打通。因为我们建立了与粉丝之间的良好互动，所以我们全程都是通过粉丝参与，对于现在和未来综合体项目的产品定位和招商选择，形成至关重要的一步是由用户导向形成的设计流程。为什么这么讲？现在看到的大大小小的项目，大家通常都会有一个意识，是策划先行或者说定位先行。这个是没错的，但是这个策划和定位如何而来，在一个或大或小的项目里面，需要植入什么样的业态，每个业态之间是怎么样的比例和关系，又是最难抉择的。最好的方式，是来自于我们核心的市场和最忠诚的用户。

在这样的情况下，我们也可以谈谈需要一个什么样的团队。为什么说我们在乡村这个市场，面对的却是跟地产开发商、各种商业大机构的PK。坦率地讲，我们一点都不担心。为什么呢？商业和地产项目适合于大资金量的投入，但它是可以简单复制的。乡村的项目其实是由一系列小而美的业态构成的，在这样的情况下就会发现我们的团队其实需要对于整个项目的把控能力、协调能力，包括跟外部各种资源关系的整合能力要求比较高的一种非传统团队模式，对于资金的要求或者需求反而并没有那么大。如果前面几步进展顺利，不久的将来我们也许有了两个产品，一个是线上的，就是我们持续发酵当中的作为新媒体传播的公众平台，它是帮我们跟市场和客户之间持续建立紧密联系的一个有力的工具。另一方面就是线下物理形态的，我们拥有一个全链条的消费型的体验产品。这个所谓的全链条不是说我们为了它全链条而全链条，或者为了让它多业态而多业态，而是始终是有一条主线，抓住这个主线，然后根据客户其他的需求制定其他的产品。就如一棵树一样，有了主干以后，分杈和枝桠其实是会自然而然生长出来的。在这样的情况下，我们想象中的乡村综合体就会整合完成，这时也许我们就有机会和能力说，一开始我们追求的就是更高位的价值诉求。比如我们想在乡村中去做社区营造，比如现在城市情感上面的缺失，我们怎么在乡村这块土壤一起来探索，如何更好地建设我们的生活，比如我们中国传统文化的发掘和传播。

以上的目标都实现了之后，我们也就成功地成为了“目的地运营商”，这个是什么意思，我们一直希望墟里是在商业上可行的，希望未来大家讲到墟里的时候，认为它是一个成功的商业品牌。所以最后这五步走过以后我们得出了一个“目的地运营商”，这样的目的地可以是远离景区，可以是一个没有大量资金支持的区域，只要有这样的模式，也许我们就可以把墟里带到更为广阔的乡村。也就是说带着这样的一些可能当时在我们脑海中的想象和蓝图，开始了墟里真正的实践。

二、墟里实践——民宿特点

2014 年 11 月底，我们动手改造了第一栋房子，叫墟里壹号。它隐藏在梯田中，小小的 3 间房，我们所有的材质都是朴素的，在任何设计上也没有任何所谓的炫技，我们想要的是要开始我们想象中的墟里生活。一年多以后，我们做了墟里贰号（图 2）。当时是有很多的机会可以做貌似更大或者说更有商业回报的项目，但是我们还是选择了自己既有的方向，墟里贰号在蓬溪村，与壹号隔了一个半小时的车程。贰号是朝着理想中家的样子进行改造的。乡村的家应该是什么样呢？我们也试着进一步提炼，我们为什么喜欢乡村，乡村有哪些东西是城市没有的？我们对于生活的一些更高更好的期待，一定是乡村情感和生活情感作为价值导向的。在物理形态上就是坚持整栋出租的家庭模式，既然我们说希望大家更多回到乡村，所以一定是在地特色发掘和创新。自始至终我们都是坚持用户导向这样一个思路去打造和打磨产品。因为是整栋出租，一定是和自己最希望的人来的，所以一定是家人或者最好的朋友。这是我们墟里在运营上的特点，包括我们的空间设计，它是小体量的，但是一定会有厨房，而且是开放式的。因为做饭的时候可以边做饭边交流，这是家庭生活场景中特别棒的一幕，我们也保留了原有的乡村生活痕迹，可以看到后面的老的灶台。我们设置了“爸爸时间”，为什么没有提妈妈时间，而提出了爸爸时间。因为现在的生活中，在孩子成长的很多阶段爸爸都是缺席的，在墟里这样的特定场景和空间下，爸爸可以陪着孩子

图 2　墟里贰号（图片由“墟里”提供）

做饭，带着孩子去乡村自然探险，可以看到爸爸跟孩子是 24 小时在一起的完整陪伴。

以上讲的是我们和客户之间的预设和设计，接下来讲讲员工培训，为什么要特意提出来？其实是想讲我们跟当地原住民（阿姨）之间的关系。在我们的民宿中摆放了花草，这些都是员工们根据不同时节上山采摘的自然生长的花草（图 3），采摘回来之后插到土陶罐中。一开始这些阿姨也不自信，觉得城市的玫瑰百合那么娇艳美丽，乡村的野花野草不值一提。直到后来有个客人说：你们房费可不便宜，但是就冲着这儿的花来也值了。阿姨们的改变除了对个人的信心提升，更重要的其实是对乡土文化自信的重拾。在餐食设计方面，我们没有请专业的厨师，也没有很精美的菜品，都是用当地最朴素、健康、绿色的食品，通过这样的方式跟客人分享好的当地食材，我们的采购链条也一样，都是当地的食材。“墟里”的年轻人都是生在城市，五谷不分，四体不勤，两年前跟

图 3　采摘花草（摄影：陈品）

着我们的阿姨从零开始，向乡村和自然学习尝试，现在我们自己养鱼、养鸡、种瓜果蔬菜。除了这部分自给自足的食材之外，我们也跟当地的村民合作，带着村民一起做，所以墟里很多的采购就是定点本村的农户。

三、墟里实践——乡村体验

接下来想说，来到墟里不仅是吃和住，更有意思的其实是乡村的体验，我们设计出了一系列的体验。首先是农事体验，小朋友来到乡村可以在玉米田里摘玉米，大家可以跟土地建立起更亲密直接的联系，这儿有梯田，里面有鱼，很漂亮，但不是观赏鱼，是田鱼。我们带着小朋友去田里捉鱼，同时可以告诉他们，这种鱼是一个古老的物种，是稻田共生系统的一部分。我们自己种植水稻，水稻收割之后我们可以带着客人去田里面抓田螺，抓田螺是一项有意思的活动和体验，收获的田螺也可以变成一道美味的菜肴。还有动物体验，每天在墟里的场景可以是喂羊、赶鸭子、养兔子（图 4）。我们在周边开辟了很多漫步路线，比如最好吃的一条路线、最好玩的一条线路。我们自己做面包和果酱，走到哪儿都可以就地铺一张桌布，然后就可以开始美味的大自然下午茶了。我们还提供旅拍服务，所有珍贵的画面是需要定格下来的，我们每个人的记忆非常短暂，怎么把墟里这些短暂的体验定格成长久的记忆并且可以传播出去，让家人长久回忆，所以我们定制了这么一个服务。比如说有一个小孩子喜欢的餐具被其他小朋友抢走后哭了，我们将这些特别的瞬间抓拍下来（图 5）。

除此之外，我们跟早教中心合作设定了亲子活动，和小朋友一起在大自然中做活动，认识大自然，比如清明节气，可以和小朋友一起做青团。我们也邀请艺术家来驻场，通过艺术家的视野发现不被村民所知的美，然后把这些美传递给村民，让村民意识到自己家乡的美，进一步建立起自信，同时也把这些东西向客户进行推广。

图 4　动物体验（摄影：旅食家）

图 5　生活瞬间（摄影：Oneday 摄影工作室）

四、墟里实践——乡村产品

在不同的节气，我们会推出不同的产品，桃花时节可以做桃花酒，还有桑葚、枇杷，杨梅收获的季节，可以喝杨梅酒、吃杨梅干。端午节我们不仅给客人粽子，还带着客人到山上采粽叶，一起包粽子，粽子的糯米是村民自己种的，咸鸭蛋是自己做的。我们也尝试了将当地传统民间技艺融入现代生活中，蓝夹缬是一种曾经在浙南地区盛行的传统技艺，现在已经列入非物质文化遗产名录，我们跟当地的专业手工工作室团队合作做了蓝夹缬香囊。民艺如何传承下去，一定是被需要和使用，所以我们试着朝这样的方向做了一系列的尝试。中国人爱喝茶，但是大家也有担忧，因为有农药，我们带着客人到山上采摘无污染的野生茶，还有野生的金银花、野菜等。我们也带客人去参观当地十分有名的索面的制作过程。最近我们在朋友圈提到了高山梯田的新米，这个米营养价值特别高，还没正式开始做这个产品，就已经有很多预售的订单扑面而来，因为有了订单就可以跟村民合作，村民需要销量和安全感。还有柿子饼和红薯干，我们会邀请当地留守的孩子跟我们一起参与到写“红薯到”和“好柿来”的活动中（图 6），孩子们也很积极。我们卖的任何一款农产品，都会记录它的生产过程。

五、墟里实践——乡村关系

一直以来，我们没有说过我们做的事情是乡建，因为总觉得我们要从特别小的事情开始做，也并不知道我们能做多大，或者说这个事情能不能长久。那既然是在乡建的中国乡村复兴论坛会场，我想说说乡建最难的是什么。在浙江各地包括温州，其实政府是相对开明的，老百姓的基本温饱已经不是问题了。这样的情况下，资金的投入和硬件的改善都重要，但是最重要是观念的转变和思维的再生。乡村需要的是可以帮着大家去转变思维的这样一个榜样的力量。“从墟里嫁出去”，这是真实的

图6　“红薯到”活动（摄影：胡珊）

故事。这个故事的主人就是墟里后面老房子居住的年轻人，她找到我，能不能从墟里这个房子嫁出去，我们就非常开心，一起帮助她做了个新式的乡村婚礼。村里面有很多留守的小孩，逢年过节和一些特别日子都会邀请他们过来，让他们和我们一起写自己的愿望，把这个愿望挂在树枝上，等明年看这些愿望实现了多少。最新的事情是村民已经找到我们了，我们一直在等着村民找，为什么说我们等？因为我们发现当我们主动找村民的时候，有时候效果不一定好。当你真正地在乡村扎根下来，他们自然会来找到你。我们的这个例子就是老人亭，他们就说你们的房子盖得很好，能不能帮我们设计一个老人亭，我们很开心。镇政府也说，你们墟里很小，但是做得好，很多人都知道，能不能帮助村落进行传统村落申报工作。这些都是最近发生的，我们突然发现，我们在做自己的小墟里的同时，似乎又往前迈出了一步。

六、墟里实践——激活乡村的路径

每个人都有自己的路，墟里如何在乡村生活，扎根和激活乡村，我们首先是将墟里作为一个小小的示范，用小墟里进行大传播。这样的情况下，政府也关注到我们，政府可能也觉得我们似乎能做一些政府不一定做得好的事情，这个时候政府就会按我们想的方向说，需要什么条件，政府试着帮搭台。最后，乡村一定是村民的乡村，一定是原住民的家，跟村集体合作形成一个更好的利益共同体，更好地建设我们的乡村。

之前有同行和客人说，墟里在乡村的这种生活美的方面挖掘和打造得特别好，在美的方向做出了一点成绩。但是我特别想说，在我心里，美从来都不是核心竞争力。那核心竞争力是什么？核心竞争是我们对乡村的爱和我们的创造力。因为有爱和创造力，我们就可以做到墟里在哪里，我们的团队就在哪里。因为这样的爱和创造力支撑了我们，我们不以小为小，不以苦为苦。那么多人在叹息乡村生活已经远离了，我们曾经也是这样的一份子，但是现在我们想说我们想进入第二梯队，从感叹者变成身体力行的参与者。我们希望可以让更多人看到墟里，更多人帮助墟里或者说让墟里帮助更多的人。这件事不仅是商业的，艺术的，还是政府的，NGO 的，以及更广大的村民的，我们所有人团聚在一起。到那时，我们就可以说，美好的生活不只是在我们的脑海和想象里，它一定可以回家。

民宿开启乡村文创

刘　喆
朴宿品牌创始人

2014年，我们创办了山东第一家真正意义上的精品民宿——朴宿微澜山居，打破了山东乃至江北精品民宿的空白。两三年的时间里，我们就像考生一样，在精品民宿的道路上一点一点努力，让朴宿登上全国的舞台，成为中国十大最具价值的民宿之一，让更多的人知道北方有渊博的文化，也有精美的生活。

一、民宿已经改变

民宿，过去来说，就是选一处风景，建几间客房，有好吃的、好玩的、好看的，大家来休闲一下。现在来看，好吃、好玩、好看只是民宿的基础版，如果只停留在这个层面，那么其结果显而易见："不是民宿不赚钱,而是你的民宿不赚钱"。我们创办的三家店从一开始就选址在乡村，北方乡村没有南方四季如春的气候优势，除了提供一个舒适和精致的居住环境，更多的要考虑传播什么，做什么内容来传递品牌价值。

二、民宿的循环再生经济战略

我们做朴宿的这几年，归纳出"旅宿—文创—农法"的循环再生经济战略。留住乡愁最重要的是留住乡愁的精神文化价值，留住人们对民族家园的感情、对土地的眷恋和对文化的情怀，而不仅仅是留住游客。民宿也好、酒店也罢，怎么开启乡愁的闸门、怎么推动乡村的复兴，这是我们一直在努力寻找的。

首先是旅宿。微澜山居、栖澜海居、峪尚汤泉、渌澜汤屋是我们已开发的四个旅宿项目。微澜山居（图 1、图 2）在青岛崂山的仰口，在山边。微澜山居与栖澜海居做了一个山盟海誓、山海呼应。栖澜海居(图 3) 是以设计个性与文化情结的方向进行改造,将品牌与在地文化相结合，创办本土文化活动，开发生活美学产品等。峪尚汤泉（图 4、图 5）和渌澜汤屋(图 6、图 7) 在即墨,这两个项目是在即墨还没被划入城区之前，按照乡村旅游规划打造的一个温泉度假村，游客到青岛即墨就可以享受比日本还要舒适的私汤体验。

图 1　微澜山居外景（图片由“朴宿”提供）

图 2　微澜山居客房（图片由“朴宿”提供）

图 3　栖澜海居（图片由“朴宿”提供）

图 4　峪尚汤泉美泉宫（图片由“朴宿”提供）

图 5　峪尚汤泉雪景（图片由“朴宿”提供）

图 6　渌澜汤屋客房（图片由"朴宿"提供）

图 7　渌澜汤屋温泉（图片由"朴宿"提供）

微澜山居是到2017年底为止，这几个项目中客人最多的。每年都有新增的外地客人，青岛本地的客人可能一年会往返四五次。这些“老粉丝们”每年都会到微澜山居，那么，吸引他们的是什么呢？如果失去了千姿百态的文化个性与活力，民宿的价值将无从谈起，“留住乡愁”也将落空。

其次是文创。经过几年的摸索实践，我们走出了一条文创引领民宿之路。民宿服务行业是一个勤勤恳恳、每一件小事都不能有丝毫差错的行业，因为我们身处信息时代，客人的一个投诉就会让多年辛苦积累的口碑一瞬间土崩瓦解。从一件件的小事情中，我们得出一个结论，无论做多大的事情，都要从点滴做起，包括怎么将文化传递给下一代，或者怎么传递给客人，所以我们选择了文创这个点。事实上，文创是一个延展性很大的课题，从文化的传播上、产品的开发上，将一件一件小的项目串联架构起来，才是整体的文创概念。

青岛书房、云岗书房、崂山书坊是我们已开发的三个城市书房项目。青岛书房（图8、图9）开在一间一百多年的老房子里，青岛书房面市后，我们更有底气地做了一些文化传播的事情。比如朴宿的创始人之一、我的合伙人马春涛先生，创建了文脉出版基金，将之前在微澜山居为客人编写的一本内刊《四季崂山》正式出版，同时以促进青岛历史传承和文明交融的目标为己任，陆续推出“青岛先生”纪录片、《山大教授》《青岛四十年代诗选》等书籍。这些作品都在青岛书房里陈列展示，每个房间也配上这类图书。很多客人就是通过这些在地文化的出版物，更深入地了解青岛和朴宿。比如，客人有可能是夏天来的，不知道冬天的崂山有多么美，读完《四季崂山》，他有可能提前做个规划，冬天再来青岛。

在接触了很多民宿客人之后，我们发现不管是本地客人，还是远道而来的客人，大都希望带一件有意义、有特色的伴手礼回到自己的城市。

图8　青岛书房外景（图片由“朴宿”提供）

图9　青岛书房内景（图片由“朴宿”提供）

本着这个初衷，2017年，朴宿与米恩设计携手，关注青岛在地生活和人，首次提出“城市文创”理念，以城市文创、跨界艺术展现和生活美学风格塑造为定位，将生活的美感、情感、灵感和手感通过文创项目来表达，将更多有趣有型有款的创意付诸行动，力行优质生活方式及城市文创的坚持和实践，并把文创产业与旅游产业有效结合，推动城市创新力量，因地制宜地打造出最有在地文化特色的文创项目。同时开发了一系列关于城市、关于青岛的一些年轻人喜欢的产品，包括胸牌、挂件、手机壳、记事本等，设计的图案有青岛的城市风貌，有五四广场，有青岛大虾，还有喝啤酒吃蛤蜊等。以这种方式一点点打动年轻人，引导他们了解历史、接受乡村。

然后是农法。崂山有崂山绿茶，我们按照不同年龄段、不同场合的不同喜好，对崂山的特产绿茶做了一系列的产品包装。为什么要做这么多的产品开发呢？为了传播一种生活方式、一种在地文化的乐趣。曾经听到过这样一种说法：让孩子们从小看到的都是美好的事物，那么这或许是提升大众美学最快捷的一个方法。所以我们将产品的包装做到尽可能精美，试图通过一些努力，引发年轻人对农村、对农产品的兴趣，从而转变对乡村、对乡愁的观念。

还有一些海苔和海鲜产品，因为青岛地处海边，靠山吃山，靠海吃海，我们把海苔重新包装，一片海苔一片海，客人带走了崂山味道的同时，也带走了青岛的记忆。我们把海鲜做成了当下比较热门的便携式大锅蒸鲜、罐装产品、袋装干货，将青岛地方特色和传统元素融入海产品的包装设计中，让崂山文化在不知不觉中渗入人心。

三、民宿企业的文创精神

尝试了民宿的种种可持续发展模式之后，回到一个基本的问题，民宿行业为什么要去做文创或精神方面的延伸，这不仅仅在于探索怎么样提高服务，或者怎么样提高客人的入住体验，我们认为那是每一家民宿的基本职业素养，是应该做好的分内之事。在此基础上，我们更应该深度挖掘在地文化，研发各种各样的产品和项目，从各个方面践行我们的社会责任。

正如夏雨清老师所讲，民宿会提供新的就业岗位，年轻人可以回到乡村，享受与城市接近的工作待遇，如果能够结合其他的个人兴趣特长，甚至会比在城市里打工要有意思得多。因此，我们为年轻人提供了一个第二次成长的空间，比如对员工不断地培训美学、文学，传授在地文化的各种知识，这些都是在学校里面很难学习到的知识。以这种方式培养年轻人的素养和能力。微澜山居的店长曾多次说起，她来到微澜山居之后，带着村子里的年轻人一起工作，接触到了那么多的客人，与客人成为了朋友，整个人的状态和打工的状态完全不一样了，这已经不仅仅是在为朴宿工作，更是在为自己工作，就像是获得新生，彻头彻尾地焕发出一种活力。

在承担相应的企业责任之外，公益也是朴宿推广文创精神、反哺乡村的一种方式。鞋盒礼物这个公益活动，就是由朴宿的两位同事在青岛最先倡议，当我了解后，特别受感动，决定以朴宿的名义作为主办方和支持方，无条件将这个公益活动持续做下去，目前已经开展到第五期。朴宿做了 3 次众筹之后，有将近 200 位共建人，再加上一路相伴的众多“粉丝”，在他们的关注下，我们的每一期鞋盒礼物都收获了非常多的支持和感动，这些“新中产”以鞋盒礼物为介质，以朴宿为平台，奉献着自己宝贵又真切的爱心。而我们也是以这种方式为乡村改变做一些努力，让更多城市人走进乡村，让更多乡村人认识乡村。

“民宿改变生活方式”可能是我们这几年一直在坚持的理念，我们定期为住宿客人，还包括其他来就餐的客人，做各种各样的配套活动，让他们来感受乡村，感受与城市不一样的生活。比如，我们做了一场山林里的厨房体验活动，教给客人怎么就地取材，用山里的食物做一份很有意思的早餐。我们已经连续两年做的对饮活动，就是让客人就地取材尝试酿酒，他们秋天把酒存放在店里，冬天再回来住，打开自己三个月前酿的酒，感受不一样的本土文化（图 10、图 11）。我们让客人承包一片樱桃树或一棵樱桃树，在樱桃成熟的过程中，做相关的农业促进活动，这与以往单纯的樱桃采摘是完全不一样的成效。通过这些乡村的活动体验，去影响进而改变人们的生活方式，实现乡村文化的传播和传承。

民宿不仅仅是时代的弄潮儿，它更应该是一份可持续的事业。中国传统村落保护专家委员会主任委员冯骥才老师曾经感叹，不要等到忘记了乡愁再去寻找。乡村复兴是一条长长的路，有多长？比万里长城长。

图 10　酿酒活动（一）（图片由“朴宿”提供）

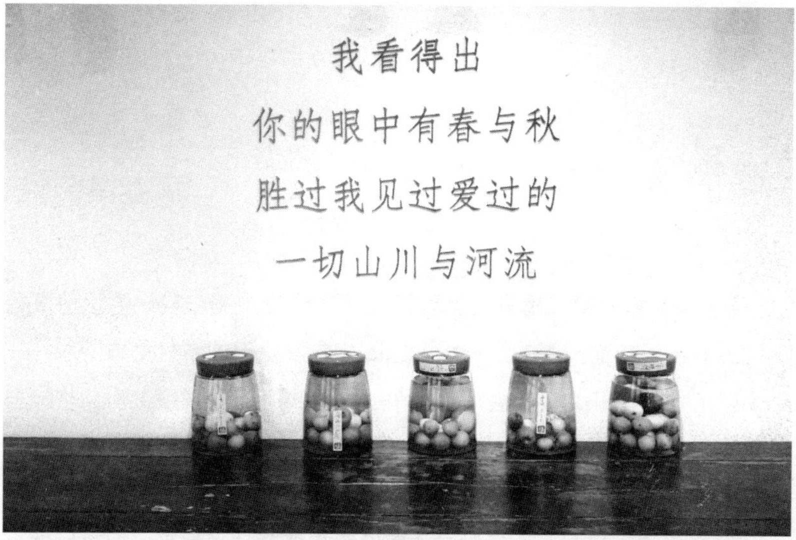

图 11　酿酒活动（二）（图片由“朴宿”提供）

万里长城是一块一块砖垒起来的，乡村复兴之路也是每一位参与者点点滴滴铺出来的，这条路任重道远。

时代赋予了民宿一道光，怎么让这道光持续发热，影响更多的人，带动更多的人，共同振兴乡村、留住乡愁，这才是民宿要坚持的事情。

后　记

《在路上》的第二辑马上就要面世了。作为主编，我认为这件事的意义不亚于一年前出版的第一辑。它既标志着我们的乡村复兴论坛——一个坚持在村里开大会的会议组织——在稳步开展着各项工作，也标志着会议的各个环节——包括会前准备、会间工作和会后整理——也都保持着高水平运转。

很多事情，是在开始的时候凭着一股热情就动了起来，但之后就会发现前面有一个接着一个的困难。克服困难的过程，既是能力和经验增长的过程，也是初始的热情在一点点消耗的过程。能力和经验增长所带来的效益，是否足以弥补热情消退所带来的损失，这是个需要时常评估和反思的问题。效益大于损失，就是个正循环，它会鼓励我们迈开脚步，继续前行，并且找到新的热情增长点。效益小于损失，就是个负循环，它有可能会让我们对整个事业都产生怀疑，甚至丧失信心。

如何判断我们是处在正循环还是负循环呢？需要从参会者口碑、东道主满意度、媒体传播量、财务盈亏等角度去做综合评价。这其中，会议演讲文集的正式出版应该是一个蛮重要的指标。它是会议内容的结晶，也是会议工作有效而且持续的信号。

一个会议的演讲集能够出版，需要满足三个条件。

第一个条件是演讲的内容要好，这一条最为重要。怎么保证这一点呢？一是要非常谨慎地选择演讲嘉宾。组委会选择演讲人的标准，不是看职务或身份，而是考察他们在最近两年来有没有做出过让行业认可的，而且是有新意的实践案例，或者是否提出了让对整个乡村保护和乡村建设领域都有启发意义的观点。二是演讲嘉宾所做的工作，要尽量涵盖乡村的各个环节，包括政策、公益、学术、规划、建筑、景观、文创、旅游、扶贫、运营等等。这样才能让参会者得到全方位的信息和指导。三是让每个演讲嘉宾都有比较充分的表达时间。我们见过一些开得很热闹的会议，请来的嘉宾也都是学界和行业的精英，但是由于人数过多而导致大家都没能充分阐述，这就让会后的文章整理变得极为困难。

第二个条件是有一个高水平的编辑团队。有好的演讲内容，并不等于有了好的演讲文章。从口头讲话变成书面文字，中间的工作量仍然是相当繁杂的。有此类经验的人都知道，这就是要在准确理解演讲者本意的基础上，把每句话都重新梳理一遍，甚至好几遍。第一辑的演讲稿整理，主要是依靠了《灵犀》杂志的编辑团队。第二辑的演讲稿整理，由中国建材工业出版社的章曲编辑承担了大多数，另外贾萌、詹洁、郭雪莲、王郑、徐颖、蒋思旸也分管了部分内容。

第三个条件是要有起码的资金保障。感谢北京清华同衡规划设计研究院对本书出版的资助。同衡规划院秉承了研究性设计单位的属性，对学术工作一向给予大力支持。在这样一家规划院里工作，我和我的团队都倍感踏实和深感荣幸。

最后，要对所有关注和支持乡村复兴论坛的“村友”们道一句衷心的感谢。有你们同行，我们不寂寞！

罗德胤

2018 年 1 月 27 日